BAEDEKER SMART

Südafrika

Wie funktioniert der Reiseführer?

Wir präsentieren Ihnen Südafrikas Sehenswürdigkeiten in sechs Kapiteln. Jedem Kapitel ist eine *spezielle Farbe* zugeordnet.

Um Ihnen die Reiseplanung zu erleichtern, haben wir alle wichtigen Sehenswürdigkeiten jedes Kapitels in drei Rubriken gegliedert: Einzigartige Sehenswürdigkeiten sind in der Liste der *TOP 10* zusammengefasst und zusätzlich mit zwei Baedeker Sternen gekennzeichnet. Ebenfalls bedeutend, wenngleich nicht einzigartig, sind die Sehenswürdigkeiten der Rubrik *Nicht verpassen!* Eine Auswahl weiterer interessanter Ziele birgt die Rubrik *Nach Lust und Laune!*

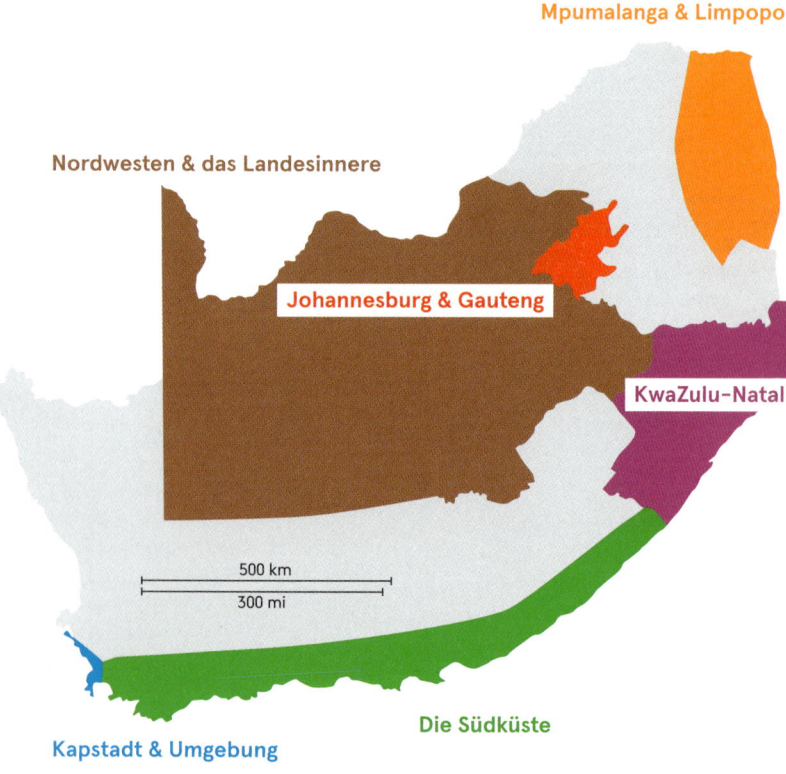

★★ **Baedeker Topziele** 6
Ein Gefühl für Südafrika
bekommen 8

Das Magazin

Die ganze Welt in einem Land 14
Getrennt vereint 16
Wildes Leben 20
Tropfen für Tropfen 24
Sportsfreunde 26
Egoli – Ort des Goldes 30
Die Farben des Regenbogens 32
Die Kultur der San 34

Kapstadt & Umgebung

Erste Orientierung 38
Mein Tag im
multikultibunten Bo-Kaap 40
★★ City Centre........................... 44
V&A Waterfront 46
Table Mountain 47
Robben Island 50
Nach Lust und Laune! 51
Wohin zum ... Übernachten?
... Essen und Trinken?
... Einkaufen? ... Ausgehen? 54

Die Südküste

Erste Orientierung 62
Mein Tag zu Fuß im Urwald 64
★★ Garden Route 68
Winelands................................... 71
Whale Coast 73
Port Elizabeth 75
Addo Elephant National Park...... 76
Wild Coast 78

Nach Lust und Laune! 80
Wohin zum ... Übernachten?
... Essen und Trinken?
... Einkaufen? ... Ausgehen? 82

KwaZulu-Natal

Erste Orientierung 88
Mein Tag mit Hippo, Adler
und Wal 90
★★ uKhahlamba-
Drakensberg Park 94
★★ Zululand & Maputaland 98
★★ Durban 101
Battlefields 105
Nach Lust und Laune! 106
Wohin zum ... Übernachten?
... Essen und Trinken? ... Einkaufen?
... Ausgehen? 108

Johannesburg & Gauteng

Erste Orientierung 116
Mein Tag im Schatten
der Apartheid 118
★★ Pretoria 122
★★ Soweto 126
Johannesburg 128
Nach Lust und Laune! 132
Wohin zum ... Übernachten?
... Essen und Trinken? ... Einkaufen?
...Ausgehen? 134

Mpumalanga & Limpopo

Erste Orientierung 142
Mein Tag unter wilden Tieren .. 144

★★ Kruger National Park.......... 148
★★ Panorama Route 151
Kruger Private Game Reserves... 153
Nach Lust und Laune! 154
Wohin zum ... Übernachten?
... Essen und Trinken? ... Einkaufen?
... Ausgehen? 156

Nordwesten & das Landesinnere

Erste Orientierung 164
Mein Tag im Diamantenfieber .. 166
★★ Pilanesberg National Park .. 170
Sun City.................................. 172
Madikwe Game Reserve............. 174
Kgalagadi Transfrontier Park 176
Nach Lust und Laune! 180
Wohin zum ... Übernachten?
... Essen und Trinken? ... Einkaufen?
... Ausgehen? 183

Spaziergänge & Touren

Kapstadt 188
Cape Peninsula 190
Route 62 193
Panorama Route 196
Swaziland 198

Praktische Informationen

Vor der Reise 204
Anreise 207
Ankunft 208
Unterwegs in Südafrika 208
Übernachten 211
Essen und Trinken 214
Ausgehen.................................. 216
Einkaufen 216
Veranstaltungskalender 217
Sprachführer 218

Anhang

Reiseatlas 221
Register 233
Bildnachweis 238
Impressum 239

Magische Momente

**Kommen Sie zur rechten Zeit an den richtigen Ort
und erleben Sie Unvergessliches.**

Tafelberg mit besonderem
Zauber 51
Ein unscheinbarer
Lebensspender 77
Schöpfungstag 99
Begegnung mit Mrs. Ples 131
Picknick mit Krokodilen..... 149
Sundowner in Blutorange ... 177

Blick zum ehemaligen Herrenhaus im 1624 gegründeten Weingut Zorgvliet in Stellenbosch

Frauen bieten in Oudtshoorn eingefärbte Straußenfedern zum Kauf an.

★★ Baedeker Topziele

Unsere TOP 10 helfen Ihnen, von der absoluten Nummer eins bis zur Nummer zehn, die wichtigsten Reiseziele einzuplanen.

❶ ★★ Kruger National Park

Der größte »Zoo« der Welt lockt zur Pirschfahrt durch die Wildnis – die Nummer eins der hiesigen Schutzgebiete (S. 148).

❷ ★★ City Centre (Kapstadt)

Die »Mutterstadt Südafrikas« ist eine der schönsten Metropolen der Welt; in ihr manifestiert sich die Regenbogennation mit ihren zahlreichen Völkern am buntesten (S. 44).

❸ ★★ Garden Route

Die Südküste zwischen Kapstadt und Port Elizabeth wartet mit zahlreichen Naturreservaten und Badestädtchen auf – und ausgezeichneten Restaurants (S. 68).

❹ ★★ uKhahlamba-Drakensberg Park

Himmelhoch ragen die Drachenberge an der Grenze zu Lesotho auf – ein Ziel für aktive Urlauber und eine der großartigsten Landschaften des Landes (S. 94).

❺ ★★ Pilanesberg National Park

Nördlich von Sun City trifft man in dem weiten Kessel eines erloschenen Vulkans auf viele Wildtiere (S. 170).

❻ ★★ Panorama Route

Eine der schönsten Strecken des Landes führt in der Provinz Mpumalanga über die nördlichen Ausläufer der Drakensberge zu herrlichen Aussichtspunkten. Spektakulärster Teil der Route ist der Abschnitt um den Blyde River Canyon (S. 151).

❼ ★★ Zululand & Maputaland

Die sattgrüne Hügelwelt ist die Heimat der großen Krieger; die riesigen Feuchtgebiete mit Wäldern, Seen und Lagunen im Norden grenzen an endlose breite Strände mit feinstem Sand (S. 98).

❽ ★★ Pretoria

In der Hauptstadt Südafrikas findet man sehenswerte Museen und ein viktorianisches Parlamentsgebäude, das seinesgleichen sucht (S. 122).

❾ ★★ Soweto

Wie viele Menschen in den Townships leben, weiß niemand so genau. Ein Besuch ist Pflicht für jeden, der die Geschichte Südafrikas verstehen will (S. 126).

❿ ★★ Durban

Die weiten Sandstrände der indisch beeinflussten Metropole mit der von Hotels gesäumten Seepromenade machen sie zu einem beliebten Sommerurlaubsziel (S. 101).

Ein Gefühl für Südafrika bekommen …

Erleben, was Südafrika ausmacht, das einzigartige Flair spüren. So, wie die Südafrikaner selbst.

Braai und Bier

Gäbe es keinen Grill, ein Südafrikaner hätte ihn garantiert erfunden. Er ist der zentrale Bestandteil eines jeden Ausflugs und Abends, ohne ihn geht es einfach nicht. Der Aufbau des Grills, das Anfachen des Feuers, das Grillen selbst und das gesellige Beisammensein heißen *braai*. Es beginnt am Wochenende oft schon mittags. Ist der Grill erst einmal installiert, ist es bereits Zeit für das erste gut gekühlte Bier. Dann folgt die Bereitung des Feuers mit würzig duftendem Hartholz, das für das gute Aroma und den Geschmack des Grillgutes mitverantwortlich ist. Das Fleisch ist währenddessen aufgetaut, das frische Gemüse im gusseisernen Potje fertig. Ein weiteres Bier hat unterdessen die Zeit verkürzt. Nach einem streng gehüteten Geheimrezept mariniertes Fleisch und die Boerewors, Bratwurstspiralen, werden auf dem Glutbett zur Perfektion gebracht. Man unterhält sich eifrig, lacht und erzählt Geschichten, von denen Südafrika reichlich zu bieten hat. *Braai* ist nicht Essen, ist nicht Grillen – *braai* ist ein Lebensstil.

Heimatgefühle

Natürlich gibt es auch heute noch Townships, in denen nach wie vor unhaltbare Zustände herrschen. Doch die südafrikanische Regierung unternimmt viel, um die Siedlungen menschenwürdiger zu gestalten: Es gibt vermehrt asphaltierte Wege, die Elektrizitätsversorgung wird ausgebaut und es wird eine Kanalisation geschaffen – ganze Bereiche entstehen mit kompletter Infrastruktur neu. Allerdings wollen auch viele Südafrikaner, die es mittlerweile in ihrem Leben zu etwas gebracht haben, ihre Township gar nicht verlassen. Es ist ihre Heimat, der Platz ihrer Familie und Freunde. So findet sich heutzutage auch die eine oder andere großzügige Villa mitten in der Township und in ihrer Garage stehen mehrere Luxuskarossen.

Die Drakensberg-Gegend, hier im Tugela Valley, lädt zu Wanderungen ein.

Camps Bay zählt zu den Nobelvororten Kapstadts, im Hintergrund erheben sich die Twelve Apostles.

Graffiti in Soweto, Johannesburgs »South Western Township«.

Tagesausflug zum Shopping

Die zahlreichen Parkplätze der Shopping Malls sind immer voll, egal wann man vorfährt. Ganze Familien machen sich auf den Weg in die Mall, die viel mehr bietet als bloß eine pure Einkaufsmeile. hier gibt es alles, was das Herz begehrt. Zudem sind die meisten Malls klimatisiert. Die Mall ist vielmehr auch ein Vergnügungszentrum, das alles bereitstellt, was ein gelungener Tag nötig hat. Dazu zählen Restaurants aller Kategorien, einladende Cafés, Spielplätze für die Kleinen, verschiedene Dienstleistungsbetriebe wie Frisöre, Kinos, manchmal sogar auch Flohmärkte und Picknickplätze. Entspannt zieht die gut gelaunte Menge in gemütlichem Tempo an den Läden vorbei, Hektik kommt nicht auf, alle genießen ihre Zeit – und Einkaufen ist dabei gar nicht so wichtig.

Sport vereint

Die Rugby-Nationalmannschaft – die Springboks – gehört zu den besten der Welt, die Südafrikaner lieben Rugby und insbesondere ihr erfolgreiches Team. Wer keine Zeit für einen Besuch im Stadion hat, geht in eine der vielen Sports Bars, um dort mit Freunden zu gucken. Für ein erfolgreiches gemeinsames Erlebnis sollte man allerdings das umfangreiche Regelwerk kennen. Was einem beim zweiten Favoriten in Sachen Sport, dem Kricket, allerdings schwerfallen dürfte.

Kricket und Rugby waren lange vornehmlich »weiße« Sportarten, Soccer, Fußball, begeisterte die farbige Bevölkerung. Bei der WM 2010 mit ihren vor Lebensfreude brodelnden Stadien war das anders. Fünf Jahre später scheinen die Laute der auffälligen Vuvuzelas die Rassenschranken ins Nirwana geblasen und die Regenbogennation neu definiert zu haben.

Natur pur

Im Jahr 1846 erließ die Kapkolonie das erste Naturschutzgesetz; seitdem hat sich viel getan. Die Südafrikaner sind stolz auf ihre vielen kleinen Naturschutzgebiete, die sie neben den weltberühmten Nationalparks begeistert besuchen. Schulklassen lernen dort Tiere und Pflanzen kennen, Familien kommen zum Picknick, Männer zum Test ihrer 4x4-Pick-ups, Birdwatcher bekommen viel zu sehen und Fotografen, warten auf den ultimativen K(l)ick.

Glauben heißt feiern

Ist der Gottesdienst der Weißen streng rituell und eher distanziert, sprühen die Kirchenfeiern der schwarzen Bevölkerung vor Leben. Der Sonntag ist ein Feiertag im wahrsten Sinne des Wortes, kein Gottesdienst kommt ohne den mitreißenden Gesang des Chors aus, in den die Gemeinde einstimmt. Übrigens sind Besucher hier gern gesehen.

Frauen unterwegs auf der Fähre nach Robben Island. Der markante Tafelberg bildet die Kulisse.

Das Magazin

Die Regenbogennation heißt
Sie herzlich willkommen –
mit bezauberndem Charme
und der Magie atemberau-
bender Natur.

Seite 12–35

Über Kapstadt und dem Atlantischen Ozean thront das mächtige Massiv des Tafelbergs, der bequem mit der Seilbahn erreicht wird. Der Panoramablick ist einzigartig.

Die ganze Welt in einem Land

Die landschaftliche Schönheit begründet Südafrikas Attraktivität. Zudem ist das Land ein Schmelztiegel der Kulturen, Sprachen und Glaubensrichtungen.

West- und Ostkap-Provinzen

Das Highlight der Westkap-Provinz ist Kapstadt. Sie ist Heimat einer ethnischen Mischung, zu der auch *Cape Coloureds* zählen – eine eigene Gemeinschaft, die auf malaiische Sklaven, weiße Kolonisten und einheimische San und Khoi zurückgeht. Weitere Attraktionen der Provinz sind die Weingüter, die Garden Route und die herrlichen Strände. Im Norden der Provinz liegen die Karoo-Ebenen mit ihren eigentümlichen Städten aus dem 19. Jh. Die Ostkap-Region wird von der Wild Coast beherrscht. Zu ihr gehören die *kraals* (Dörfer) der Xhosa und weite Strände.

KwaZulu-Natal und Gauteng

Durban und eine Reihe von Resorts liegen an der subtropischen Küste des Indischen Ozeans im südlichen KwaZulu-Natal. Im Norden erstreckt sich der iSimangaliso Wetland Park. Vor der Küste gibt es Korallenriffe mit einer bunten Unterwasserwelt. Die Küste hat ein reiches kulturelles Erbe als Kernland der Zulu und ist Heimat einer indischstämmigen Gemeinde – der Nachkommen von Arbeitern auf den Zuckerrohrplantagen. In der Provinz gibt es herrliche Wildreservate. Im Landesinneren erhebt sich das hügelige Binnenland von KwaZulu-Natal mit den Kriegsschauplätzen aus dem 19. Jh. bis zum uKhahlamba-Drakensberg Park. Die Felsbilder der San in diesem Park zählen zu den wichtigsten Kulturschätzen Südafrikas. Im nördlichen Teil von Gauteng sind die Hauptstadt Pretoria und Johannesburg zu besichtigen.

Hinzu kommen paläontologische Fundstellen, deren bedeutendste seit 1999 als »Wiege der Menschheit« auf der UNESCO-Liste des Welterbes stehen. Johannesburg war Schauplatz einiger der wichtigsten Ereignisse im Kampf gegen die Apartheid. Ein Besuch der Townships und der Museen lohnt.

Norden und Nordwesten

In Mpumalanga und Limpopo bietet der Kruger National Park die besten Möglichkeiten zur Beobachtung der »Big Five« . Der Nordwesten Südafrikas mit den Provinzen Freistaat, Nordwest und Nordkap ist eine trockene Region aus dünn besiedeltem Farmland, das im Norden in das Grasland der Kalahari übergeht. Hier lohnt sich der Besuch der Wildreservate. Kimberley und Bloemfontein glänzen mit bewegter Geschichte und Sun City liegt versteckt im Busch beim Pilanesberg National Park.

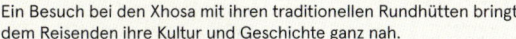

Ein Besuch bei den Xhosa mit ihren traditionellen Rundhütten bringt dem Reisenden ihre Kultur und Geschichte ganz nah.

Getrennt vereint

Südafrikas jüngere Geschichte war stark von der Apartheid (afrikaans: »Getrenntheit«) geprägt. Nach ihrem Ende rief Nelson Mandela (1918 – 2013) die Regenbogennation aus, »im Frieden mit sich und der ganzen Welt«.

Sieht so das neue Südafrika aus? Bei schönem Wetter wirken manche der großen Städte des Landes – mit viel Chrom und Glas im modernsten Design herausgeputzt – wie ein riesiger Vergnügungspark. Jeder scheint nur zwei Ziele zu kennen: Spaß und Konsum. Ist es das, was von der Vision blieb, die Nelson Mandela bei seiner Antrittsrede als Präsident 1994 formulierte? »Wir werden eine Gesellschaft errichten«, hatte er gesagt, »in der alle Südafrikaner, schwarze und weiße, aufrecht gehen können, ohne Angst in ihren Herzen, in der Gewissheit ihres unveräußerlichen Rechts der Menschenwürde – eine Regenbogennation im Frieden mit sich selbst und mit der ganzen Welt.« Tatsächlich war damit die Apartheid, politisch jedenfalls, ein abgeschlossenes Kapitel in der Geschichte des Landes. Nun kommt es darauf an, mit Mandelas Vision auch in Zukunft die Herzen der Menschen zu bewegen.

Widerstand ...

... gegen die Vorherrschaft der weißen Minderheit hatte es bereits im 19. Jh. gegeben. 1912 gründeten schwarze Intellektuelle und politisch Interessierte in Bloemfontein den – 1923 in African National Congress (ANC) umbenannten – »South African Native National Congress«, um gegen Rassismus und ethnische Rivalitäten zu kämpfen, für das politische Mitspracherecht der schwarzen Bevölkerungsmehrheit und die Verbesserung ihrer Lebensbedingungen. Den Schwarzen wurde nicht nur das Wahlrecht verweigert, ab 1913 mussten sie ausschließlich in Reservaten leben. Bis zum Zweiten Weltkrieg begnügte sich der eher städtisch und mittelständisch geprägte ANC mit Petitionen, Protesten und Versammlungen. Auf die nach 1948 immer repressiver werdenden Apartheid-Gesetze antwortete der ANC mit Streiks, Aktionen öffentlichen Ungehorsams und Protestmärschen. Seine Mitgliederzahl stieg rasch auf über 100 000. 1955 schlossen sich mehrere Organisationen mit dem ANC zusammen. Sie verabschiedeten die »Freiheitscharta« für ein nicht »rassisch« orientiertes, demokratisches Südafrika, das bis in die 1990er-Jahre grundlegende Dokument der ANC-Politik.

Spannungen

Aber auch im ANC kamen Spannungen auf: Die Pluralisten forderten die Gleichberechtigung, während die Afrikanisten, entgegen der bisherigen Politik des ANC, ein von weißer Herrschaft befreites Südafrika anstrebten. 1959 spalteten sich die Afrikanisten vom ANC ab und gründeten den Pan Africanist Congress (PAC). Der PAC rief für den 21. März 1960 zu einer friedlichen Demonstration gegen die verhassten Passgesetze vor der Polizeiwache von Sharpeville auf. Die Polizisten schossen in die Menge, 69 Demonstranten starben.

Eine neue Generation blickt in Südafrika nach vorn (Kinder auf dem Dach des WM-Stadions in Durban).

Das Ausland reagierte entsetzt und empört. Im ganzen Land fanden Streiks und Demonstrationen statt, die noch mehr Menschenleben forderten. Am 8. April 1960 verbot die Regierung den ANC und den PAC, die im Untergrund und im Exil weiterarbeiteten. Beide Parteien gründeten Kampforganisationen, der ANC den Umkhonto we Sizwe (»Speer der Nation«) mit Mandela an der Spitze, der bald zum Präsidenten des ANC und zum Führer der Schwarzenbewegung aufstieg. Dieser Organisation gelangen zwar einige spektakuläre Anschläge, doch konnte sie bis 1963 zerschlagen werden. Nelson Mandela, der 1962 verhaftet und zu fünf Jahren Gefängnis verurteilt worden war, wurde 1963 aufgrund des im Hauptquartier des Umkhonto gefundenen Materials wegen Sabotage zu lebenslanger Haft verurteilt. Aktivisten wurden teils ohne Urteil inhaftiert, viele starben in Polizeigewahrsam. Die Hinrichtungen erreichten Rekordhöhe. Als die Regierung das Afrikaans, die »Sprache der weißen Unterdrücker«, in den Schulen als Unterrichtssprache einführen wollte, demonstrierten am 16. Juni 1976 in Soweto 20 000 Schüler – die Polizei schoss wahllos auf die unbewaffneten Kinder und Jugendlichen, zwei wurden getötet. Im ganzen Land kam es zu blutigen Unruhen. Diesmal gelang es der Regierung erst gegen Ende 1977, die Lage nach

und nach wieder unter Kontrolle zu bringen. Der Führer der Black-Consciousness-Bewegung, Steve Biko, starb 1977 im Gefängnis an den Folgen der Folter.

Ein nobler Preis für den Frieden

Anfang 1990 ließ Staatspräsident Frederik de Klerk – der »Gorbatschow Afrikas« – gegen den heftigen Widerstand aus den eigenen Reihen und der weißen Ultrarechten den ANC, den PAC und die kommunistische Partei wieder zu; er entließ Mandela aus dem Gefängnis und begann den Dialog mit dem früheren Gegner. Für ihre Bemühungen um einen Ausgleich

Ein Bild mit Symbolcharakter: Auf dem richtigen Weg? Mandelas Vision bleibt Ansporn und Auftrag zugleich.

zwischen weißer und farbiger Bevölkerung erhielten Mandela und de Klerk 1993 den Friedensnobelpreis. Aus den ersten freien Parlamentswahlen in Südafrika im April 1994 ging der ANC mit 62 Prozent als stärkste Partei hervor, Nelson Mandela blieb als Präsident bis 1999 im Amt, am 5. Dezember 2013 starb er an den Folgen einer Lungenentzündung.

Mandelas Erben

Bis heute gewinnt der ANC Wahlen mit absoluten Mehrheiten. Doch weder der auf Mandela folgende Technokrat Thabo Mbeki (1999-2008) noch sein charismatischer, aber sehr umstrittener Nachfolger Jacob Zuma brachten der zerrissenen Gesellschaft Frieden. Zuma überstand mehrere Anklagen wegen Korruption, musste aber 2018 schließlich vom ANC gedrängt zurücktreten. Sein Nachfolger Cyril Ramaphosa, langjähriger Weggefährte und Vizepräsident des geschassten Zuma, gilt als einer der reichsten Männer Südafrikas. Die bis heute ungelöste Landfrage – 72 % des privat genutzten Agrarlandes sind im Besitz von Weißen – steht zuoberst auf seiner To-Do-Liste.

Wildes Leben

Die Vielfalt unterschiedlichster Naturschutzgebiete bildet Südafrikas größtes touristisches Kapital. Ob Wüste oder Dschungel, Buschland oder Küste, Hochgebirge oder Meeresriff – faszinierende Safari-erlebnisse sind in allen Regionen garantiert. Einzige Bedingung: früh aufstehen. Denn in der Morgen-dämmerung ist das Wild besonders aktiv.

Die »Big Five« – Löwe, Leopard, Büffel, Nashorn und Elefant – sind in mehreren Reservaten Südafrikas zu Hause. Mit diesem Begriff bezeichnete man ursprünglich die fünf für professionelle Jäger gefährlichsten Tiere. Heute ist es das Ziel einer Safari, das legendäre Quintett mit der Kamera festzuhalten. Um die Big Five zu den Big Seven aufzustocken, müssen noch der Große Weiße Hai und der Südliche Glattwal dazugezählt werden. Sie sind im Meeresschutzgebiet des Greater Addo Elephant Park zu sehen. Andere interessante Fotomotive sind Geparde, Giraffen, Flusspferde und Zebras. Auch die kleineren Säugetierarten, Reptilien und Vögel verdienen Aufmerksamkeit.

Viele Parks und Reservate werden von Regierungs- oder Provinzverwaltungen geführt. Für Selbstfahrer, die in den Chalets oder auf den Campingplätzen der Parks übernachten, ist der Besuch relativ günstig. Teils bieten die Betreiber geführte Touren mit dem Auto oder zu Fuß an. Auch die steigende Zahl

Löwen bevorzugen Savannen und weites Grasland als Lebensraum.

Springböcke leben in den offenen Baum- und Grassavannen des südlichen Afrika.

privater Wildreservate wirkt sich positiv auf die Umwelt aus. Sie siedeln Tiere wieder in Gegenden an, in denen sie zuvor ausgerottet worden waren. Mit einem größeren Budget können Sie in exklusiven All-inclusive-Lodges oder schön gelegenen Zeltcamps übernachten, überwältigende Naturerlebnisse inklusive. Die »Zelte« der Luxuslodges sind oft Konstruktionen mit eigenem Bad und einer vollständigen Einrichtung.

Was, wann, wo?

In den öffentlichen wie den privaten Parks und Reservaten sind Safaris die Hauptattraktion. Am besten beobachtet man die Tiere am frühen Morgen und am späten Nachmittag, wenn sie am aktivsten sind und sich zu den Wasserstellen aufmachen. Bei Scheinwerfersafaris nach Einbruch der Dunkelheit lassen sich nachtaktive Tiere entdecken. Das Klima ist in den verschiedenen Landesteilen unterschiedlich. Als Faustregel gilt, dass sich die Trockenzeit, wenn sich die Tiere um die Wasserlöcher konzentrieren und das Gras kurz ist, am besten für Tierbeobachtungen eignet. Allerdings hat auch die Regenzeit ihre Vorteile: Jetzt sind die Tiere in guter Verfassung, nachdem sie sich an den neuen Schösslingen sattgefressen haben. Außerdem besteht die Möglichkeit, die Brut oder eine Geburt zu erleben.

Tatsächlich reicht ein Leben nicht aus, um all die Wunder der Natur in all diesen Parks zu entdecken; das Sozialleben der riesigen Dickhäuter, das Zusammenspiel zwischen Blumen- und Insektenwelt, das Überleben und der Kampf zwischen den Arten, das Auf und Ab und die Wiederkehr im jährlichen Wechsel mit Blumenteppichen auf karger Scholle, mit Löwenbabys oder mit dem Besuch der Wale an der Küste. Jede Klimazone Südafrikas erzählt ihre ganz eigene Naturgeschichte. Auch in den Wüsten der Karoo leben Tiere und wachsen Pflanzen, nur erschließen sie sich dem Betrachter nicht so offensichtlich wie in den tropischen Gebieten am Indischen Ozean, wo die Bäume von Schlingpflanzen umwuchert im Dschungel stehen und Krokodile träge in der Sonne dösen. Die Vegetation am Kap wird von den Botanikern wegen ihrer Einzigartigkeit als eigenes »Florenreich« geführt; nicht minder eindrucksvoll sind die bizarren Sukkulenten in der Halbwüste.

Greater Kruger National Park

Die Provinzen Limpopo und Mpumalanga bieten Zugang zum Kruger National Park, der mehr Säugetiere beherbergt als jedes andere Reservat Afrikas. An den Park grenzen mehrere private Schutzgebiete. Seit dort die Zäune entfernt wurden und sich die Tiere frei zwischen dem Park und den privaten Reservaten bewegen, bezeichnet man die Region als Greater Kruger National Park, zusammen mit den angrenzenden Schutzgebieten in Simbabwe und Mosambik ist es der Great Limpopo Transfrontier Park.

KwaZulu-Natal und die Nordwest-Provinzen

In KwaZulu-Natal liegen die meisten Reservate des Landes. Sie decken eine große Vielfalt an Lebensräumen ab. Das Hluhluwe-Imfolozi Game Reserve ist die Heimat der größten Nashornpopulation der Welt, während im iSimangaliso Wetland Park Krokodile und Flusspferde leben. Die wenig besuchten geschützten Feuchtgebiete an der Grenze zu Mosambik beherbergen zahlreiche Wildtiere von Elefanten bis zu Schildkröten.

Der uKhahlamba-Drakensberg Park bietet einmalige Attraktionen für Wanderer und Vogelbeobachter. Der Pilanesberg National Park in der Nordwest-Provinz besteht aus ehemaligem Farmland, auf dem Tiere aus allen Teilen des Landes neu angesiedelt wurden. Das nahe gelegene Madikwe Game Reserve liegt auf einer Wildtierwanderroute am Rand der Kalahari. In beiden Reservaten sind die Big Five zu Hause.

Die Kapprovinzen

Zu den Parks am Ostkap zählen der Mountain Zebra National Park und der Addo Elephant National Park. In den Küstenparks wie Tsitsikam-

Safariteilnehmer erleben Elefanten im Addo Elephant National Park hautnah (oben); Zuchtprogramme stärken die Population der Geparden und anderer gefährdeter Arten (links); Flusspferde im iSimangaliso Wetland Park im KwaZulu-Natal (rechts)

ma leben viele Meerestiere. Ebenfalls in der Provinz gelegene private Wildreservate wie die hoch gelobten Parks Shamwari und Kwandwe siedeln Wildtiere an, die seit vielen Jahren nicht mehr in der Region anzutreffen waren.

Das Nordkap ist berühmt für den abgelegenen Kgalagadi Transfrontier National Park, der bis ins benachbarte Botswana reicht. Das Kgalagadi-Reservat beheimatet zähe, an das Wüstenleben angepasste Tiere wie Spießbock und Schwarzmähnen-Löwen.

Am Westkap ist der Table Mountain National Park mit der Bergkette, die sich von Signal Hill bis Cape Point entlang der Kaphalbinsel erstreckt, landschaftlich reizvoll. Hinzu kommen kleinere Schutzgebiete wie das Rhino and Lion Nature Reserve im Außenbereich von Johannesburg.

Seit über 200 Jahren produziert Groot Constantia begehrte Tropfen.

Tropfen für Tropfen

Nach seiner Ankunft in Table Bay 1652 pflanzte der erste Gouverneur am Kap, Jan van Riebeeck, den ersten Wein. Es soll ein französischer Muskat gewesen sein. 1659 konnte er in seinem Tagebuch vermerken: »Heute, Gott sei gepriesen, wurde zum ersten Mal Wein aus Kaptrauben gepresst.«

So begann der Weinbau in Südafrika. Gouverneur Simon van der Stel, der Nachfolger von Riebeecks, machte dort weiter, wo sein Vorgänger aufgehört hatte, und gründete 1699 sein eigenes Weingut, Groot Constantia. Die Weine vom Kap waren in Europa sehr gefragt. Napoleon liebte sie, für den Preußenkönig Friedrich den Großen standen die Kapweine ebenfalls an erster Stelle. Auch Bismarck schätzte sie und Friedrich Klopstock widmete den edlen Tropfen sogar eine Ode.

Wie Südafrika zum Wein fand

Da verwundert es schon, dass Südafrika erst in jüngerer Zeit die Liebe zum eigenen Wein entdeckt hat. Immerhin gibt es den Weinbau schon seit über dreihundert Jahren. Zu Beginn wurde der Wein für die auf ihrem Weg von Europa nach Ostindien anlegenden Segelschiffe produziert. Auf langen Seereisen hielt sich der Wein besser als Wasser. Zudem nahm man an, dass junger Rotwein gegen Skorbut helfen könnte. Heute werden im ganzen Westkap und bis zum Orange River

Valley im Norden zahlreiche Traubensorten angebaut.

Tafeltrauben und feurigen Brandy verwendet.

Frisch, fruchtig, weiß

Weißwein wird von *Chenin Blanc* beherrscht. Die Rebe stammt von der Loire und wird in Südafrika »Steen« genannt. Ihre von Natur aus hohe Säure ergibt frische Weine, dennoch ging ihr Anteil in den letzten Jahrzehnten um 40 Prozent zurück. Im Trend liegen *Colombard*, *Chardonnay* und *Sauvignon Blanc*, eher selten ist der »echte« *Riesling*. Für Süßweine wird *Muscat d'Alexandrie* (»Hanepoot«) angebaut. Die Sorte *Sultana* wird vor allem für

Ein Pinotage kommt immer recht

Auch in Südafrika ist der Trend zum vermehrten Rotweingenuss zu beobachten. Dabei nahmen die »internationalen« Sorten stark zu, aber auch die echt südafrikanische Traube, die Pinotage (eine Kreuzung aus Pinot Noir und Cinsault bzw. Hermitage) verdreifachte ihren Anteil. Die besten Rotweine liefert die Bordeaux-Traube *Cabernet Sauvignon*, darüber hinaus werden *Shiraz*, *Merlot*, *Cinsault*, *Cabernet Franc* und *Pinot Noir* angebaut.

Südafrikas Spitzenweine sind weltweit gefragt.

Erfolgsgeschichte Wein vom Kap

Über 600 Weingüter produzieren heute in Südafrika bis zu einer Milliarde Liter Wein pro Jahr. Die meisten hiesigen Tropfen sind nicht nach der Region, sondern nach Traubenart und Stil benannt. Achten Sie also weniger auf die Region als auf die Traubensorten und den Ruf des Weinguts. Etwas Besonderes für wenig Geld ist eine Flasche des lokalen Schaumweins Cap Classique, zum Beispiel von der Kellerei Krone/Twee Jonge Gezellen.

Sportsfreunde

In Südafrika wird Sport großgeschrieben, und wer nicht selbst aktiver Sportler ist, der besucht die eine oder andere der zahlreichen Veranstaltungen, die sich über das Jahr im ganzen Land verteilen.

Fußball ist der populärste Sport in Südafrika und jedes Spiel ein höllisch lautes Spektakel, was auch die Besucher der Fußballweltmeisterschaft 2010 erfuhren, als sie sich plötzlich von Vuvuzelas umzingelt sahen. Es war das erste Mal, dass dieses internationale Turnier auf dem afrikanischen Kontinent veranstaltet wurde. Die Nationalmannschaft mit dem Spitznamen Bafana Bafana (»unsere Jungs«) ist in ihrer Leistung eher unberechenbar, hat aber 1996 den Africa Cup of Nations gewonnen und an drei Weltmeisterschaften teilgenommen; 2018 scheiterte man allerdings schon in der Qualifikation. Das wichtigste inländische Turnier ist die Premier Soccer League.

Rugby: Lieblingssport Nummer zwei im Land

Ruhiger zu geht es auf den Tribünen beim *Rugby*. Einen seiner

Radsportler bereiten sich für den Start der Cape Town Cycle Tour am Cape Argus vor.

bewegendsten Momente in der Geschichte des Landes hatte dieser Sport 1995, als nach Jahren des Ausschlusses vom Weltsport während der Apartheid die Springboks (so der Spitzname für die Rugby-Union-Nationalmannschaft) die Weltmeisterschaft ausrichteten und gegen die All Blacks aus Neuseeland 15 : 12 gewannen. Ein sichtlich aufgeregter Nelson Mandela überreichte damals den Pokal dem Teamkapitän François Pienaar, einem Weißafrikaner. Dabei trug er das gleiche grün-goldene »Boks«-Shirt mit der Nummer 6 wie Pienaar, und die beiden umarmten sich in einer Geste der Versöhnung, die die Herzen vieler Südafrikaner bewegte.

Fleißiges Training für das sonntägliche Kricketspiel in Kapstadt

Kricket ist Nummer drei
Den dritten Rang in der Zuschauergunst nimmt *Cricket* ein – allerdings nur bei denen, die in die eher komplizierten Regeln eingeweiht sind. Wie Rugby war auch Kricket während der Apartheid 20 Jahre lang weitgehend vom Rest der Welt isoliert. Nachdem die südafrikanischen Proteas wieder international spielen durften, etablierte das Land sich bald als eine der führenden Kricket-Nationen weltweit und konnte große Erfolge verzeichnen. 2003 war Südafrika Gastgeber der Weltmeisterschaft, die allerdings zum Leidwesen der einheimischen Fans von den Australiern gewonnen wurde. Derzeit hält das südafrikanische Team den zweiten Platz im Ranking der höchstgewerteten Innings in einem One-day International (438–9 in 49,5 Overs). Dieses Spiel fand 2006 gegen Australien statt und gilt vielen als bestes One-day-Match aller Zeiten.

Land der Golfer
Mit über 500 Plätzen, einem idealen Klima und den landschaftlichen Reizen zieht das Land Spieler aus der ganzen Welt an. Zu einem der wichtigsten Ereignisse kommen die Champions der Welt zusammen: zum Nedbank Golf Challenge Anfang Dezember in Sun City (www.nedbankgolfchallenge.com). Die klassische Turnierserie des südlichen Afrika ist die Sunshine Tour mit den South African Open, dem Dunhill Championship und den Joburg Open, die ganzjährig

hauptsächlich in Südafrika, aber auch auf Plätzen in Namibia, Sambia, Swasiland sowie in Simbabwe stattfindet (www.sunshinetour.com).

Radsport

Ein tolles Ziel ist das Land zudem für Radsport-Fans. International bekannt ist etwa der Cape Epic, eine Mountainbiker-Herausforderung der Extraklasse (www.cape-epic.com). An dieser »Tour de France der Mountainbiker« nehmen im Spätsommer Südafrikas (März) über 1000 Fahrer in Zweierteams aus der ganzen Welt teil und begeben sich acht Tage lang auf einen Kurs mit 800 km Länge und 15 000 Höhenmetern. Jedes Jahr wird die Strecke am Kap neu definiert, und immer dürfen sich auch Amateure bewerben, die im Losverfahren ausgewählt werden. Die Cape Town Cycle Tour am Argus-Kap (www.cycletour.co.za) steht allen Amateuren offen. Mehr als 35 000 Teilnehmer fahren im März einen Kurs von 109 km Länge ab; damit gehört die Tour zu den größten Sportevents des Landes.

Marathonläufer sind willkommen

Der Two Oceans Marathon am Karsamstag geht über eine Strecke von 56 km und rund 500 Höhenmeter (auch als Halbmarathon mit 21 km möglich) an den beiden Ozeanen der Kaphalbinsel entlang; etwa 15 000 Läufer nehmen an ihm teil. Zum Comrades Marathon im Juni kommen ebenfalls bis zu 15 000 Teilnehmer, die von Durban nach Pietermaritzburg und im Folgejahr in die umgekehrte Richtung laufen. Die etwa 90 km lange Strecke muss in höchstens zwölf Stunden absolviert werden.

Wassersport jeder Art

Da die Südafrikaner Wasser lieben, gibt es natürlich auch im und auf dem Wasser einiges zu erleben. Mit dem Kajak geht es im Februar bei 40 °C beim Dusi Canoe Marathon auf dem Msunduzi River von Pietermaritzburg nach Durban hinunter – dies ist einer der renommiertesten Wettbewerbe weltweit, und er findet seit 1951 statt: in den Anfangsjahren an einem Tag, heute ist er auf drei Tage verteilt. 2000 Paddler nehmen teil und müssen ihre Boote zusätzlich auf etwa 20 km um Hindernisse herum tragen. Insgesamt sind 125 km zu bewältigen, die Rekordzeit liegt bei acht Stunden. Beim J-Bay Open in Jeffrey's Bay (www.worldsurfleague.com) surfen die Besten der Welt im Juli auf den Superwellen der Bay, die Pipes von Jeffrey's sind legendär. Die Midmar Mile (www.midmarmile.co.za) am Midmar Dam bei Pietermaritzburg war 2009 mit nahezu 14 000 Schwimmern der mit Abstand größte Offenwasser-Wettbewerb der Welt. Seit 2012 wird jeweils im April im Stausee Albert Falls Dam geschwommen.

Outdoorsport in einer faszi‐
nierenden Natur: Abseilen
von den Knysna Heads im
Featherbed Nature Reserve
am Western Cape

Egoli – Ort des Goldes

Auf Sesotho, einer in der Provinz Gauteng verbreiteten Bantusprache, bedeutet der Name dieser Provinz »Goldland«, während das Zuluwort für die Hauptstadt der Provinz, Johannesburg, eGoli (»Ort des Goldes«) lautet. Zufall? Keineswegs.

Im Jahr 1886 entdeckte man am Witwatersrand, 50 km von der Burenhauptstadt Pretoria entfernt, die größten Goldvorkommen der Erde. Dabei identifizierte man eine Ader von 430 km Länge und 24 km Breite, die sofort Glücksritter aus aller Welt anzog. Bis Ende des Jahres steckten 20 000 Menschen Claims ab und bis 1889 wurden hier nahezu 19 600 kg des gelben Metalls aus der Erde geholt.

Gold Reef City: ein Förderturm im Themenpark auf dem Gelände der Crown Gold Mine, einer großen Goldmine

Geburt einer neuen Stadt
Ferreira's Town war zunächst nur eine Ansammlung aus Wagen und Zelten, die sich immer weiter über die kahle Ebene ausbreitete, bis die Regierung von Pretoria einen Plan für eine formelle Siedlung nördlich der Hauptader vorlegte und sie nach zwei Regierungsmitgliedern – Johannes Meyer und Johann Rissik – Johannesburg nannte.

Goldenes Erbe
Heute stammen etwa 5 Prozent des weltweit geförderten Goldes aus

Eine mit Giften durchsetzte Halde einer Goldmine außerhalb von Johannesburg erinnert an die »goldenen Zeiten« in der Region.

Südafrika. Etwa 95 Prozent der hiesigen Goldminen liegen unterirdisch und erreichen Tiefen von bis zu 3,8 km: ein Weltrekord. Der 3293 m in die Erde reichende Schacht Nr. 14 bei Johannesburg wurde 1897 eröffnet und 1971 geschlossen. In dieser Zeit baute man hier 1,4 Mio. kg ab. Heute liegt an der Mine die Touristenattraktion Gold Reef City. Hier können Sie in 220 m Tiefe hinabsteigen. Sie war die letzte in der Stadt selbst betriebene Mine. Es gibt aber immer noch über 40 Goldminen in Südafrika mit Goldreserven von (geschätzt) über 6000 t, und auch die klassische Ansicht Johannesburgs mit den gelben Halden der Goldminen im Vorder- und der urbanen Skyline im Hintergrund wird erhalten bleiben, denn einige der aufgelassenen Minen bewahrt man als Erinnerung an die Geschichte der auf den riesigen Goldvorkommen gegründeten Stadt.

Der andere George Harrison

1886 wurde ein Farmer unsanft geweckt, als der australische Goldgräber George Harrison mit seiner Hacke einen Felsen zertrümmerte und lauthals »Gold!« rief. Obwohl er mit dieser Tat den südafrikanischen Goldboom begründete, soll Harrison selbst seinen Claim für nur zehn britische Pfund verkauft und die Gegend verlassen haben. Man hat nie wieder etwas von ihm gehört …

Die Farben des Regenbogens

Wer zum ersten Mal nach Südafrika kommt, wundert sich über die fast schon babylonisch anmutende Sprachenvielfalt in diesem Land.

Eine zur Bantu-Sprachgruppe der Nguni gehörende Angehörige der Ndebele in ihrem Dorf in der Provinz Mpumalanga

E in großer Teil der Bevölkerung Südafrikas ist zweisprachig – entweder beherrscht man Afrikaans und/oder Englisch sowie eine indigene Sprache.

Sprache und Identität

In der Apartheidsära galten nur Englisch und Afrikaans als offizielle Landessprachen. Die Einführung von Afrikaans als Unterrichtssprache löste 1976 die Schüleraufstände in Soweto aus und bereitete das Ende der Apartheid vor. Heute sind elf Sprachen als Amtssprachen anerkannt. Neben Afrikaans, das auch Muttersprache der meisten Coloureds ist, und Englisch, das neben knapp 40 Prozent der Weißen die meisten Asiaten sprechen, sind dies isiZulu, isiXhosa, Sepedi, Sesotho, Setswana, Xitsonga, Siswati, Tshivenda und isiNdebele.

Die Kraft des isiZulu

Südafrikas größte Bevölkerungsgruppe, die Zulu, prägt mit Kultur und Sprache vor allem die Provinzen KwaZulu-Natal und Gauteng; etwa 11,5 Mio. Menschen, knapp 23 Prozent der Bevölkerung, verwenden isiZulu als Muttersprache. Zweitwichtigstes Idiom ist das isiXhosa mit 8 Mio. Sprechern, das sind etwa 16 Prozent.

Eine Zulu-Heilerin (Sangoma) im Duma-Zulu Traditional Village

Afrikaans als Lingua franca

Afrikaans ging aus den Dialekten der niederländischen Einwanderer des 17. Jhs. hervor. Durch den Kontakt mit Bantu- und Khoisan-Sprachen, Deutsch, Englisch, Französisch, Portugiesisch und Malaiisch kamen Wörter hinzu, andere veränderten ihre Bedeutung. Ähnliches geschah mit Aussprache, Schreibweise und Grammatik. Afrikaans wird von knapp 7 Mio. Menschen, davon mehr als 80 Prozent der Coloureds und knapp 60 Prozent der Weißen, gesprochen.

Sprache verändert sich

In einer Gesellschaft, in der unterschiedliche Volksgruppen und Sprachen miteinander kommunizieren, bilden sich neue Idiome, sog. Pidgin-Sprachen. Auch Afrikaans könnte man dazu zählen. Weitaus eigenwilliger ist Fanagalo, das ist isiZulu, kombiniert mit Entlehnungen aus dem Englischen, Niederländischen, dem Afrikaans und Portugiesischen; es wurde einst in den Goldminen zur Verständigung verwendet. Tsotsi Taal ist eine Mischung aus Afrikaans, Englisch und afrikanischen Wörtern, die von den Township-Bewohnern zur sprachübergreifenden Kommunikationsform entwickelt wurde. Dabei handelt es sich um eine Art Gangster-Rap – »tsotsi« bedeutet Gangster, »taal« Sprache. Sie wird häufig in der Kwaito-Musik, dem südafrikanischen Rap, verwendet.

Die Kultur der San

Als »Buschleute« bezeichneten die ersten europäischen Siedler am Kap jene Menschen, die als nomadisierende Jäger das südliche Afrika durchstreiften, sich einer seltsamen, mit Klicklauten durchsetzten Sprache bedienten und offensichtlich kaum mehr besaßen, als was sie am Körper trugen.

Als im 17. Jh. die weiße Besiedelung Südafrikas begann, hatten die San, so die wissenschaftliche Sammelbezeichnung, schon mehrere Einwanderungswellen anderer Völker in ihre Heimat erlebt. Jedes neue Volk drängte sie weiter in unwirtliche Rückzugsgebiete. Dabei werden die San heute als Nachfahren der Urbevölkerung des südlichen Afrika angesehen. Ihrer umfassenden Kenntnis von den Geheimnissen der Natur verdanken sie ihre einzigartigen Fähigkeiten, mit denen sie selbst in ganz ariden Landstrichen zu überleben wissen. Männer jagten traditionell mit Giftpfeilen und Fallen, während den Frauen das Sammeln essbarer Pflanzen und Knollen oblag.

Eine Kultur stirbt

Heute lebt dieses faszinierende Volk am Rand der Gesellschaft, vielfach gezeichnet von Arbeitslosigkeit, Alkoholismus, Tuberkulose oder Aids. Für Jäger und Sammler, so scheint es, gibt es im modernen Staat keinen Platz mehr. Zumindest einige San können auf einer Lodge oder in einem Naturschutzgebiet ihr traditionelles Leben weiterführen. Ein Modellprojekt ist in diesem Zusammenhang !Xaus im Kgalagadi Transfrontier National Park (www.xauslodge.co.za): Auf dem Land, das der Staat einer Gemeinschaft der San zurückgegeben hat, errichteten diese eine Lodge und verpachteten sie an ein nachhaltig wirtschaftendes Unternehmen, das den San so ein Einkommen sichert. Zudem baute man ein Museumsdorf, in dem die Gäste bei kunsthandwerklichen Vorführungen zusehen können.

Auf Pirsch mit Pfeil und Bogen

Die San zeigen den Touristen auch, wie sie jagen, erklären ihnen die Spuren und das Verhalten der Tiere. Dass sie dabei ihr Folklore-

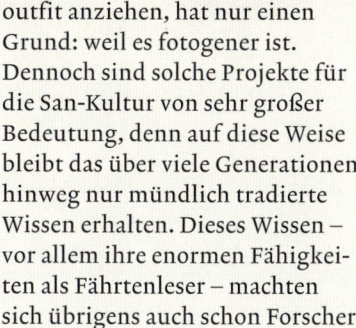

Ein San führt die uralte Methode des Feuer-
machens vor (links oben); die San sind ausgezeichnete Fährtenleser und Jäger mit traditionellen Waffen (oben). In der typischen
Schmuckherstellung werden mit großer Fer-
tigkeit auch die Schalen von Straußeneiern als
Material verwendet (links).

outfit anziehen, hat nur einen
Grund: weil es fotogener ist.
Dennoch sind solche Projekte für
die San-Kultur von sehr großer
Bedeutung, denn auf diese Weise
bleibt das über viele Generationen
hinweg nur mündlich tradierte
Wissen erhalten. Dieses Wissen –
vor allem ihre enormen Fähigkeiten als Fährtenleser – machten
sich übrigens auch schon Forscher

von der Universität zu Köln und
vom Neanderthal Museum in
Mettmann zunutze, um mit ihrer
Hilfe die Fuß- und Handspuren
vorzeitlicher Jäger in den abgelegenen Höhlen der Pyrenäen zu
deuten Ergebnisse des For-
schungsprojekts »Tracking in
Caves« kann man auf der Website
www.tracking-in-caves-online.de
einsehen.

Kapstadt aus der Vogelperspektive betrachtet: Tafelberg
(Table Mountain) und Lion's Head bestimmen das Stadtbild

Kapstadt & Umgebung

»Mother City« mit Sucht-
potential – grandiose Lage,
lockere Stimmung, Multi-
kulti-Flair und die vielfältigen Aromen der Welt.

Seite 36–59

Erste Orientierung

Kapstadt schmiegt sich an den Table Mountain und wird vom wilden Atlantik umarmt – unbestritten eine der schönsten Städte der Welt. Nicht auslassen sollte man eine Fahrt um die Cape Peninsula mit ihren herrlichen Stränden sowie einen Ausflug in die Weinbaugebiete mit ihren Weingütern.

Seine einzigartige Lage macht Kapstadt zu einer der faszinierendsten Städte der Welt. Das regelmäßig angelegte Zentrum erstreckt sich inmitten der City Bowl zwischen der Table Bay mit dem Hafen im Norden und dem über 1000 m hohen Table Mountain im Süden. Zahlreiche architektonische Zeugnisse der Vergangenheit sind hier erhalten. Eine große Bereicherung der Stadtlandschaft ist heute die Victoria & Alfred Waterfront; das einstmals wenig attraktive Hafengebiet präsentiert sich heute als lebhaftes Flanier- und Vergnügungsviertel. Das Malaienviertel Bo-Kaap mit Moscheen und sehenswerten Häusern aus dem 18./19. Jh. sowie aus den 1950er-Jahren erstreckt sich am Nordwestrand der Innenstadt. Am Atlantischen Ozean, südlich des Green Point gelegen, folgen attraktive Badeorte von Sea Point bis Hout Bay.

TOP 10
② ★★ City Centre

Nicht verpassen!
⓫ V&A Waterfront
⓬ Table Mountain
⓭ Robben Island

Nach Lust und Laune!
14 Kirstenbosch National Botanical Garden
15 Constantia
16 Cape Peninsula
17 Townships
18 West Coast

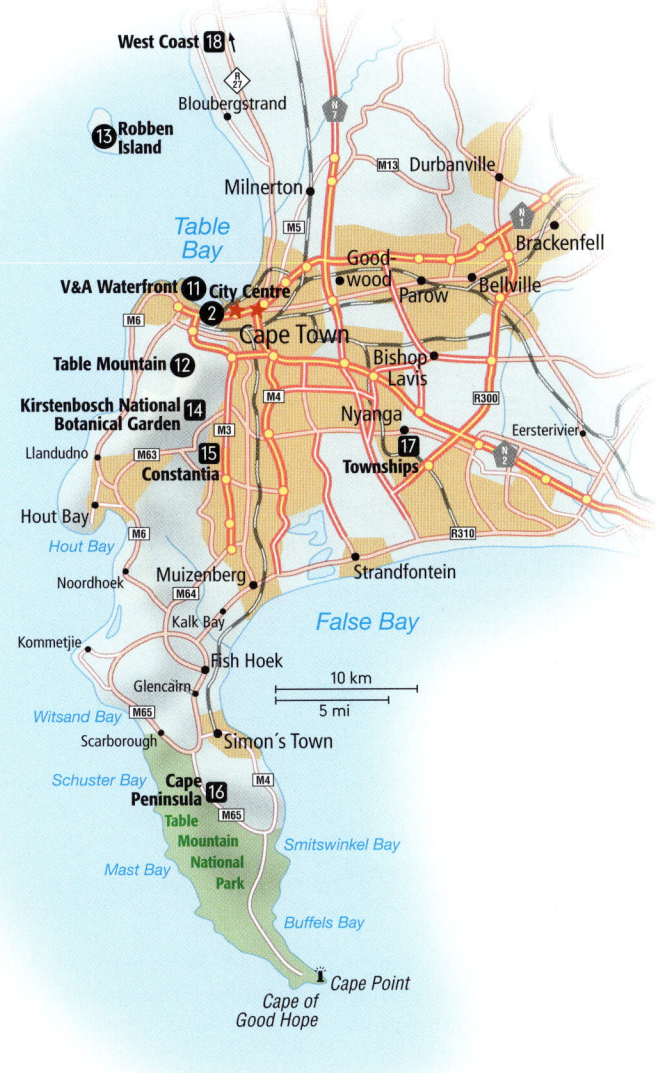

West Coast **18**

Blouberstrand

Robben **13** Island

Milnerton

M13 Durbanville

Table Bay

M5

Good- wood

Brackenfell

V&A Waterfront **11** City Centre **2**

Parow Bellville

M6

Cape Town

Table Mountain **12**

Bishop Lavis

Kirstenbosch National **14** Botanical Garden

M4

R300

Nyanga

M3

Eersterivier

Llandudno **M63** **15**

Constantia

Townships **17**

Hout Bay

M6

Hout Bay

Muizenberg

Strandfontein

R310

Noordhoek

M64

Kalk Bay

False Bay

Kommetjie

Fish Hoek

10 km

Glencairn

5 mi

Witsand Bay **M65**

Scarborough

Simon´s Town

Schuster Bay **Cape Peninsula** **16** **M4**

Table Mountain National Park **M65**

Smitswinkel Bay

Mast Bay

Buffels Bay

Cape Point

Cape of Good Hope

Mein Tag
im multikultibunten Bo-Kaap

Das Viertel der Kapmalaien ist sicherlich eine der malerischsten Ecken von Kapstadt – alleine schon wegen der in allen Nuancen des Pastellfarbkastens gestrichenen, niedrigen Häuschen. Die Tour sollten Sie an einem Dienstag, Mittwoch oder Donnerstag unternehmen, denn nur dann gibt es Kochkurse.

9.30 Uhr: Good morning Bo-Kaap ...

.. oder besser *goeie more*! An einer der hübschesten Straßen des Malaienviertels, der Wale Street, beginnen Sie den Tag mit einem ebenso gesunden wie köstlichen und sehr kapmalaiischen Frühstück auf der Dachterrasse des Harvest Café (102 Wale Street, Tel. 021 422 11 99, www.facebook.com/harvestcafect) mit Blick auf das erwachende Viertel. Wie wäre es mit den legendären Pumpkin Fritters mit griechischem Joghurt, frischen Beeren und Ahornsirup. *Lekker* sagt man hier (könnte aber auch schön heißen)!

10.30 Uhr: Liebe geht durch den Magen

Zainie Misbach (www.bokaapcookingtour.co.za, Kochkurs 825 R) wartet im Rose Corner Café (46 Rose Street), um Ihnen die Geheimnisse der kapmalaiischen Küche zu enthüllen. Nach einem halbstündigen Spaziergang durch Bo-Kaap wird's in Zainies Küche ernst: Zwei Stun-

hr: Wie
ckt halal?

Signal Hill

Ende

Bo-Kaap Kombuis

18.30 Uhr

Longmarket St.

Yusuf Dr.

B O - K A A P

Church St.

Chiappini St.

Rose St.

Start

Longmarket St.

Biesmiellah

100 m
100 yd

9.30 Uhr

Harvest
Café

Batavia

Church St.

Buitengracht St.

Mami
Wata

Atlas Trading
Company

15.30 Uhr

Rose Corner
Café

Heiliger
Ln.

★
**Bo-Kaap
Museum**

14 Uhr

Monkeybiz

Wale St.

15.30 Uhr: Spice up
your life

9.30 Uhr: Good
morning Bo-Kaap ...

14 Uhr: Wie alles begann

Oben: Im In-Viertel Bo-Kaap wurde nicht mit Farbe gegeizt.
Mitte oben: Colour your life!

den lang lernen Sie die Zubereitung von Chicken Curry, Samoosas und Daaltjies. Danach wird gegessen, und wenn Zainie zufrieden ist, gibt's ihre Marsala-Mischung und ein Rezeptbuch als Geschenk.

14 Uhr: Wie alles begann

Der Begriff »Malaien« ist eigentlich irreführend, denn aus Malaysia stammten bei Weitem nicht die meisten der Vorfahren der von der Apartheidsdoktrin als *coloureds*, Farbige, eingestuften Kaapse Maleiers in Kapstadt und Umgebung. Woher sie kamen, was sie gemeinsam haben und was sie trennt erfahren Sie im Bo-Kaap-Museum (71 Wale Street, www.iziko.org.za/museums/bo-kaap-museum, Mo-Sa 9-16 Uhr, 20 R). Dazu Geschichte und Kultur des Viertels und womit die Kap-Malaien das Land am nachhaltigsten geprägt haben. Mit ihrer Küche nämlich.

15.30 Uhr: Spice up your life

Jetzt sind Sie so richtig auf den Geschmack gekommen? Im Gewürzladen Atlas Trading Company (104 Wale Street, www.atlastradingcompany.co.za) duftet es nach asiatischen Gewürzmischungen. Beim Bummel durch das Viertel mit seinen bunten Häusern und der Moschee entdecken Sie aber auch, dass hier viel im Wandel ist: Läden wie der Surfmode-Shop Mami Wata (81 Rose Street, www.mamiwata.surf) und Monkeybiz (61 Wale Street,

15.30 Uhr

18.30 Uhr

15.30 Uhr

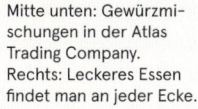

Mitte unten: Gewürzmi-
schungen in der Atlas
Trading Company.
Rechts: Leckeres Essen
findet man an jeder Ecke.

www.monkeybiz.co.za) mit witzi-
gen Kreationen verkaufen trendige
Styles und sind Vorboten der Gen-
trifizierung in Bo-Kaap. Auch das
Café Batavia (114 Church Street) ist
relativ neu. Auf der Couch fühlen
Sie sich zwischen Kitsch und Kunst
wie bei der kapmalaiischen Mama
im Wohnzimmer!

18.30 Uhr: Wie schmeckt halal?

Halal – auf durch den Islam vorgeschriebene Art zubereitet – kommt
das preiswerte und leckere Essen im
Biesmiellah (2 Wale Street, www.
biesmiellah.co.za) auf den Tisch. Alkohol gibt es nicht, dafür tolle Lassis,
und Bobotje, Kingfish oder Ham-
mel-Curry – authentische kapmalaiische Küche. Sollte Ihnen dieses Restaurant zu basic erscheinen – es geht
auch eleganter: In der Bo-Kaap Kombuis (7 August St, Schotsche Kloof,
www.bokaapkombuis.co.za) speisen
Sie ähnlich authentisch, aber auf ge-
hobenem Niveau und mit Blick auf
den Tafelberg.

❷ ★★ City Centre

Warum?	Kapstadts Zentrum ist voller Geschichte und voller Leben
Was?	Quirlige, multikulturelle Stadt, spannende Museen
Wie lange?	Einen Tag
Wann?	Sonntags sind fast alle Museen geschlossen
Was noch?	Auch Shopping sollte nicht zu kurz kommen
Resümee	So könnte Südafrikas Zukunft aussehen

Kapstadts City Centre, auch City Bowl genannt, wird durch die Strand Street im Norden, die Orange Street im Süden sowie Buitengracht und Plein Street im Westen und Osten begrenzt. In der Ära der Apartheid war dies ein rein weißes Wohngebiet; heute erleben Besucher hier das multikulturelle Flair des modernen Kapstadt.

Der District Six war einst ein Schwarzenviertel mit ca. 60 000 Einwohnern, die ab 1966 vertrieben wurden; das Viertel riss man ab. Nach dem Ende der Apartheid wurden einige Gebäude wieder errichtet. Ehemalige Bewohner ergänzen die Exponate des District Six Museums mit ihren bewegenden Geschichten. Die Slave Lodge wurde 1679 als Quartier für die Sklaven der Holländisch-Ostindischen Handelskompanie (VOC) errichtet; bis zu 1000 Sklaven lebten hier unter schlimmen Bedingungen. An der Wand hängt ein »Slave Code«, der den Sklaven vorschrieb, barfuß zu gehen, weder zu singen noch zu pfeifen. Das Museum dokumentiert die Kolonialzeit, erinnert an den Kampf gegen die Besetzer, die Besiedelung durch die Holländer, die Entstehung Kapstadts und die Sklaverei in Südafrika. Das älteste erhaltene Steingebäude Südafrikas, das Castle of Good Hope wurde 1666 bis 1679 errichtet. Heute beherbergt es ein Militärmuseum und ist Hauptquartier der Provinzarmee. Das Martin Melck House widmet seine Ausstellung dem Leben Nelson Mandelas. Bo-Kaap ist ein islamisches Wohngebiet. An den Straßen drängen sich bunt gestrichene Häuser. Das Bo-Kaap Museum gibt Einblicke ins Leben einer muslimischen Familie im 19. Jahrhundert.

Das District
Six Museum
erinnert an
die vielen
menschlichen
Schicksale.

KLEINE PAUSE
Im **Castle** warten Tee und Gebäck auf dem Rasen beim
De Goewerneur Restaurant.

Weitere Ziele

South African National Gallery
✝232 B1 ✉Government Avenue ☎021 481 39 70
⊕www.iziko.org.za ◗tägl. 10–17 Uhr ✦30 R

South African Jewish Museum
✝232 B1 ✉88 Hatfield Street ☎021 465 15 46
⊕www.sajewishmuseum.co.za ◗So–Do 10–17, Fr 10–
14 Uhr ✦65 R, Eintritt nur mit ID-Nachweis

✝232 B2

District Six Museum
✝232 C1 ✉25 Bui-
tenkant Street
☎021 466 72 00
⊕ www.districtsix.co.za
◗Mo–Sa 9–16 Uhr
✦40 R

Slave Lodge
✝232 C2 ✉Adderley
Street ☎021
467 72 29 ⊕www.iziko.
org.za ◗Mo–Sa 10–17
Uhr ✦30 R

Castle of Good Hope
✝232 C2 ✉Buitenkant
Street ☎021 787 12 49
⊕www.castleofgood
hope.co.za ◗tägl. 9.30–
15.30 Uhr ✦20 R

Martin Melck House
✝232 B3 ✉96 Strand
Street ☎021 405 15 40
◗Mo–Sa 9.30–17 Uhr
✦40 R

Bo-Kaap Museum
✝232 B2 ✉71 Wale
Street ☎021 481 39 38
⊕www.iziko.org.za
◗Mo–Sa 10–17 Uhr
✦20 R

⓫ V&A Waterfront

Warum?	Hotspot für Vergnügungssüchtige
Was?	Das Leben in den Restaurants, Bars und Cafés genießen
Wie lange?	Stunden, Tage … so lange Sie möchten!
Wann?	Wann auch immer!
Was noch?	Meeresbewohner ganz nah im Two Oceans Aquarium
Resümee	Sunset-Fotos mit Table Mountain

Kapstadts einst wenig attraktives Hafengebiet präsentiert sich heute als lebhaftes Flanier- und Vergnügungsviertel und ist eine echte Bereicherung der Stadtlandschaft.

Sehenswert ist die Victoria Wharf, ein Einkaufszentrum. Davor steht das Union Castle Building, in dem das Iziko Maritime Centre die maritime Geschichte der Table Bay dokumentiert. Westlich davon erhebt sich der Time Ball Tower (1894). Das Two Oceans Aquarium dahinter zählt zu den Highlights der Waterfront. Gegenüber dem Alfred-Bassin liegt das Clock Tower Centre. Man erreicht es über eine Schwenkbrücke. Hier gibt es weitere Läden und Restaurants.

Stimmungsvoll : In einem Lokal am Hafen vor der Silhouette des Table Mountain sitzen

KLEINE PAUSE
Bei über 80 Restaurants, Cafés, Fast-Food-Läden und Bars haben Sie hier die Qual der Wahl (R–RRR).

✛ 232 C5
✉ Portswood Ridge
☎ 021 408 76 00
⊕ www.waterfront.co.za
◷ tägl. 9–21 Uhr

Iziko Maritime Centre
✛ 232 B5 ✉ Portswood Road ☎ 021 405 28 80
⊕ www.iziko.org.za
◷ tägl. 10–17 Uhr
💰 20 R

Two Oceans Aquarium
✛ 232 B4 ✉ Dock Road
☎ 021 418 38 23 ⊕ www.aquarium.co.za ◷ tägl. 9.30–18 Uhr, Raubfischfütterung 15 Uhr 💰 165 R (online 149 R)

⑫ Table Mountain

Warum?	Der Blick von oben über Kapstadt lohnt jede Mühe
Was?	Bergplateau mit verschiedenen Aussichtspunkten
Wie lange?	Zwei Stunden
Wann?	Nur bei schönem Wetter
Was noch?	Selfies mit den possierlichen Rock Dassies schießen
Resümee	Kapstadts Lage ist nicht zu übertreffen

Ein erhabener Wächter von schroffer Schönheit – der Table Mountain bietet eine spektakuläre Aussicht auf Stadt und Meer – und gibt Kapstadt Gestalt.

Das Nomadenvolk der Khoikhoi nannte ihn »hoeri kwaggo« (»Seeberg«). Seinen heutigen Namen verdankt der Berg seinem europäischen Erstbesteiger: dem Portugiesen António de Saldanha, der ihn 1503 »Taboa do Cabo« (»Tafel des Kaps«) taufte. Zu Fuß muss das imposante Massiv (1086 m) niemand mehr erklimmen: Eine Gondelbahn bringt Besucher hinauf. Wer es trotzdem sportlicher angehen will: Von der Talstation der Seilbahn führen Wanderwege auf den Gipfel.

KLEINE PAUSE

An der Bergstation der Seilbahn gibt es ein **Bistro-Restaurant** und ein preisgünstigeres **Café.**

✝ 230 B3

Seilbahn
✉ Table Mountain Road ☎ 021 424 8181 ⊕ www.tablemountain.net

(Buchung ist online möglich) ◐ tägl., · erste Gondel aufwärts 8 Uhr, letzte abwärts 18–21.30 Uhr, je nach Jahreszeit ✦ 275–295 R (hin und zurück)

Kapstadts Wahrzeichen

Das aus mächtigen Sandstein- und Schieferschich-
ten aufgebaute Bergmassiv bildet das nördliche
Ende der Kap-Halbinsel.

Camps Bay

Ben Schoeman
Dock

Table Bay

1 Tafelberg Auf dem Gipfel gibt es ein Selbstbedienungscafé und einen Kiosk mit Snacks. An der Aussichtsterrasse beginnen kurze Wanderwege, entlang derer man die gigantische Kulisse genießen kann; dafür benötigt man zwischen 5 und 45 Minuten. Am Wochenende wird der Berg nach Einbruch der Dunkelheit mit Flutlicht angestrahlt.

2 Seilbahn Schon seit 1929 führt eine Drahtseilbahn auf den Tafelberg. Die Kabinen der heutigen Bahn, ein Schweizer Fabrikat, wurden 1997 in Betrieb genommen. Sie drehen sich während der Fahrt einmal um 360 Grad. Pro Tag befördert die Bahn bis zu 2500 Besucher auf den Berg. Alternativ kann man ihn auch mit Muskelkraft erklimmen, dafür soll es über 300 Möglichkeiten unterschiedlichster Schwierigkeiten geben. Je nach Ausgangspunkt sind zwei bis vier Stunden zu veranschlagen.

3 Devil's Peak, **4** Lion's Head Flankiert wird der Tafelberg im Osten vom 1002 m hohen Devil's Peak, im Westen – durch eine breite Senke getrennt – vom 669 m hohen Lion's Head. Im Süden setzt sich der Table Mountain als breites Plateau fort und fällt steil zum Orange Kloof ab, der noch 200 m übers Meer aufragt.

5 Kirstenbosch Aufgrund seiner Lage zwischen der Westküste und der False Bay herrscht am Tafelberg ein Gebirgsklima mit viel Niederschlag (1400 mm im Jahr). In diesem Klima gedeiht im Kirstenbosch National Botanical Garden eine außerordentliche Vielfalt an Pflanzen.

6 Signal Hill Den wohl besten Blick und Fotostandort hat man an der zum Signal Hill hinaufführenden Straße.

Clifton Bay

6

Green Point

Victoria Basin

©BAEDEKER

⓭ Robben Island

Warum?	Einblick in das brutale System der Apartheid
Was?	Hochsicherheitsgefängnis, in dem Nelson Mandela einsaß
Wie lange?	Einen halben Tag
Wann?	Nur bei schönem Wetter
Was noch?	Der Tafelberg vom Meer aus, ein tolles Motiv
Was nehme ich mit?	Tiefen Respekt vor Nelson Mandela und den anderen politischen Häftlingen

Bereits um 1525 sollen portugiesische Seefahrer auf der Insel die ersten Gefangenen interniert haben. Am bekanntesten unter den zum Welterbe der UNESCO zählenden Gebäuden ist der Hochsicherheitstrakt mit der berüchtigten »Sektion B«, in der Nelson Mandela bis 1982 inhaftiert war.

Sieg der Freiheit: Unter den Guides auf Robben Island sind auch ehemalige Häftlinge der Gefängnisinsel.

Mehr als 3000 Gefangene wurden während der Apartheid auf die Insel geschickt. Die Bedingungen waren hart, und doch sann Nelson Mandela, als er in Freiheit kam, nicht auf Rache, sondern rief zur Versöhnung auf. Als erster schwarzer Präsident Südafrikas schrieb er sich in die Geschichte seines Landes ein und bleibt auch nach seinem Tod als »tata« (»Vater aller Südafrikaner«) in den Herzen seiner Landsleute lebendig.

Die Insel kann nur im Rahmen von geführten Touren besucht werden. Sie starten vom Nelson Mandela Gateway und dauern 3,5 Stunden (inkl. Bootsfahrt).

KLEINE PAUSE

Auf der Fähre wie auf der Insel gibt es Erfrischungen.

✝ 230 B3 ✉ Clock Tower, V&A Waterfront ☎ 021 413 42 02
🌐 www.robben-island.org.za

❶ Fähren fahren täglich um 9, 11 und 13 Uhr, im Sommer auch um 15 Uhr
💲 340 R

Nach Lust und Laune!

14 Kirstenbosch National Botanical Garden

Der Botanische Garten am Osthang des Table Mountain gilt als einer der schönsten der Welt. Cecil Rhodes vermachte das Gelände 1902 dem Staat. Auf 528 ha (davon ca. 40 ha kultiviert) sind etwa 9000 von den 24 000 in Südafrika heimischen Pflanzenarten zu sehen. Historisch bedeutend sind die Hecke aus wilden Mandelbäumen, die Jan van Riebeeck 1660 pflanzte, und eine Allee mit Kampferbäumen und Sykomoren, angelegt 1898 von Cecil Rhodes. Hauptblütezeit ist Mitte August bis Mitte Oktober. Von Januar bis März blüht an Bächen und in schattigen Schluchten die Rote Disa, eine Orchidee, der »Stolz des Table Mountain«. Die Proteen zeigen ihre Farbenpracht von Mai bis Oktober. Besondere Attraktionen sind der Duft- und der Kräutergarten, das Proteenareal und der Steingarten. Das Bird Bath – ein 1811 von Oberst C. Bird angelegter Teich – grenzt an den Palmfarngarten mit den gefährdeten Arten der Cycadopsida. Zum Restaurant gehört eine schattige Terrasse. Im Sommer picknickt man hier gern beim Open-Air-Konzert am Sonntagnachmittag.

✝ 230 B3 ✉ 13 km südwestlich des Stadtzentrums beim Rhodes Drive (M63) ☎ 021 799 87 82 ⊕ www.sanbi. org ⏱ Sept.–März tägl. 8–19, April–Aug. 8–18 Uhr 💰 65 R

15 Constantia

Im Tal von Constantia liegt das älteste und bekannteste Weingut Südafrikas, Groot Constantia. 1685

Magischer Moment

Tafelberg mit besonderem Zauber

Packen Sie einen Picknickkorb, nehmen Sie eine Flasche Wein mit und suchen Sie sich ein stilles Plätzchen abseits des Rummels um die Bergstation. Vielleicht nach Süden gewandt, wo sich die Kaphalbinsel in den Atlantik schlängelt, bewacht von den Zwölf Aposteln? Und dann anstoßen auf das schönste Ende der Welt!

schenkte die Holländisch-Ostindische Handelskompanie das Gelände dem Gouverneur Simon van der Stel. Er ließ sich ein Herrenhaus bauen, in dem er von 1699 bis zu seinem Tod 1712 lebte. 1791 wurde der ebenerdige Weinkeller angefügt; außerdem erweiterte man die Anbaufläche, da die Weine bald auch in Europa sehr geschätzt wurden. Das Herrenhaus mit seinen wertvollen alten Möbeln aus dem 18./19. Jh. ist seit 1926 Museum. Die Gutsweine kann man im Weinkeller probieren. Am Wochenende ist Groot Constantia überlaufen. Besuchenswert sind aber auch die anderen renommierten Güter von Constantia, die nicht nur hervorragende Weine machen, sondern auch über edle Herbergen und/oder Restaurants verfügen.

✈ 230 B3 ✉ Die Weingüter liegen an der Constantia Main Road (M41), 20 km südlich von Kapstadt ⊕ www. constantiavalley.com ❶ Mo–Fr 9–17, Sa 10–13 Uhr (Groot Constantia, Constantia Uitsig und Steenberg sind auch So geöffnet)
Groot Constantia ☎ 021 794 5128
Klein Constantia ☎ 021 794 5188
Buitenverwachting ☎ 021 794 5190
Constantia Uitsig ☎ 021 794 6500
Steenberg ☎ 021 713 22 11

16 Cape Peninsula

Kapstadt liegt am Nordende einer schmalen, bergigen Halbinsel mit hübschen Küstendörfern, die sich 60 km nach Süden erstreckt. Seit 1998 gehören zwei Drittel der Halbinsel, darunter der südliche Bereich Cape of Good Hope und die Pinguinkolonie von Boulders Beach zum Table Mountain National Park. Bei einer Tagestour über die Halbinsel können Sie die landschaftlichen Highlights genießen, am schönsten ist der Blick am windumtosten Cape Point Lighthouse an der Südspitze.

Table Mountain National Park
✈ 230 B2 ☎ 021 712 23 37 ⊕ www. sanparks.org ❶ Cape of Good Hope: Okt.–März tägl. 6–18, April–Sept. 7–17 Uhr ✦ 135 Rand ❶ Boulders Beach: Dez./Jan. tägl. 7–19.30, Feb./März, Okt./Nov. 8–18.30, April–Sept. 8–17 Uhr ✦ 75 Rand

17 Townships

In den Townships wohnt die Mehrheit der schwarzen Bevölkerung Kapstadts. Idealerweise besichtigt man sie auf einer geführten Tour, wie sie von den unten genannten Unternehmen angeboten wird. In der Regel starten sie bei Kapstadts District Six Museum (S. 44 f.), dann geht es weiter an der Schnellstraße N2 entlang zu den Cape Flats. Ab hier erstrecken sich die Townships weiter nach Osten.

✈ 230 B3

Cape Capers
☎ 021 913 95 53 ⊕ www.tourcapers. co.za
African Eagle
☎ 021 464 42 66 ⊕ www.daytours. co.za
Cape Rainbow
☎ 021 551 54 65
⊕ www.caperainbow.com

Alle packen mit an: Auch heute noch wird das traditionelle Fischerhandwerk in Fish Hoek auf der Cape Peninsula betrieben.

18 West Coast

Zwei Autostunden von Kapstadt entfernt liegen im September und Oktober in den Tälern und Naturreservaten an der Westküste farbenprächtige Teppiche einheimischer Blumen. Den Großteil des Jahres bestimmen Büsche das Bild der Steppe, doch im Frühjahr blühen mehr als 1000 Pflanzenarten. In Darling, etwa 72 km nördlich von Kapstadt, findet im September ein Blumenfestival statt. Noch etwas weiter in nördlicher Richtung, etwa 125 km von Kapstadt entfernt, wurde das Gebiet an der Langebaan-Lagune mit vier vorgelagerten Inselchen zum West Coast National Park erklärt. Wegen seiner einzigartigen Vogelwelt ist das rund 30 000 ha große Gebiet von internationaler Bedeutung. Die Vegetation ist spärlich, aber im Frühjahr, zwischen August und Oktober, verwandelt sich auch dieser karge Landstrich in ein wahres Blütenmeer.

✚ 230 A5

Darling Touristeninformation
✉ Pastorie Street ☎ 022 492 33 61
⊕ www.darlingwildflowers.co.za

West Coast National Park
✚ 230 A5 ☎ 022 772 21 44 ⊕ www. sanparks.org ◑ April–Aug. 7–18, Sept.–März 7–19 Uhr 🏷 80 Rand (in der Blütezeit Aug./Sept. 170 R)

Wohin zum ...
Übernachten?

Preise für ein Doppelzimmer pro Nacht:
R   unter 1500 Rand
RR   1500–3000 Rand
RRR   über 3000 Rand

The Backpack and Africa Travel Centre R
Kapstadts dienstältestes und edelstes Backpacker Hostel liegt in drei hübschen zusammenhängenden Häusern aus dem 19. Jh. mit tollem Blick auf den Table Mountain. Unbedingt im Voraus buchen.
✛232 A2
✉74 New Church Street
☎021 423 45 30 ⊕www.backpackers.co.za

Cape Grace RRR
Dieses elegante 5-Sterne-Hotel bietet eine Toplage an der V&A Waterfront, große luxuriöse Räume in modernem afrikanischem Look und das wunderbare Restaurant Onewaterfront. Die Bascule Whisky Bar ist einer Schiffskombüse nachempfunden und soll die größte Whiskeyauswahl auf der Südhalbkugel haben.
✛232 B4
✉V&A Waterfront, West Quay Road
☎021 410 71 00 ⊕www.capegrace.com

Cape Heritage RR
Am atmosphärischen Heritage Square finden sich neben Weinbars und Restaurants in schön sanierten Häusern des 18. Jh.s auch eine Schmiede und dieses 4-Sterne-Boutique-Hotel mit 17 geschmackvoll eingerichteten Zimmern und Suiten. Am Eingang wächst angeblich der älteste Weinstock von ganz Südafrika.
✛232 B3 ✉90 Bree Street
☎021 424 46 46 ⊕www.capeheritage.co.za

Daddy Longlegs R
Wer ein Künstlerhotel sucht, wird am Ende einer steilen Holztreppe bei den insgesamt 13 Zimmern dieses Hauses aus dem Jahr 1903 mitten auf der Long Street fündig. Jeder Raum wurde von einem

anderen Künstler aus Kapstadt gestaltet. Die Badezimmer sind winzig, die Einrichtung ist spartanisch – aber alles hat durchaus Stil.
✛232 B2 ✉263 Long Street
☎021 422 30 74 ⊕www.daddylonglegs.co.za

Eins der besten Hotels Afrikas: Mount Nelson

Mount Nelson RRR
Kapstadts berühmtes Kolonialhotel aus viktorianischer Zeit wurde im Jahr 1899 gebaut und prunkt mit weitläufigen und gepflegten Außenanlagen und einer palmengesäumten Auffahrt. Die knapp 200 Zimmer sind auf vier verschiedene Flügel aufgeteilt, alle in einem anderen Stil gehalten und mit eigenem Garten. Geboten werden ein Fitnessstudio, zwei Swimmingpools, diverse Tennisplätze und zwei exzellente Restaurants. In dem kleinen Küchenraum können bis zu zehn Personen den fleißig-kreativen Küchenchefs auf die Finger sehen. Den üppigen Fünfuhrtee gibt es natürlich auf der Terrasse.
✛232 A1 ✉76 Orange Street, Gardens
☎021 483 10 00 ⊕www.mountnelson.co.za

De Waterkant RR
Wählen Sie aus über 40 Ferienwohnungen und Cottages zur Selbstversorgung, in denen zwei bis sechs Gäste Platz finden, oder den beiden schicken, aber intimen Pensionen Charles House und De Waterkant House. Alle befinden sich im historischen Viertel Waterkant. Sie sind individuell eingerichtet und viele Räumlichkeiten verfügen über Dachterrassen mit herrlichem Ausblick, Swimmingpools oder schöne Innenhöfe.
✛232 B3 ✉1 Loader Street
☎021 437 97 06 ⊕www.dewaterkant.com

Wohin zum ...
Essen und Trinken?

Preise für ein Zwei-Gänge-Menü
(ohne Getränke):
R   unter 200 Rand
RR   200–350 Rand
RRR   über 350 Rand

Baia RRR
Das Baia zählt zu dem besten Meeres-
früchte-Restaurants der Waterfront mit
breiter Veranda und mondäner Cocktailbar. Die Speisekarte kitzelt den Gaumen mit frischen Schalentieren aus Mosambik, fangfrischem Hummer, Austern
von der Westküste oder norwegischem
Lachs. Fleischliebhaber wählen aus dem
Gourmetangebot an Grillfleisch- und
Geflügelgerichten. An den mit Sturmla-
ternen sanft beleuchteten Tischen sitzt
man so richtig gemütlich.
✣232 C5 ✉Victoria Wharf, V&A Waterfront
☎021 421 09 35 ⊕www.baia
restaurant.co.za ◷tägl. 12–15, 19–23 Uhr

Beluga RRR
Das Beluga befindet sich in der Foundry,
dem 100 Jahre alten Backsteingebäude einer einstigen Gießerei. Die großzügig por-
tionierten Speisen des bistroartigen Restaurants locken mit würzigen Aromen und
interessanten Zutaten. Zu den Spezialitäten zählen zarte Lammhaxe, belgischer
Schokotrüffelkuchen und Sushi. Zudem
gibt es eine schicke Cocktailbar und ein
Café für Snacks im Innenhof.

In den Cafés stehen die Gäste im Mittelpunkt.

✣232 B4 ✉Prestwich Street, Green Point
☎021 418 29 48 ⊕www.beluga.co.za
◷tgl. 12–23 Uhr

Buena Vista Social Cafe RR
Ein fröhliches, kubanisch angehauchtes
Lokal in der Long Street mit rhythmischer
Latino-Musik. Auf der Speisekarte stehen
heiße und kalte Tapas, Nachos und ungewöhnliche Hauptspeisen wie Lammbraten
und Paprika in würzig-cremiger kubani-
scher Rum-Salsa.
✣232 B2 ✉B230 Long Street
☎021 422 04 69 ⊕www.buenavista.co.za
◷tägl. 11.30–1 Uhr

Bukhara RRR
Ein hochklassiges und elegantes Restaurant mit nordindischer Küche. Schön
speist man auf der Veranda. Einen Versuch
wert: Tandoori-Garnelen, luftiges Naan
und feine Kichererbsengerichte für Vege-
tarier. Im Grand West Casino gibt es einen
Ableger des Bukhara.
✣232 B2 ✉33 Church Street
☎021 424 00 00 ⊕www.bukhara.com
◷tägl. 12–15, 18–23 Uhr

Café Mozart R
Das Café Mozart, gleich bei der Long
Street gelegen, bietet ein köstliches
Bauernfrühstück mit leckeren frisch
gepressten Fruchtsäften. Das Café liegt in
einem hohen, schmalen Gebäude zwischen Antikläden und Kunstgalerien. Man
kann auch im Freien sitzen. Mittags gibt es
täglich Specials und geradezu sündhaft
gute Desserts. Probieren Sie die hausge-
machten Suppen, beispielsweise scharfe
Kürbissuppe oder Stachelbeersuppe mit
Knoblauchbrötchen.
✣232 B2 ✉37 Church Street
☎021 424 37 74 ⊕www.themozart.co.za
◷Mo–Fr 8–15.30, Sa 9–15 Uhr

Chef Pon's Asian Kitchen RR
Koch Pon betreibt ein geschäftiges Lokal
mit einer umfangreichen Speisekarte be-
zahlbarer chinesischer und thailändischer
Gerichte. Bestnoten verdienen die
scharf-saure Garnelensuppe *tom yum kung*,

die knusprig gebratene Ente und die Si-chuan-Garnelen. Die einfachen Speisen kommen schnell und in großen, duftenden Portionen auf den Tisch. Eine vorherige Reservierung empfiehlt sich absolut, da das Restaurant bei den Einheimischen ziemlich beliebt ist.

✛232 B1 ✉12 Mill Street, Gardens ☎0214655846 ⊕www.chefponsasian kitchen.co.za ●tgl. 18–22 Uhr

The Codfather RRR

Der Ort für Meeresfrüchte- und Fischfans. Übrigens: Es gibt im Codfather keine Spei-sekarte, man sucht sich einen Fisch, Mu-scheln, Garnelen, Langusten, Hummer oder portugiesische Sardinen aus und lässt sie dann nach eigenen Wünschen zuberei-ten. Serviert werden sie mit gedünstetem Gemüse und allerlei pikanten Saucen. Pro-bieren Sie beispielsweise namibische Aus-tern oder Sushi mit Kaviar. Die freundliche Bedienung gibt gerne Ratschläge.

✛232 B3 ✉37 The Drive, Camps Bay ☎021 438 07 82 ⊕www.codfather.co.za ●tägl. 12 bis spät

Giovanni's R

Der wohl beste Feinkostladen der Stadt bietet eine reichliche Auswahl an italieni-schem Schinken, Käsesorten und in Italien hergestellter Pasta. Die Regale biegen sich unter hochwertigen Olivenölen, Balsam-essig, eingelegtem Gemüse, Dörrobst und Nüssen, *foie gras*, Trüffeln, herrlich frischem Brot und vorzüglichen Pasteten. An der Theke werden frisch zubereitete Gerichte und Sandwiches (Preis nach Gewicht) zum Verzehr vor Ort oder aber zum Mitnehmen angeboten.

✛westlich 232 A4 ✉103 Main Road, Green Point ☎021 434 68 93 ●tägl. 7.30–20.30 Uhr

Gold Restaurant RRR

Mit einem Trommelwirbel werden die Gäs-te begrüßt, während des Dinners finden auch Tanzvorführungen statt. Vielleicht ist diese Theatralik dem einen oder anderen ein bisschen zu touristisch ausgefallen, aber das vielgängige Menü mit Speisen aus aller Herren Länder Afrikas entschädigt dafür voll. Bis zu dreizehn Einzelgerichte kommen auf den Tisch und alle Speisen schmecken überaus fein.

✛232 B4 ✉15 Bennett Street ☎Tel. 021 421 46 53 ⊕www.goldrestaurant.co.za ●tägl. 18.30–24 Uhr

Millers Thumb RR

Inhaber und Chefkoch Solly lässt sich in der Küche einiges einfallen, und seine Frau Jane stellt aus diesen Einfällen eine wun-dervolle Speisekarte zusammen, bei der einem schon beim Lesen das Wasser im Munde zusammenläuft. Und das Essen hält, was die Karte verspricht. In diesem Restaurantklassiker Kapstadts sollten Sie unbedingt die kreolischen Gerichte ver-suchen. Ebenso empfehlenswert sind Specials wie scharf angebratener Thunfisch oder die Spezialität des Hauses, *yaki soba* – eine hinreißende Kombination aus Huhn, Garnelen, gedünstetem Gemüse und fri-schem Ingwer in vorzüglicher Austern- und Sojasauce.

✛232 A1 ✉10b Kloofnek Road, Tamboerskloof ☎021 424 38 38 ⊕www.millersthumb.co.za ●Di–Fr 12.30–14, Mo–Sa 18.30–22.30 Uhr

Newport Market and Deli R

Am Tresen haben Sie einen wunderschö-nen Blick auf das Meer. Der helle und lufti-ge Delikatessladen beim Mouille Point, un-weit vom Leuchtturm gelegen, ist gerade-zu ideal fürs Mittagessen oder für einen kleinen Snack. Neben Kaffee, Smoothies, ausgezeichneten Sandwiches und Salaten stehen auch einige warme Gerichten zur Auswahl. Eine der festen kulinarischen Größen ist der Bagel mit geräuchertem Lachs und sahnigem Frischkäse, aber auch der Cajun-Chicken-Wrap oder die Linsen-Gerste-Suppe sind lecker.

✛westlich 232 A5 ✉47 Beach Road, Mouille Point ☎021 439 15 38 ⊕www.newportdeli.co.za ●tgl. 6.30–18.30 Uhr

Wohin zum … Einkaufen?

GESCHÄFTE

In den kolossalen Einkaufszentren findet man neben den üblichen südafrikanische Ladenketten auch kleine eigenständige Geschäfte, Restaurants, Cafés und Kinos. Bedingt durch die einzigartige Lage, den Hafen und die gepflegten historischen Gebäude ist die V&A Waterfront (Portswood Ridge, Tel. 021 408 76 00; www.waterfront. co.za) das beliebteste Einkaufszentrum. Es gibt Kleidung, afrikanische Souvenirs, Schmuck, Geschenke, Bücher und in den Markthallen des Red Shed und Blue Shed (Kunst-)Handwerk.

Der imposante Canal Walk an der Schnellstraße N1 in der Nähe von Milnerton, 10 km nördlich der Stadt (Tel. 021 529 96 99; www.canalwalk.co.za), ist als Teil des Century-City-Komplexes eines der größten Einkaufszentren der südlichen Hemisphäre. Mehr als 400 Geschäfte, Restaurants, Fast-Food-Läden und Kinos warten hier auf Gäste. Gleich nebenan liegt der Ratanga-Junction-Vergnügungspark mit etlichen Fahrgeschäften.

Cavendish Square (Main Road, Claremont, Tel. 021 657 56 00; www.cavendish. co.za) ist ein kleineres Einkaufsparadies mit zahlreichen eleganten Läden, die sich eher an die gut situierte Kundschaft der Mittelklasse aus den südlichen Vororten richtet. Einige tolle Boutiquen lohnen sich insbesondere für Modebewusste.

Auf der Adderley Street im City Centre sind alle großen Ketten vertreten. Hinzu kommen das Golden Acre Centre (goldenacre.mobi) und die St. George's Mall, die Fußgängerzone aus roten Backsteinen zwischen der Castle und der Adderley Street, ist gesäumt von führenden Modeboutiquen und ab und an auch kleinen Ständen mit afrikanischen Kunstgegenständen. Parallel zur St. George's Mall verläuft Kapstadts vielseitigste Straße, die Long Street, die, je näher man dem Table Mountain kommt, umso skurriler und unkonventioneller gerät. Hier locken Antiquitätenshops (u. a. die Fundgrube Long Street Antiques Arcade, 127 Long Street; www.the antiquearcade.co.za), Buchläden mit neuen und gebrauchten Büchern, modische Boutiquen wie das Mali South (96 Long Street, Tel. 021 426 15 19), das Kleidung aus westafrikanischen Stoffen anbietet, und Kunsthandwerksläden wie der hervorragende Tribal Trends (72–74 Long Street, Tel. 021 423 80 08). Der einzigartige African Music Store (62 Lower Main Road, Tel. 084 308 38 20; www.facebook. com/TheAfricanMusicStore) verkauft CDs mit Musik vom Kap bis Kairo nahe dem Observatorium. Etwas weiter weg liegen die für ihre Antiquitäten- und Tandläden bekannten Orte Kalk Bay und Simon's Town.

MÄRKTE

Einen Markt für afrikanisches Kunsthandwerk, Schmuck, Malereien, Postern und Kleidung gibt es am Greenmarket Square (zwischen St. George's Mall und Long Street, Mo–Sa, 9–16 Uhr).

Der dreigeschossige Pan African Market (76 Long Street, Tel. 021 426 44 78; Mo–Fr 9–17, Sa 9–15 Uhr) lockt mit einem bunten Angebot vom ganzen Kontinent. Sie können sich hier auch Afrozöpfe flechten lassen und afrikanisch essen. Souvenirs kauft man am besten sonntags auf dem Green Point Market (Tel. 021 439 48 05, 8.30–17 Uhr). Hunderte Stände bieten vor dem Stadion in Green Point Holzschnitzereien, Stoffe, Folkloreschmuck und Handwerkskunst. Eine Reihe besteht aus Imbissbuden. In der Hout Bay gibt es einen Handwerksmarkt (www.bay harbour. co.za; Fr 17–21, Sa/So 9.30–16 Uhr).

Farbenfroh: Green Market Square

Wohin zum … Ausgehen?

KINO

Kinokomplexe finden Sie oft in den Einkaufszentren. Am stimmungsvollsten ist das Labia (68 Orange Street, Gardens, Tel. 021 424 59 27, www.labia.co.za). Gezeigt werden hier eher Arthouse- als Mainstreamstreifen – unabhängige Filmemacher sowie einige ausländische Produktionen.

THEATER UND KONZERTE

Das Cape Town Philharmonic Orchestra, Oper-, Ballett- und Musicalensembles treten im Artscape (DF Malan Street, Foreshore, Tel. 021 410 98 00; www. artscape. co.za) oder dem Baxter Theatre (Main Road, Rondebosch, Tel. 021 685 78 80; www.baxter.co.za) auf: Beide Institutionen verfügen jeweils über mehrere Bühnen.

Comedy und Varieté geben die Mitglieder des Theatre on the Bay (1a Link Street, Camps Bay, Tel. 021 438 33 01; www.pietertoerien.co.za) ihrem Publikum zum Besten.

In The Fugard (Ecke Harrington und Caledon Street, District Six, Tel. 021 461 45 54, www.thefugard.com), benannt nach dem politischen Bühnenautor Athol Fugard, werden verschiedene lokale Produktionen aufgeführt.

Die sommerlichen Sonntagskonzerte im Kirstenbosch National Botanical Garden sind für die Einheimischen eine Mischung aus Kulturevent und Picknick.

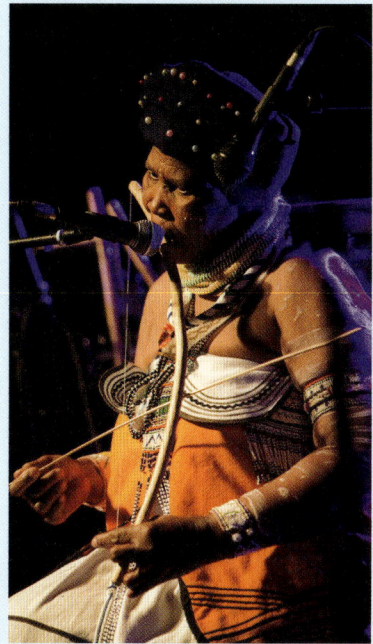

Südafrikas Jazz ist erdiger, besinnt sich seiner ethnischen, afrikanischen Wurzeln.

In den Sommermonaten finden an Sonntagabenden beliebte und gut besuchte Sonnenuntergangskonzerte im **Kirstenbosch National Botanical Garden** statt.

Programminfos und Eintrittskarten bekommen Sie in einem Büro von Computicket in den Einkaufszentren oder auf www.computicket.co.za.

NACHTLEBEN

Die schicken, angesagten Bars, Kneipen und Clubs in der Victoria Road in der Camps Bay sind die angesagtesten Locations und Partytreffs für Cocktails und Sundowners (Drinks bei Sonnenuntergang). Die Atmosphäre ist ausgelassen, hierher kommen vor allem jüngere Leute. Allerdings staut sich am Wochenende der Verkehr an der Strandpromenade von Camps

Bays. »Leute gucken« kann man besonders gut im **Café Caprice** (37 Victoria Road, Tel. 021 438 83 15; www.cafecaprice.co.za, tägl. 9.30–2 Uhr) .

Die **Mercury Live & Lounge** (43 De Villiers Street, Tel. 021 465 21 06, www.mercuryeastpresents.com) – Disco, Restaurant und Bar – gilt seit Jahren als einer der besten Jam-Sessions-Spots und ist immer gut besucht. In diesem renommiertesten Rockschuppen Kapstadts treten die besten südafrikanischen Bands und auch internationale Gäste auf.

Am oberen Ende der Somerset Road in Green Point liegen mehrere Schwulenbars und – ebenso wie in der Gegend um die Long Street – verschiedene trendige Nachtclubs. Direkt an der Somerset Road ist das auch Heteros offen stehende **Beaulah** (28 Somerset Road, Tel. 021 418 52 44, www.facebook.com/Beaulah bar, Di–Sa 17–2/4 Uhr) eine beliebte Bar, in der die Gäste gerne tanzen. Wer eher auf eine bunte Mischung aus Funk, Soul, Jazz und Blues steht, besucht **The Piano Bar** (47 Napier Street, Tel. 021 418 10 96, www.thepianobar.co.za, tgl. ab 12.30 Uhr), die auch süffige Cocktaisl und leckere Tapas im Angebot hat.

Jazz-Fans sind im **Crypt Jazz Restaurant** (1 Wale Street, Tel. 079 683 46 58, www.thecryptjazz.com, Di–Sa 19–24 Uhr) bestens aufgehoben und hören ihre Musik im Kreis Gleichgesinnter; da der Club sehr beliebt ist und das Essen zudem noch gut schmeckt, ist eine Reservierung absolut empfehlenswert. Bei Jazzliebhabern hoch angesehen ist auch der **West End Jazz Club** (Cine 400 Building, College Road, Tel. 021 637 91 32, Fr 17 Uhr bis open end). Auf der Bühne geben sich sowohl regionale als auch internationale Künstler ein Stelldichein. Kein Zutritt für Personen unter 21 Jahren.

Im **Grand West Casino** (1 Vanguard Drive, Goodwood, Tel. 021 505 77 77; www.suninternational.com/grandwest) befindet sich neben verschiedenen Nachtclubs auch ein riesiges Casino – das größte seiner Art im südlichen Afrika – im aufregenden Las-Vegas-Stil.

Die Brücke über die Mündung des Storms River in der Tsitsikamma-Sektion des Garden Route National Park

Die Südküste

Mal sanft, mal wild: Die Südküste reizt mit Kontrasten, verwöhnt mit Wein und Austern und lässt Sie über Wale und Elefanten staunen.

Seite 60–85

Erste Orientierung

Nach Kapstadt gehört die dramatische Südküste des Landes, die sich die gesamte Länge
der West- und Ostkap-Provinzen entlang-
zieht, zu den meistbesuchten Regionen in
Südafrika. Die Bandbreite unterschiedlicher
Landschaften reicht von Urwäldern und
weiten Sandstränden bis hin zu idyllischen
Weinbergen und hübschen Kleinstädten.

Die Schnellstraße N2 sowie alternativ die Route 62 durchqueren die
Region von West nach Ost. Das Gebiet hält für Reisende viele Attraktionen und Freizeitangebote bereit
und ist touristisch wunderbar
erschlossen. Der erste Aufenthalt
sollten die landschaftlich schönen
Winelands sein, die sich von den
Tälern bei Stellenbosch bis zum
Breede River erstrecken. Südöstlich
von Kapstadt kann man an der
Whale Coast in der Saison die be-

eindruckenden Buckel- und die
Südlichen Glattwale im Atlanti-
schen Ozean sehen. Es folgt die
berühmte Garden Route, vorbei an
Naturreservaten und durch üp-
pig-grüne Küstenwälder bis nach
Port Elizabeth. Sehenswert sind
außerdem der Addo Elephant
National Park und nordöstlich von
East London die zerklüftete Wild
Coast mit ihren einsamen Buchten
und Stränden sowie abgelegenen
Seebädern.

<u>TOP 10</u>
❸ ★★ Garden Route

<u>Nicht verpassen!</u>
⓳ Winelands
⓴ Whale Coast
㉑ Port Elizabeth
㉒ Addo Elephant
National Park
㉓ Wild Coast

<u>Nach Lust und Laune!</u>
㉔ Bontebok National Park
㉕ Knysna Elephant Park
㉖ Monkeyland, Birds of Eden &
Jukani Wildlife Sanctuary
㉗ Grahamstown
㉘ Hogsback & Amatola
Mountains

Mein Tag
zu Fuß im Urwald

Eine der berühmtesten Weitwanderungen Südafrikas, der Otter Trail, führt in fünf Tagen durch den Tsitsikamma National Park. Das ist nicht jedermanns Sache, aber den ersten, panoramareichen Abschnitt des Otter Trail können Sie auch gemütlich erwandern. Danach wird es spannend, bei der (vorab gebuchten) Canopy Tour durch die Baumkronen der Urwaldriesen.

9 Uhr: Nah am Wasser gefrühstückt

Beginnen Sie den Tag mit einem üppigen Frühstück, frisch gebackenem Brot und Blick auf die Lagune im Café Île de Pain (The Boatshed, http://iledepain.co.za, So, Mo geschl.) auf Knysnas Inselquartier Thesen Harbour Town. Danach besorgen Sie im Supermarkt Getränke, Sandwiches und Obst für das Picknick. Jetzt kann's losgehen. Sie fahren auf der N2 100 km nach Osten zum Storms River Mouth Rest Camp. Hier bezahlen Sie die Nationalparkgebühr (218 R) und bekommen eine Wanderkarte.

11 Uhr: Immer der Küste nach

Von der Sandy Bay folgt die Wanderung auf Bohlenwegen der buchtenreichen Küste durch immergrünen, dichten Wald zur Mündung des Storm River (Ausschilderung: The Mouth Trail). Immer wieder führen Stichwege ans Meer.

14 Uhr: Baumkronen von unten und oben

Canopy Tour
Storms River
14 Uhr
1 km
0,5 mi
Kleinbos
N2
Storms River Adventures
Knysna
9 Uhr
Start/ Ende
Storms River
Entrance Gate
Tsitsikamma National Park
Storms River Mouth Rest Camp
Otter Trail
11 Uhr

11 Uhr: Immer der Küste nach

Strandloper Cave
Storms River
Hängebrücke
11.30 Uhr
Lookout
Mouth River Trail
Storms River Mouth
Viewpoint
Storms River Mouth
Storms River Mouth Rest Camp
200 m
200 mi

11.30 Uhr: Über eine Brücke musst du geh'n

Oben und **Mitte**: Mit Gurten gesichert fliegt man an Stahlseilen zwischen den Baumkronen.

Zum Baden ist es wohl zu kalt, aber vielleicht zeigt sich ja ein mächtiger Walrücken? Nach etwa 1 km werfen Sie einen Blick in die Strandloper Cave, wo Menschen bereits vor 5000 Jahren Zuflucht suchten.

11.30 Uhr: Über eine Brücke musst du geh'n

Zu den Highlights zählt die Überquerung des Storm River auf einer 70 m langen Hängebrücke. Manchmal paddeln Kanuten vorbei. Dahinter geht es links, teils steil bergauf in Richtung »Lookout«. Etwa 20 Minuten Anstieg bringen Sie zum ersten Aussichtspunkt auf Flussmündung und Hängebrücke; 20 Minuten weiter stehen Sie am Viewpoint 250 m hoch über der Brandung und überblicken die Küste. Zeit fürs Mittags-Picknick, bei dem sie vielleicht von neugierigen Klippschliefern beobachtet werden. Dann wandern Sie auf gleichem Weg zum Ausgangspunkt.

14 Uhr: Baumkronen von unten und oben

Nach einem Kaffee im Restaurant des Nationalparks fahren Sie ins 15 km entfernte Stormsriver Village, wo Sie die Guides von Stormsriver

14 Uhr

17.30 Uhr

14 Uhr

Oben: Immer wieder
entdeckt man neue
Meeresbuchten.
Rechts: Mit superfrischen
Meeresfrüchten und
leckerem Fisch **lässt man
den ereignisreichen Tag
ausklingen.**

Adventures gegen 14.30 Uhr zur gebuchten Canopy Tour erwarten
(stormsriveradventures.rezdy.com/
99778/tsitsikamma-canopy-tours,
3 Std. ca. 660 R). Mit Gurten und
Karabinern sicher eingeklinkt, gleiten Sie an zwischen Plattformen ge-
spannten Stahlseilen zwischen den
majestätischen Kronen von Yel-
lowwoods, Hard Pears und einem
gigantischen Outeniqua Yellowwood durch den Wald.

 **17.30 Uhr: Der Fisch des
Tages**
Ein Abschiedsfoto mit den
freundlichen Guides, dann geht
es wieder zurück nach Knysna.
Um 19 Uhr erwartet Sie dort ein
leckeres Fisch-Abendessen im
Fresh Line Fisheries (Railway Si-
ding Dockyard, Tel. 044 382 31
31, www.freshlinefisheries.co.za,
sehr beliebt, deshalb unbedingt
vorab reservieren).

❸ ★★ Garden Route

Warum?	Eine der schönsten (und die berühmteste) Panoramaroute in Südafrika
Was?	Küstenwälder, Lagunen, Seebäder, Wale
Wie lange?	Einen bis zu drei Tagen
Wann?	Nicht in den südafrikanischen Weihnachtsferien Dezember/Januar
Was noch?	Vielfältige Wander- und Sportmöglichkeiten
Resümee	Bilder faszinierender Küstenlandschaften

Die Garden Route erschließt die zerklüftete Südküste mit ihren weißen Stränden vor einem üppig grünen Hinterland. Sie gehört zu den wichtigsten Reisezielen des Landes – wer sie nicht befahren hat, hat Südafrika nicht gesehen.

Als »Garden Route« (afrikaans: »Tuinroete«) bezeichnet man ein 220 km langes Teilstück der 2000 km langen Nationalstraße 2, die meist an der Küste des Indischen Ozeans entlangführt und Kapstadt und Swasiland miteinander verbindet. Der Abschnitt zwischen Mossel Bay im Westen und der Mündung des Storms River im Osten ist wohl die be-

Möwen bevölkern einen einsamen Strand.

rühmteste Reiseroute des Landes und vor allem im Dezember und Januar sehr stark frequentiert. Auf der Fahrt sollte man die gebührenpflichtige N2 immer wieder verlassen und über kleinere Straßen oder Wege versteckte Plätze anfahren.

Ein Highlight der Hafenstadt Mossel Bay ist das Bartholomeu Dias Museum, ein Muschel- und Schifffahrtsmuseum mit Aquarium. Auf dem Gelände steht der Post Office Tree, in dessen Geäst Seefahrer früher Briefe hinterließen. Auch heute noch kann man hier Post »einwerfen«, die dann mit einem speziellen Stempel versehen wird. George liegt zwar nicht an der

Auf Straußenfarmen geht es oftmals tierisch lustig zu, z. B. bei einem Straußenwettrennen auf einer Farm in Oudtshoorn.

Küste, aber Kirchen und der alte Sklavenbaum sind von Interesse. Von George aus in Richtung Norden überquert man den Outeniqua-Pass und gelangt nach Oudtshoorn, das für seine Straußenfarmen, z. B. die Cango Ostrich Show Farm, bekannt ist. In den Tropfsteinhöhlen Cango Caves gibt es Stalagmiten und Stalaktiten zu bestaunen.

Südlich von George schmiegt sich das Dörfchen Victoria Bay in eine Bucht mit Badestrand. Zum Wandern oder Vogelbeobachten bietet sich die Wilderness Section des Garden Route National Park mit einer Seenlandschaft und einem Küstenwald an. Knysna ist das nächste Ziel. Die Stadt wird durch die Knysna Heads, ein zum Featherbed Nature Reserve gehörendes Felsenportal, vor dem Meer geschützt.

Ein Stück weiter ziehen sich an der Küste die Strände des Seebads Plettenberg Bay entlang, mit den Bergen der Halbinsel im Hintergrund. Im Robberg Peninsula Nature Reserve (Eintritt 40 R) 6 km südlich locken Wanderungen über die Felsklippen der Halbinsel, während sich der Keurbooms River für eine Bootstour eignet. Lohnenswert ist ein Abstecher von der N2 zum idyllisch gelegenen Dörfchen Nature's Valley. Zurück auf der N2, überqueren Sie die Bloukrans River

Ein idealer Ort für eine kleine Wanderpause!

Bridge, wo Mutige einen der höchsten Bungee-sprünge der Welt (216 m) wagen können. Kurz danach blicken Sie von der Storms River Bridge in die Schlucht, anschließend gibt es in der Tsitsikamma Section des Garden Route National Park Gelegenheit zum Wandern. Der sechstägige Otter Trail führt in westlicher Richtung durch die Tsitsikamma Section. In der Regel ist er Monate im Voraus ausgebucht, aber den ersten Abschnitt des Trails können Besucher auf einer eintägigen Rundtour vom Storms River Mouth Restcamp erwandern.

KLEINE PAUSE

An der Garden Route kann man gut essen. Ein Muss sind die Austern mit Wein oder Champagner bei Tapas & Oysters mit Blick auf den Hafen von **Thesen Island** (Thesen Island, Tel. 044 382 71 96; www.tapasknysna.co.za, tgl. 11–22 Uhr, RR).

Mossel Bay Tourism
✝223 D1 ✉Ecke Market und Church Street
☎044 691 22 02 ⊕www.visitmosselbay.co.za
🕐Mo–Fr 8–18, Sa 9–16, So 9–14 Uhr

Bartholomeu Dias Museum
✝223 D1 ✉Market Street, Mossel Bay
☎044 691 10 67 ⊕www.diasmuseum.co.za
🕐Mo–Fr 9–16.45, Sa/So 9–15.45 Uhr ✦20 R

Cango Ostrich Show Farm
✝223 D2 ✉Km 14 an der Straße von Oudtshoorn zu den Cango Caves ☎044 272 46 23
⊕www.cangoostrich.

co.za 🕐tägl. 8–16.30 Uhr ✦110 R

Cango Caves
✝223 D2 ✉R328 nahe Oudtshoorn ☎044 272 74 10 ⊕www.cango-caves.co.za
🕐Führungen: tägl. 9–16 Uhr, jede Std. ✦110/165 R je nach Tour

Garden Route National Park (Wilderness Sec.)
✝223 D2 ☎044 877 11 97
⊕www.sanparks.org
🕐tägl. 7–18 Uhr ✦130 R

Knysna Tourism
✝223 D1 ✉40 Main Street ☎044 382 55 10
⊕visitknysna.co.za
🕐Mo–Fr 8–17, Sa 8.30–13 Uhr

Plettenberg Bay Tourism
✝223 E1 ✉Main Street
☎044 533 40 65 ⊕www.plett-tourism.co.za
🕐Mo–Fr 9–17, Sa 9–13 Uhr

Bloukrans Bungee Jump
✝223 E2 ✉40 km östlich der Plettenberg Bay an der N2 ☎042 281 14 58 ⊕www.faceadrenalin.com 🕐tägl. 9–17 Uhr ✦990 R

Garden Route National Park (Tsitsikamma Section)
✝223 E1–2 ☎042 281 16 07 ⊕www.sanparks.org 🕐tägl. 7–18 Uhr ✦216 R

⓲ Winelands

Warum?	Faszinierende Landschaft, feine Tropfen
Was?	Weingüter und -städtchen vor markanter Bergkulisse
Wie lange?	Ein bis zu drei Tagen
Wann?	Jederzeit
Was noch?	Kapholländische Architektur und Traumhotels
Was nehme ich mit?	Feine Pralinés von Huguenot Fine Chocolates

Gut drainierte, eher karge Böden, sonnige, warme Sommer und kühle Winter sind die Basis für eine exzellente Qualität der hiesigen Tropfen: Überall in der Kapregion stehen vor der Kulisse schroffer Bergketten Reben. Dazwischen leuchten weiße Gutshäuser im kapholländischen Stil. Namen wie La Dauphine oder La Provence verweisen auf die französischen Siedler, die den Weinbau ins Kapland brachten.

Mehr als ein Dutzend gut ausgeschilderter »Weinstraßen« verbinden die für die Öffentlichkeit zugänglichen Güter: Die Mehrzahl der Weingüter liegt in idyllischer Landschaft, die Degustation findet in schönen Gutshäusern oder stimmungsvollen kühlen Kellern direkt in den Weinbergen statt. Einige Güter bieten auch Portwein, Brandy oder Käse an.

Gesegnetes Land: rund um das Weingut Zorgvliet im malerischen Banhoek-Tal bei Stellenbosch

Ntsiki Biyela vom Weingut Aslina Wines wurde bereits als Winzerin des Jahres ausgezeichnet.

Die Orte lohnen schon allein wegen ihrer kapholländischen, georgianischen oder viktorianischen Architektur, Kunsthandwerksläden und Galerien einen Besuch.

Stellenbosch existiert seit 1679 und ist die zweitälteste Stadt in Südafrika. Viele historische Gebäude entlang der Dorp Street wurden restauriert, im Stil ihrer Entstehungszeit eingerichtet und können heute besichtigt werden.

Über Paarl (Perle) ragen drei riesige Granitfelsen auf, die nach dem Regen wie Perlen glänzen – so kam die Stadt zu ihrem Namen. Gegründet wurde sie bereits 1720; die Hauptstraße ist gesäumt von etlichen historischen Gebäuden. Das Weingut Laborie beherbergt heute KWV Cellars, den mit 22 ha größten Weinkeller der Welt. Franschhoek wurde 1688 von Hugenotten gegründet. Heute trägt es den Beinamen »Südafrikas Gourmet-Hauptstadt«, weil man hier so viele exzellente Restaurants zur Auswahl hat. Im Franschhoek Valley liegen einige der schönsten Güter des ganzen Kaps. Eine nostalgische Wine tram bringt Besucher zu Gütern wie Plaisir de Merle oder Leopard's Leap zur Weinverkostung. Mit sechs Linien erschließt sie das Tal (http://winetram.co.za).

Im Drakenstein Lion Park haben Löwen ein Zuhause gefunden, die in der Wildnis nicht überleben würden. Die Fütterung (Mo, Mi und Fr 16 Uhr) fasziniert Groß und Klein.

✝230 C3

Stellenbosch Touristeninformation
✉36 Market Street
☎021 883 35 84
⊕www.stellenbosch.travel
🕐Mo–Fr 8–17, Sa 9–14, So 9–13 Uhr

Paarl Touristeninformation
✉216 Main Road ☎021 872 48 42 ⊕www.paarlonline.com 🕐Mo–Fr 8.30–17, Sa/So 10–13 Uhr

Drakenstein Lion Park
✉Old Paarl Road, Paarl
☎021 863 32 90 ⊕www.lionrescue.org.za
🕐9.30–16.30 Uhr

Franschhoek Touristeninformation
✉62 Huguenot Road
☎021 876 28 61 ⊕www.franschhoek.org.za
🕐Mo–Fr 8–17, Sa 9–17, So 9–16 Uhr

⑳ Whale Coast

Warum?	Begegnung mit den größten Säugetieren der Welt
Was?	Walbeobachtung und Pinguinkolonien
Wie lange?	Zwei bis drei Tage
Wann?	Im Südwinter und -frühjahr
Was noch?	Einige der besten Fischrestaurants Südafrikas
Was nehme ich mit?	Unbedingt den Roman »Der Walrufer« von Zakes Mda lesen

Vor allem Buckelwale suchen von der Antarktis kommend zwischen Juni und November die südafrikanische Küste zwischen False Bay und Kap Agulhas auf, um hier ihre Jungen zur Welt zu bringen – ideal fürs Whale Watching!

Ab Somerset West folgen R44 und R43 als Panoramastraßen der zerklüfteten, buchtenreichen Küste und eröffnen immer neue, dramatische Ausblicke auf Berge und Meer. Bei einem Halt in der Gordon's Bay können Sie zudem den breiten Sandstrand genießen und in der Betty's Bay am Stoney Point eine Brillenpinguin-Kolonie besuchen.

Hermanus schmiegt sich in die geschützte Walker Bay, in deren warmen Wasser Weibchen des Südlichen Glattwals ihre Jungen auf die Welt bringen.
Von den Pfaden auf den Klippen aus kann man oft die Wale mit ihren Kälbern beobachten. Am alten Hafen der Stadt wurden Fischerhütten restauriert; etwas weiter südlich laden Strände zum Verweilen ein, und Ende September wird die Anwesenheit der Meeressäuger mit einem Festival gefeiert (http://hermanus whalefestival.co.za). Eine alte Tradition setzt der »Walrufer« fort. Einst rief sein Horn die Walfänger auf den Plan; heute signalisiert es Touristen, dass es sich lohnt, auf Whale Watching Tour zu gehen.

Fishermans Cottage in Hermanus: frisch aus dem Meer und frisch auf den Tisch

Bei Hermanus fallen die Klippen so steil in den Ozean ab, dass man den Walen fast den Rücken kraulen kann.

Ein Stück die Küste entlang liegt das viktorianisch geprägte Dorf Stanford am Klein River, ebenso der Fischerort Gansbaai, in dem Wagemutige mit Haien tauchen können – geschützt durch einen Käfig. Auf Dyer Island vor der Küste brüten Brillenpinguine und Geyser Rock wird von einer Pelzrobben-Kolonie bevölkert. Beide sind Beute für Weiße Haie, die das als Shark Alley (»Haigasse«) bekannte Stück zwischen den beiden Inseln durchpflügen.

Weiter östlich liegt am Ende der R319 der Agulhas National Park, dessen Spitze Kap Agulhas den südlichsten Punkt Südafrikas markiert.

KLEINE PAUSE

Nirgendwo sind Sie auf dem Festland den Walen so nahe wie im Restaurant **Bientang's Cave** auf den Felsklippen unterhalb des Marine Drive in Hermanus.

✣ 222 B1

Hermanus Touristeninformation
✣ 231 D2
✉ Old Station building, Mitchell Street
☎ 028 312 26 29
⊕ www.hermanustou

rism.info ❷ Mo–Fr 8–17, Sa 9–15 Uhr

Dyer Island Cruises
✣ 231 D1 ✉ Kleinbaai Harbour ☎ 082 801 80 14
⊕ www.whalewatch sa.com ✦ 1200 R

Shark Cage Diving
✣ 231 D1
✉ Gaansbaai
☎ 082 559 68 58
⊕ www.sharkcagediving. co.za
✦ 1850 R

㉑ Port Elizabeth

Port Elizabeth, meist kurz »PE« genannt, ist die größte Küstenstadt zwischen Kapstadt und Durban. Zusammen mit Uitenhage, Despatch und Coega bildet es die Nelson-Mandela-Metropolregion, das »Detroit Südafrikas«.

Kulturell kann PE mit den anderen Großstädten des Landes durchaus mithalten. Studenten sorgen für eine lebhafte Kneipen- und Barszene und die Stadt ist ein Ferienziel. Das kleine Zentrum bietet mit den Donkin Houses entlang des Parks Donkin Reserve und dem Rathaus (1858) am Market Square ein ansprechendes Bild des historischen PE.

KLEINE PAUSE
Bei **Die Walskipper** in der Jeffrey's Bay gibt es Calamari.

☩ 223 F2

Nelson Mandela Bay Touristeninformation
✉ Donkin Lighthouse,

Belmont Terrace
☎ 041 585 88 84
⊕ www.nmbt.co.za
🕐 Mo–Fr 8–16.30 Uhr

Das Rathaus von Port Elizabeth

㉒ Addo Elephant National Park

Warum?	Den Elefanten so nah
Was?	Dickhäuter satt, dazu die restlichen sechs der Big Seven
Wie lange?	Ein bis drei Tage
Wann?	In der Trockenzeit kommt das Wild zu den Wasserstellen
Was noch?	Wildhunde und Spitzmaulnashörner in Nachbarreservaten
Resümee	Elefantenparade beim Sundowner vor dem Bungalow

Als der drittgrößte Nationalpark Südafrikas 1931 in der Region des Sunday River Valley am Ostkap eingerichtet wurde, lebten hier nur elf Elefanten. Heute ist das Gebiet, die Heimat von Elefanten, Büffeln und Löwen.

Stolz verweist man im Park darauf, dass er der einzige der Welt sei, in dem die »Big Seven« gesichtet werden könnten, zu denen neben den Big Five auf dem Festland noch der Weiße Hai und der Wal (hier: der Südliche Glattwal) vor der

Küste gehören. Sie können den Elefantenbereich an einem Tag besuchen oder in einem der Chalets übernachten, die am viel genutzten Pfad zum Wasserloch liegen. Achten Sie unbedingt darauf, keine Zitrusfrüchte im Gepäck

Elefanten an einem Wasserloch im Addo Elephant National Park

oder Fahrzeug zu haben, die Elefanten sind süchtig danach! Von Port Elizabeth aus lohnt sich auch der Besuch privater Wildreservate. So steht das Shamwari Game Reserve auch für eine Erfolgsgeschichte in Sachen Tierrettung. Für die Übernachtung stehen sieben Luxuslodges zur Wahl. Im Amakhala Game Reserve gibt es edle Lodges und Bushcamps (elf Stück). Das angrenzende Kwandwe Game Reserve bietet

Ein unscheinbarer Lebensspender

Wie bitte? Mistkäfer haben Vorfahrt? Steht so in den Vorschriften, die jeder Besucher des Addo Elephant National Park zu beachten hat. Also Auto anhalten und den kleinen Kerl die Straße queren lassen. Wie er sich müht mit seiner großen Kugel aus Elefantendung! Drüben angekommen beginnt er seine Beute zu vergraben. Setzt damit einen Kreislauf in Gang, düngt mit Pflanzenfasern den Boden, pflanzt mit Samen neues Leben. Ein unersetzliches Wunder der Natur – der Mistkäfer!

vier exklusive 5-Sterne-Wildnislodges. Im Lalibela Game Reserve warten fünf Game Lodges auf Übernachtungsgäste.

KLEINE PAUSE
Sie können im Restaurant des **Addo** essen oder auf Ihrer Gartenterrasse grillen, während Elefanten vorbeispazieren.

✜ 223 F2

Addo Elephant National Park
✉ An der R335, 72 km nordöstlich von Port Elizabeth ☎ 042 2338600 ⊕ www.sanparks.org ◔ tägl. 7–19 Uhr ✦ 272 R

Shamwari Game Reserve
✉ 72 km östlich von Port Elizabeth

☎ 042 2031111
⊕ www.shamwari.com
ⓘ keine Tagesbesucher

Amakhala Game Reserve
✉ 63 km östlich von Port Elizabeth
☎ 041 5029400
⊕ www.amakhala.co.za
◔ Mai–Aug. tägl. 11–18, sonst 12–18 Uhr
✦ 1050 R

Kwandwe Game Reserve
✉ An der R67, 160 km nordöstlich von Port Elizabeth
☎ 046 6033400
⊕ www.kwandwe.com
ⓘ keine Tagesbesucher

Lalibela Game Reserve
✉ 64 km östlich von Port Elizabeth
☎ 041 5818170
⊕ www.lalibela.net
ⓘ keine Tagesbesucher

㉓ Wild Coast

Warum?	Wilde, archaische Küstenlandschaft
Was?	Felsküste, Buchten und sanft hügeliges Hinterland mit Xhosa-Dörfern
Wie lange?	Ein Tag
Wann?	Wegen des harschen Klimas lieber im Sommer
Was noch?	Nelson Mandelas Heimat
Resümee	Einblick in ein ehemaliges Homeland

Einsame Strände, ins Meer stürzende Wasserfälle, bizarre Klippen und grüne Weiden im Hinterland prägen die Landschaft der Wild Coast. Im einstigen Homeland der Xhosa leben viele Menschen noch in traditionellen, kreisförmigen Siedlungen *(kraals)*. Hier wurde Nelson Mandela geboren.

»Strandleben« in Cintsa: An der noch sehr ursprünglichen Wild Coast geht es meist eher ruhig zu.

Die früher unter dem Namen Transkei bekannte Wild Coast erstreckt sich über 280 km von East London nach Port Edward in KwaZulu-Natal. Ihr urbanes Einfallstor, die Industriestadt East London, wirkt etwas düster, auch wenn die Stadt tolle Surfstrände zu bieten hat. Folgen Sie der N2 nach Nordosten, nicht weit hinter East London kann man bereits im Inkwenkwezi Game Reserve auf Safari gehen und Elefanten, Giraffen, Zebras, Nashörner und Antilopen bestaunen. Cintsa wartet mit waldbestandenen Dünen und Lagunen auf, während sich die einsamen Hotels in den schönen Buchten bei Haga-Haga, Morgan's Bay, Kei Mouth, Qolora Mouth, Nxaxo Mouth, Mazeppa Bay und Qora Mouth vor allem zum Fischen, Muschelnsammeln und Wandern auf den Klippen oder entlang schier endloser, meist menschenleerer Strände anbieten. In der Coffee Bay – sie verdankt ihren Namen einem in den 1860er-Jahren auf Grund gelaufenen Schiff, das Kaffeebohnen geladen hatte – ist das »Hole in the Wall« sehenswert: Riesige Wellen brechen dort durch die erosionsbedingte Lücke in einem Felsen. Etwas nördlicher liegt Port St. Johns in einem üppigen, hügeligen, dunst- verhangenen Wald, in dem einige Naturreservate kleineren Säugetiere eine Heimat bieten.

Landeinwärts, zurück auf der N2, sollten Sie in Umtata (Mthatha), der Hauptstadt der früheren Transkei, halt-

machen, um das Nel- son Mandela Mu- seum zu besuchen. Es ist in zwei Bereiche gegliedert: Der Hauptteil in Umtatas einstigem Parlament dokumentiert Nelson Mandelas »Langen Weg zur Freiheit« (so der Titel seiner Auto- biografie). Ergänzend sehen Sie in Qunu, 32 km westlich von Umtata, wo Mandela aufwuchs und zur Schule ging; hier kann man auch übernachten.

KLEINE PAUSE

Verpassen Sie sonntags nicht das Mittagsbüfett im Restau- rant des **Inkwenkwezi Game Reserve** (12–16 Uhr, RR).

✝ 224 C2–225 D3

Inkwenkwezi Game Reserve
✉ 33 km nordöstlich von East Lon- don ☎ 043 734 32 34 ⊕ www.inkwenk wezi.com ❶ tägl. 7.30–17 Uhr ✈ 250 R Wanderung, 800 R Autosafari

Nelson Mandela Museum
✝ 224 C3 ✉ Nelson Mandela Drive und Owen Street, Umtata (Mthatha) ☎ 047 532 51 10 ⊕ www.nelsonmandela museum.org.za ❶ Mo–Fr 9–16 Uhr, Sa 9–15, So 9–13 Uhr ✈ Spende erwünscht, frei

Nach Lust und Laune!

24 Bontebok National Park

Der einstige Lebensraum der Buntbockantilope war die 56 km breite Ebene zwischen dem Fluss Bot im Westen und der Mossel Bay im Osten. Bis Ende des 18. Jh.s weideten dort große Herden, die im 19. Jh. bis auf 17 Exemplare schrumpften. Der Park (Eingang 7 km südöstlich von Swellendam) wurde zum Schutz dieser Tiere angelegt. Ein idealer Ort, um sie zu beobachten, ist der Lang Elsieskraal, ein ehemaliges Lager der indigenen Khoikhoi. Im Park leben auch Rehbockantilopen, Bergzebras, Zwergantilopen und Kronenducker sowie um 200 Vogelarten. Die über 470 Pflanzenarten entfalten im Frühling eine herrliche Blütenpracht. Man kann das faszinierende Wildleben vom eigenen Auto aus beobachten; außerdem gibt es drei kurze Wanderwege.

✛ 222 C1 ✉ nahe der N2, 6 km südlich von Swellendam ☎ 028 514 27 35 ⊕ www.sanparks.org ◑ Okt.–April tägl. 7–19, Mai–Sept. 7–18 Uhr ⛚ 112 R

Eine Buntbockantilope

25 Knysna Elephant Park

Es ist eine tolle Erfahrung, einen Elefanten einmal hautnah zu erleben. Die zwölf zahmen Dickhäuter im winzigen Knysna Elephant Park darf man auf einstündigen Touren aus der Nähe bestaunen, anfassen, füttern, spazieren führen und sogar reiten. Die Guides erzählen viel Interessantes. Der Park verfügt über eine Lodge mit sechs Zimmern direkt an der *boma* (Gehege), in dem die Elefanten die Nacht verbringen. Hier zählt man dann zum Einschlafen keine Schäfchen, sondern natürlich Elefanten.

✛ 223 E1 ✉ von Knysna 20 km in östlicher Richtung auf der N2 ☎ 044 532 77 32 ⊕ www.knysna elephantpark.co.za ◑ tägl. 9–15 Uhr; Führungen stdl. zur halben Stunde ⛚ 290 R

26 Monkeyland, Birds of Eden & Jukani Wildlife Sanctuary

Das Monkeyland gibt Primaten aus aller Welt ein neues Zuhause – die meisten gerettet aus Käfighaltung. Per Führung geht's durch den üppig grünen tropischen Wald, wo sich die Affen durch die Bäume schwingen. Auf der 118 m hohen Hängebrücke über einem tiefen Tal erhalten Sie faszinierende Einblicke in das Leben der Tiere in den Baumkronen. Gleich nebenan überspannt die Netzkuppel des Parks Birds of Eden eine Fläche von 2,3 ha. Von den Brettersteigen zwischen den Bäumen beobachtet man u. a. Aras, Papageien, Nashorn- und Nektarvögel. Hin und wieder simuliert die Bewässerungsanlage ein Gewitter mit Donner. Im ca. 10 km westlich gelegenen Jukani Wildlife Sanctuary tummeln sich diverse Arten von Raubkatzen (nicht nur aus Afrika).

† 223 E1 ✉ nahe der N2, 16 km östlich von Plettenberg Bay ☎ 044 534 89 06 ⊕ www.monkey land.co.za ⊕ www.birdsofeden.co.za ⊕ www.jukani.co.za ⏺ tägl. 8–17 Uhr ✦ Einzelticket 230–260 R, alle drei Reservate 450–520 R

Amatola Mountains – ein tolles Wanderziel

27 Grahamstown/Makana

Neben dem dominierenden Bau der Rhodes University findet man in Grahamstown, das mit umliegenden Gemeinden die Makana Municipality bildet, weitere historische Gebäude aus dem frühen 19. Jh., als immer mehr britische Siedler sich niederließen. Viele dieser Gebäude säumen High Street und Church Square. Bei einem Spaziergang zu den Museen, Kirchen, Denkmälern und Bibliotheken wähnt man sich fast noch wie im Vereinigten Königreich. Jedes Jahr im Juli ist Grahamstown der Schauplatz des National Arts Festival, des mit rund 50 000 Besuchern größten seiner Art in Südafrika.

† 224 B1 Makana Touristeninformation ✉ 63 High Street ☎ 046 622 32 41 ⊕ www.grahamstown.co.za ⏺ Mo–Fr 8–16.30 Uhr

28 Hogsback & Amatola Mountains

Eine Autostunde nördlich von Grahamstown liegt mitten in den Amatola-Bergen das Dorf Hogsback. Dessen Name (»Schweinerücken«) leitet sich von einem der umliegenden Berge ab, dessen Form offenbar dazu inspirierte. Hier kann man über Hügel, durch Wälder und vorbei an Wasserfällen wandern. Hogsback ist ein verschlafener Ort, an dessen Hauptstraße sich Gartenlokale und Kunsthandwerksläden aneinanderreihen. In den Läden können Sie hausgemachte Marmelade und herzhafte Suppen probieren. Für Wanderfreunde gibt es hier ein Buch mit Tourvorschlägen.

† 224 B2 Hogsback Touristeninformation ✉ Main Road ☎ 045 962 12 45 ⊕ www.hogsback.com ⏺ Mo–Sa 10–16, So 9–15 Uhr

Wohin zum ... Übernachten?

Preise für ein Doppelzimmer pro Nacht:
R   unter 1500 Rand
RR   1500–3000 Rand
RRR   über 3000 Rand

WINELANDS

Oude Werf RR

An der eichengesäumten Church Street im historischen Zentrum von Stellenbosch liegt das Oude Werf, 1802 eröffnet und Südafrikas ältestes Wirtshaus. Es hat eine elegante Alte-Welt-Atmosphäre mit Möbeln früherer Epoche bewahrt. Das Haus wird schon seit Jahrzehnten von derselben Familie geführt und bietet 38 Zimmer in einer einladenden Atmosphäre. Der Kaffeegarten im Hof und das Restaurant 1802 servieren traditionelle Kap-Küche zu angemessenen Preisen.
✠230 C3 ✉30 Church Street, Stellenbosch ☎021 887 46 08 ⊕www.oudewerf hotel.co.za

Südafrikas ältestes Gasthaus: Oude Werf

WHALE COAST

The Marine RRR

Das »Marine« bietet Luxus pur mit Blick über die Walker Bay. Seine Räume sind mit Marmorbädern und Kronleuchtern veredelt. Im Garten lockt ein beheizter Pool, es gibt zwei Restaurants und ein Spa. Last but not least: Der Gezeitenpool von Hermanus liegt direkt vor der Haus-

tür; mit etwas Glück schwimmt hier in nur 100 m Entfernung sogar ein Wal an Ihnen vorbei.
✠231 D2 ✉Marine Drive, Hermanus ☎028 313 10 00 ⊕www.marinehermanus. co.za

GARDEN ROUTE

African Ocean Manor RR–RRR

Das Herrenhaus mit nur fünf Zimmern und Suiten am Strand bietet seinen Gästen einen fantastischen Blick auf den Ozean. Pool und eine *Braai*-Einrichtung stehen zur Verfügung, das Frühstück ist exzellent.
✠223 D1 ✉Bouwer Crescent, Mossel Bay ☎044 695 18 46 ⊕africanoceans.co.za

Moontide Guest Lodge R

Am Rand des Wilderness National Park liegt dieses Gästehaus. Die acht Zimmer und Cottages befinden sich in reetgedeckten, mit afrikanischer Kunst eingerichteten Cottages. Wer mal etwas anderes sucht, der sollte im umgebauten Boots- oder im Baumhaus nächtigen.
✠223 D2 ✉Southside Lane, Wilderness ☎044 877 03 61 ⊕www.moontide.co.za

Phantom River View RRR

11 km außerhalb und oberhalb des Flusses findet man einfache Chalets zur Selbstversorgung, der Fluchtpunkt für Gäste, die absolute Ruhe in der Natur suchen.
✠223 D1 ✉7 km westlich von Knysna ☎083 268 9113 ⊕www.phantomriverview.co.za

The Point Hotel R

Von diesem herrlich auf den Felsen mit Blick über den Ozean gelegenen Hotel können Sie in der Saison Wale beobachten. 48 komfortable Zimmer und sehr gute Restaurants in nächster Nähe.
✠223 D1 ✉Point Road, Mossel Bay ☎044 6913512 ⊕www.pointhotel.co.za

PORT ELIZABETH

Hacklewood Hill Country House RRR

Hacklewood Hill ist ein viktorianisches Herrenhaus im Vorort Walmer, dekoriert

mit Antiquitäten und Gemälden und umgeben von Gärten im englischen Stil. Die acht Zimmer versprechen einen romantischen Aufenthalt. Außerdem gibt es ein ausgezeichnetes Restaurant mit einer vielfältigen Auswahl an Jahrgangsweinen.
✛223 F2 ✉152 Prospect Road, Port Elizabeth ☎041 5811300 ⊕www.hacklewood. co.za

WILD COAST

Buccaneers Backpackers R
Das abgeschiedene Hostel am Strand macht einen eher rustikalen Eindruck. Zur Wahl stehen gemütliche Mehrbett- und Doppelzimmer, Selbstversorgerhütten oder Campingplateaus unter den Bäumen. Das Hostel organisiert Touren an der Wild Coast entlang und vermietet Sportausrüstungen. Mit Bar und Restaurant.
✛224 C2 ✉Cintsa ☎043 7343012 ⊕www.cintsa.com

Wohin zum ... Essen und Trinken?

Preise für ein Zwei-Gänge-Menü (ohne Getränke):
R   unter 200 Rand
RR   200–350 Rand
RRR   über 350 Rand

WINELANDS

Eight Restaurant RRR
Das Restaurant auf dem Weingut Spier ist die Gelegenheit für ein entspanntes Lunch. Gut geschultes, sehr freundliches und hilfsbereites Personal. Die Karte ist klein (vornehmlich Fleischgerichte), die Zutaten stammen aus eigener Herstellung und sind immer frisch. Wer auf den Wiesen lagern will, kann einen Picknickkorb bestellen.
✛230 B3 ✉Spier Estate, an der R310 südwestlich von Stellenbosch ☎021 809 1188 ⊕www.spier.co.za/food/eight-restaurant ❶Do–Di 12–15.30, Sa–Di auch 18.30–21.30 Uhr

Reuben's RRR
Gourmets aus Kapstadt fahren am Wochenende die 45 Minuten nach Franschhoek, um hier zu Mittag zu essen. Im Winter wärmt ein Holzfeuer das Gebäude, im Sommer stehen die Tische im Freien. Die Gerichte sind einfach – einfach gut!
✛230 C3 ✉19 Huguenot Street, Franschhoek ☎021 876 23 93 ⊕www.reubens.co.za ❶Mi–Mo 12–15, 18.30–21 Uhr

WHALE COAST

Bientang's Cave RR
Am Fuß einer steilen Treppe hinab von der Klippe bei Hermanus liegt dieses Restaurant zum Teil in einer Grotte, zum Teil auf dem Felsplateau direkt am Meer – ein perfekter Platz, um Wale zu beobachten.
✛231 D2 ✉Below Marine Drive, Hermanus ☎028 312 3454 ⊕www.bientangscave.com ❶tgl.11–16 Uhr, je nach Wetterlage auch Fr/Sa abends, Reservierung ratsam

Mogg's Country Cookhouse RR
Nur eine kurze Fahrt von Hermanus entfernt, serviert das Familienrestaurant eine so herzhafte wie fantasievolle Auswahl guter Landgerichte. Reservierung empfohlen.
✛231 D2 ✉Hemel-en-Aarde Road, Hermanus ☎076 314 06 71 ⊕www.moggscook house.com ❶tägl. 12–14.30 Uhr, Abendessen nach Vereinbarung

GARDEN ROUTE

34° South RR
Ein entspanntes Lokal mit einer Holzterrasse direkt am Ufer der Knysna-Lagune. Stellen Sie sich Ihr Essen aus den Leckerbissen des Feinkostladens selbst zusammen oder wählen Sie aus der Karte. Zu den Specials gehören Meeresfrüchte-Paella, Cajun-Strauß oder Thunfisch.
✛223 D1 ✉Knysna Quays, Knysna ☎044 382 73 31 ⊕www.34south.biz ❶tägl. 9–22 Uhr

Café Gannet RRR
Ausgezeichnete Fischküche gibt es im modern gestylten Restaurant des Protea Hotel,

von dessen Terrasse der Blick über die Bucht und die Outeniqua-Berge streicht. In dem neben dem Dias Museum gelegenen Haus bedient ein freundliches Personal. Fragen Sie nach dem Tagesfang oder bestellen Sie z. B. die Fischkasserolle. Austern gibt es natürlich auch. Für Sushifans steht ebenfalls einiges im Menü.

✛223 D1 ✉Old Post Tree Square, Mossel Bay ☎044 691 37 38 ⊕www.oldposttree. co.za ◐tägl. 12–15 und 19–22 Uhr

PORT ELIZABETH UND UMGEBUNG

Die Walskipper RR

Das einfache Wellblechdach, Sonnenschutzsegel und Geschirr aus emailliertem Blech machen dieses schlichte Restaurant am Strand zum idealen Ort, um barfuß im Sand zu sitzen und den Meerblick zu genießen. Zu vernünftigen Preisen gibt es Meeresfrüchte und Fleisch.

✛223 F1 ✉Marina Martinique, Jeffrey's Bay ☎042 292 00 05 ⊕www.walskipper.co.za ◐Di–Sa 12–20, So 12–15 Uhr

EAST LONDON

Grazia RR

Die Tische auf der Terrasse sind bereits am frühen Abend nicht nur wegen des Ozeanblicks schnell besetzt . Die Crossover-Küche mit italienischem Touch ist ausgezeichnet – von Wild bis Meeresgetier.

✛224 C2 ✉Upper Esplanade ☎043 722 20 09 ⊕www.graziafinefood.co.za ◐tägl. 11.30–15 und 18.30–22.30 Uhr

Wohin zum … Einkaufen?

WINELANDS

Der interessanteste Laden in Stellenbosch ist Oom Samie se Winkel oder Uncle Samie's Shop (84 Dorp Street, Tel. 021 887 07 97), ein Gemischtwarenladen, der sich seit seiner Eröffnung vor 150 Jahren kaum verändert hat. Die meisten anderen Geschäfte der Stadt liegen zentral zwischen Merriman Avenue, Bird und Dorp Street. Das größte Einkaufszentrum der Region ist 15 Min. entfernt, die Somerset Mall (Tel. 021 852 71 14/5; www.somerset-mall.co.za) an der N2 in Somerset West. Ein Muss ist der Eight to Go Deli auf dem Weingut Spier südlich von Stellenbosch, randvoll mit afrikanischen Produkten.

Das Huguenot Fine Chocolates (62 Huguenot Street, Tel. 021 876 40 96; www.huguenotchocolates.com) in Franschhoek produziert leckerste Pralinés für den süßen Hunger. In der Dorfmitte gibt es viele Kunstläden und Galerien wie Ebony Curated (4 Bordeaux Street, http://ebony curated.com), in der Künstler ausstellen. Ebenfalls einen Besuch wert ist das Franschhoek Live Craft Center (Huguenot Road, Tel. 021 876 40 29), in dem man Kreativen bei der Herstellung von Kunsthandwerk zusehen und die Stücke kaufen kann. Weinliebhabern verkauft das La Cotte Inn (Main Road, Tel. 021 876 37 75, www.lacotte.co.za) eine riesige Auswahl von Kapweinen, ergänzt von einer breiten Palette Käsesorten. In Paarl liegen an der Main Street schöne Deko-, Antik- und Souvenirläden.

WHALE COAST

In Hermanus gibt es eine abwechslungsreiche Auswahl an Geschäften und Kunstgalerien. Jedes Wochenende findet der Fisherman's Village Market (8.30–15 Uhr) am Lemm's Corner statt. An den Ständen mit Antiquitäten und Kunsthandwerk herrscht buntes Treiben. Boutiquen findet man im Einkaufszentrum Village Square (www.village-square.co.za)

GARDEN ROUTE

In den Städten an der Garden Route erwartet Sie von Badebekleidung bis zu afrikanischem Modeschmuck eine breite Auswahl. The Garden Route Mall (Tel. 044 887 00 44; www.gardenroutemall.co.za) gehört mit 125 Shops zu den größten Einkaufszentren der Region und liegt an der N2 direkt an der Abzweigung nach George.

Knysna ist berühmt für seine Künstler und Kunsthandwerker. Überall in der Stadt gibt es Galerien, und sogar am Straßenrand werden an Ständen Holzfiguren und Trommeln angeboten. Der **Knysna African Arts & Craft Market** liegt an der Ecke von George Rex Street und Vigilance Drive, am Ufer reihen sich einige Hütten aneinander. Knysna ist auch für Möbel aus den örtlichen Holzarten bekannt. Im **Timber Village** (Tel. 044 382 56 49; www.timbervillage. co.za), im Welbedacht Valley 3 km von Knysna entfernt, arbeitet eine Gemeinschaft von Holzkünstlern.

Market Square heißt die große Mall in Plettenberg Bay, nicht verpassen sollten Sie **Old Nick Village** an der N2 (Tel. 044 533 13 95; www.oldnickvillage.co.za): Galerien, Ateliers, ein Museum über die Webkunst und ein Restaurant.

PORT ELIZABETH UND UMGEBUNG

Im Surfermekka Jeffrey's Bay haben sich Fabrik-Outlets der internationalen Surfmarken **Billabong** (2a Da Gama Road, Tel. 042 200 26 00) und **Quiksilver** (042 293 4116, www.quiksilver.co.za/stores) angesiedelt.

Port Elizabeth ist riesig – seine Malls sind es auch; **Boardwalk Casino and Entertainment World** (www.suninternational. com) in Summerstrand ist die beliebteste.

WILD COAST

Über 200 Läden weist die **Hemingways Mall** (www.hemingwaysmall.co.za) in East London auf.

Keramik in einem Deko- und Souvenirladen

Wohin zum ... Ausgehen?

MUSIK, THEATER UND FESTIVALS

Stellenboschs **AmaZink Township Theatre** (http://amazinklive.co.za) verbreitet authentisches Township-Feeling, das **Stellenbosch International Chamber Music Festival** (Tel. 072 531 32 35; www.sicmf.co.za) im September konzentriert sich auf Kunstausstellungen und Kammermusik. Ebenfalls im September zieht das **Whale Festival** (Tel. 071 606 32 61; http://herma nuswhalefesti val.co.za) Theater-, Musik- und Tanzgruppen nach Hermanus. **The Barns Venue** in Mossel Bay (Tel. 044 698 10 22; www.reedvalley.com) ist ein Veranstaltungsort für Konzerte 3 km vor der Stadt. Beim **Oyster Festival** (www.oysterfestival.co.za) in Knysna im Juli locken Kabarett, Theater und Musik; Ende April/Anfang Mai feiern Schwule, Lesben und Heteros den **Pink Loerie Mardi Gras** (www.pinkloerie.co.za). In Port Elizabeth gibt es Livebühnen, im Februar das **Shakespearian Festival** (Tel. 41 364 39 00; www.facebook.com/PEShakespeare) und an Ostern das **Nelson Mandela Bay Splash Festival** (www.nmbt.co.za). Wer im Juli kommt, sollte das **National Arts Festival** (www.nationalartsfestival.co.za) in Grahamstown nicht verpassen.

NACHTLEBEN

Auf dem Land ist das Nachtleben überschaubar, aber die Städte haben durchaus etwas zu bieten. **Aandklas** (43 Bird Street, Tel. 021 883 35 45, www.facebook.com/ aandklasstb) ist bei Studenten beliebt: Rockmusik, Bier und gute Stimmung. In Mossel Bay erwartet das **Garden Route Casino** (www.tsogosun.com) Gäste, und in Knysna gibt es mehr als 50 Kneipen und Restaurants, wie die **Project Bar Lounge** (Thesen Island, Tel. 44 302 58 14; www.the projectbar.co.za). Port Elizabeths nächtliches Herz schlägt in der **Boardwalk Casino and Entertainment World** (Tel. 041 507 77 77, www.suninternational.com).

Weitblick: Auf einer Länge von 1000 km bilden die
Drakensberge den Übergang vom südafrikanischen
Binnenhochland zur Ostküste.

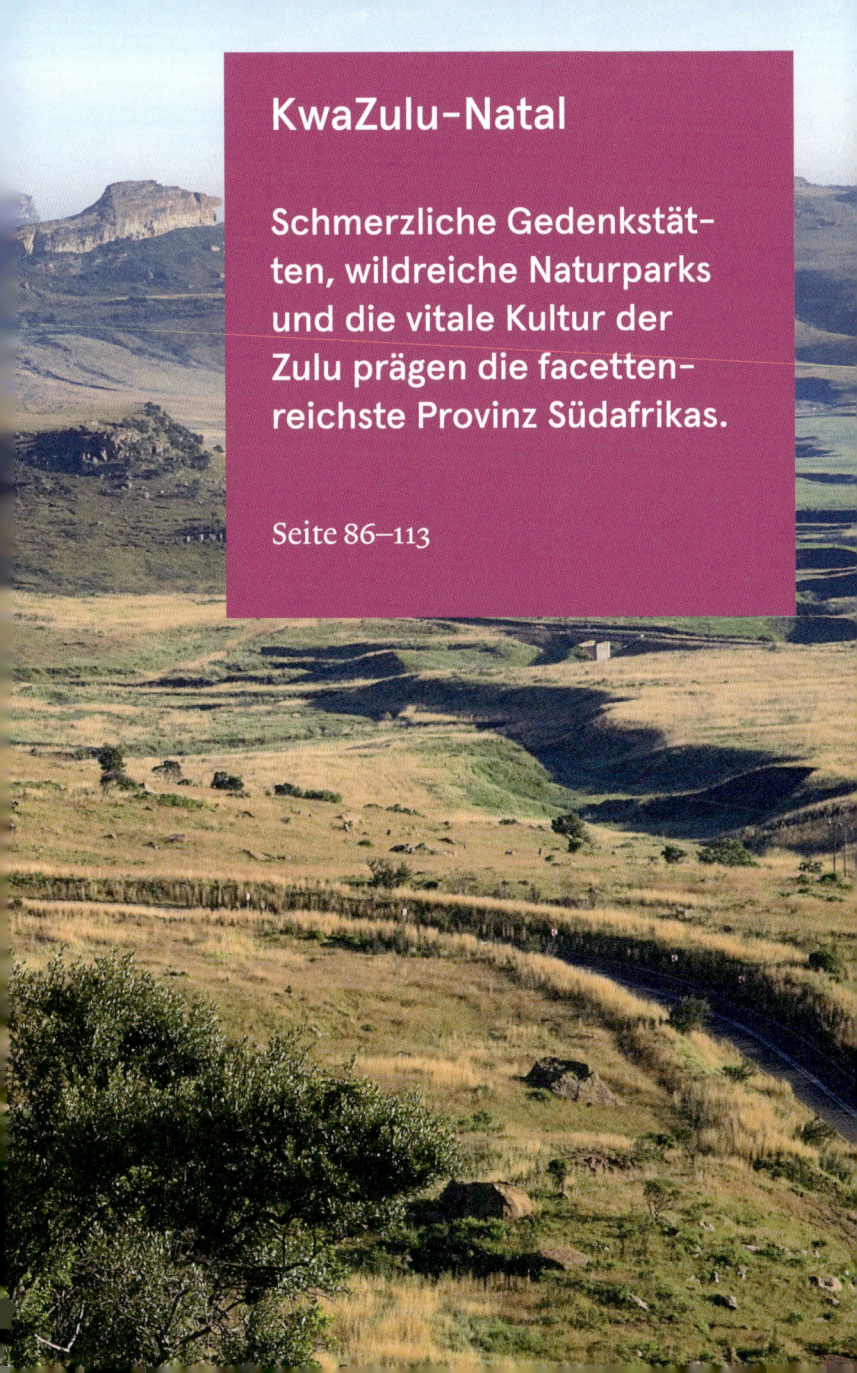

KwaZulu-Natal

Schmerzliche Gedenkstät-
ten, wildreiche Naturparks
und die vitale Kultur der
Zulu prägen die facetten-
reichste Provinz Südafrikas.

Seite 86–113

Erste Orientierung

Die Provinz KwaZulu-Natal hat einiges zu bieten: tropisches Klima, lange Sandstrände, eine weitgehend unberührte Wildnis und mehr Wildreservate als jede andere Provinz Südafrikas. Auch wegen des natürlichen Wasserangebots leben hier 21 Prozent der Bevölkerung, in der Mehrheit zählen sie zu den Zulu. Mit der Schaffung dieser Provinz wurde das alte Zulukönigreich ausgedehnt und konsolidiert. Der Großraum Durban ist auch das Zentrum der asiatischen Bevölkerung Südafrikas.

Die rund 11,5 Mio. Zulu bilden die größte schwarze Volksgruppe Südafrikas. Anfang des 19. Jh.s führte sie ihr König Shaka in einen Kriegszug, bei dem weite Teile des südlichen Afrika erobert, Völker unterworfen und teils auch vertrieben oder ausgelöscht wurden. Politische Gegenspieler der Zulus sind die Xhosa. Die Animositäten gingen so weit, dass Zuluführer Buthelezi 1994 einen Bürgerkrieg riskierte, um die Regierung des Xhosa-dominierten ANC zu verhindern. Erst als es Nelson Mandela gelang, Buthelezi in die Regierung einzubinden, fanden die Unruhen ein Ende.

In Durban und an der Südküste reihen sich die Urlauberhotels eng aneinander, aber die Natur an der Nordküste ist noch weitgehend unberührt und wird größtenteils durch Parks oder Reservate geschützt. Am bedeutendsten ist der iSimangaliso Wetland Park (früher Greater St. Lucia Wetland Park), der heute wegen seiner außergewöhnlichen Artenvielfalt zum UNESCO-Welterbe zählt.

Im Landesinneren verläuft die N3 durch die Natal Midlands von Durban in nördlicher Richtung nach Johannesburg. Im Südwesten ragen entlang der Grenze zu Lesotho die Berggipfel im uKhahlamba-Drakensberg Park bis zu 3000 m in die Höhe. Die grünen Hügel und historischen Städte im Nordwesten,

die im 19. Jh. Schauplatz der blutigen Schlachten zwischen Zulu, Briten und Buren waren, liegen heute
friedlich da. Letztere (von afrikaans
»Boere«, wörtlich: Bauern) sind die
früher auch »Kapholländer« oder
»Weißafrikaner« genannten Nachkommen der seit Mitte des 17. Jh.s in
Südafrika eingewanderten Siedler.
Sie stellen bis heute einen wichtigen
Teil der weißen, ihre Sitten, Sprache
(Afrikaans) und die Traditionen der
niederländisch-reformierten Kirche
bewahrenden weißen Minderheit.

TOP 10
❹ ★★ uKhahlamba-
Drakensberg Park
❼ ★★ Zululand & Maputaland
❿ ★★ Durban

Nicht verpassen!
㉙ Battlefields

Nach Lust und Laune!
㉚ Oribi Gorge Nature Reserve
㉛ Valley of 1000 Hills
㉜ Pietermaritzburg
㉝ Howick

Mein Tag
mit Hippo, Adler und Wal

Die Artenvielfalt im iSimangaliso National Park ist unglaublich: Hier bekommen Sie mit ziemlicher Zuverlässigkeit die Big Seven vor die Kamera, also nicht nur Elefant, Büffel, Spitzmaulnashorn, Löwe und Leopard, sondern auch Wal und Weißen Hai. Als Basis für die Parkerkundung empfiehlt sich das Städtchen St. Lucia, zum Beispiel die sympathische Lodge Afrique (www.lodgeafrique.com).

7 Uhr: Das Abenteuer beginnt

Nach dem Frühstück sollten Sie möglichst bald aufbrechen – je früher der Morgen, desto mehr Wild wird Ihnen begegnen. Ihre Gastgeber haben Ihnen ein üppiges Lunchpaket zusammengestellt, und Sie haben die Badesachen eingepackt. Dann fahren Sie auf der Hauptstraße nach Norden. 2 km außerhalb St. Lucias passieren Sie das Parktor Bhangazi Gate und bezahlen die Eintrittsgebühr (48 R/Person, 58 R/Fahrzeug).

8 Uhr: Der Weg ist das Ziel

Fahren Sie langsam (zulässige Höchstgeschwindigkeit 40 km/h auf Schotterstraße, 50 km/h auf Asphalt), beobachten Sie aufmerksam die Landschaft. Mit der Zeit gewöhnt sich das Auge an die Szenerie

11 Uhr: Picknick zwischen Dünen

Lake St. Lucia

iSimangaliso

National Park

10 km

5 mi

Bhangazi

11 Uhr

Cape Vidal

Mfazana Hide ■

10.30 Uhr

10.30 Uhr: Gut versteckt ist halb gewonnen

Amazibu Pan ■

R618

St. Lucia ■

Bhangazi Gate ■

iSimangaliso

National Park

8 Uhr: Der Weg ist das Ziel

8 Uhr

St. Lucia Tours & Charters ■

ST. LUCIA

Start

Braza ■

Lodge Afrique ■

7 Uhr

Ende

500 m

500 yd

7 Uhr: Das Abenteuer beginnt

Zwischen den Dünen bietet sich eine Picknickpause an. Mit tierischem Besuch ist nicht selten zu rechnen.

und erkennt ungewöhnliche Muster oder Bewegungen: Steht dort nicht ein Büffel? Nervös witternd kreuzen Impala-Antilopen, ein Wasserbock trinkt vorsichtig an einer Wasserstelle. Folgen Sie den ausgeschilderten Loops (Rundfahrten), z. B. zur Amazibu Pan, einem kleinen Teich, in dem oft Flusspferde dümpeln. Gnus und Zebras ducken sich zwischen hohes Gras.

10.30 Uhr: Gut versteckt ist halb gewonnen

Kurz vor Cape Vidal eröffnet der Unterstand Mfazana Hide eine gute Chance, Nashörnern zu begegnen. Das aus Holz errichtete Beobachtungsdeck erlaubt es, unsichtbar für das Wild das Kommen und Gehen auf der Pan durch Schlitze zu beobachten. Die sumpfige Salzsen-

ke lockt auch anderes Wild an wie Warzenschweine oder Kudus und eine Vielzahl bunter Vögel. Ein bisschen Glück braucht es natürlich, aber dann steht das Spitzmaulnashorn vielleicht direkt vor Ihrem Sehschlitz. Oder gar ein Löwe?

11 Uhr: Picknick zwischen Dünen

Badepause am Cape Vidal zwischen bis zu 150 m hohen Sanddünen. So idyllisch es wirkt – nehmen Sie sich vor der starken Brandung in Acht. Und vor dem Weißen Hai, der an der Küste ein häufiger Gast ist. Es ist Zeit für das Picknick. Über Ihnen kreist ein Seeadler, und die Perlhühner werden immer zutraulicher. Ebenso wie die Paviane, die sich gerne die Essensreste holen. Gegen 13 Uhr fahren Sie zurück

Mitte oben: Bootstour zu
Krokodilen und Hippos
Mitte unten: Flusspferd-
mami mit Nachwuchs

Die mächtige Schwanzflos-
se eines tauchenden Wals
ragt aus dem Wasser.

nach St. Lucia. Auch so wird Ihnen noch der eine oder andere Vertreter der afrikanischen Fauna begegnen, vielleicht sogar Elefanten!

14 Uhr: Wal oder Hippo – das ist hier die Frage

Das Nachmittagsprogramm hängt von der Saison ab: Zwischen Juni und November bringen Sie St. Lucia Tours & Charters (advantagetours. co.za/st-lucia/whale-watching, 2–3 Std., 1150 R) zu den besten Spots für die Walbeobachtung. Sind die majestätischen Meeressäuger bereits weitergezogen, bietet sich eine Bootstour zu Hippos und Krokodi-len an (advantagetours.activitar. com/services/1326, 2 Std., 440 R). Bei den Ausflügen gibt's meist Nachmittagstee und Snacks.

17 Uhr: Der Magen knurrt

Auf dem Land gehen die Südafrikaner früh Essen und früh zu Bett. Deshalb sollten Sie sich nach einem Bummel durch St. Lucia relativ zeitig, also gegen 18.30 Uhr, zum Abendessen niederlassen. Wie wäre es mit portugiesischen und afrikanischen Spezialitäten aus dem benachbarten Mozambik? Die schmecken im Braza (73 McKenzie St., Tel. 035 590 12 42) vorzüglich.

❹ ★★ uKhahlamba-Drakensberg Park

Warum?	Faszinierende Berglandschaften
Was?	Bizarr erodierte Felsformationen
Wie lange?	Zwei Tage
Wann?	Im Sommerhalbjahr
Was noch?	Felsbilder der San
Was nehme ich mit?	Einen Blick auf die höchsten Berge Südafrikas

Auf einer Länge von mehr als 1000 km bilden die Drakensberge den Übergang vom südafrikanischen Binnenhochland zur Ostküste. Ihr nördlicher Teil, die Transvaal-Drakensberge, stehen als »Blyde River Canyon Nature Reserve« unter Naturschutz; die südliche Region »Natal-Drakensberge« fasziniert mit imposanten, über 3000 m hohen Bergriesen und spektakulären Wasserfällen, die seit 2000 zum UNESCO-Welterbe zählen.

Dörfliches Leben in den Drakensbergen, ca. 40 km westlich von Winterton

Der Name »Drachenberge« (Afrikaans: Drakensberge) entstand, als einer der frühen Siedler behauptete, er habe einen Drachen über die nebelverhangenen Gipfel fliegen sehen. Das Gebiet teilt sich in drei Bereiche: den Royal Natal Natio-

nal Park im Norden, das zentrale Bergland (Champagne Castle, Cathedral Peak, Giant Castle) und das südliche Bergland (Loteni Nature Reserve, Kamberg Nature Reserve, Mzimkulwana Nature Reserve). Der übergeordnete Begriff für die zwölf Naturreservate lautet uKhahlamba-Drakensberg Park. Der Zuluname uKhahlamba bedeutet sinngemäß »Festungswall aus Speeren« – eine treffendere Bezeichnung für die fast senkrecht aufragenden Steilhänge. In der Regel verfügt jedes der hier vereinten Naturreservate über ein vom Parkmanagement <u>KZN Wildlife</u> betreutes Camp; man kann aber ebenso in exklusiveren Hotels in der Umgebung übernachten. Es gibt mehrere Zugänge zum Park. Die meisten Gäste reisen auf der N3 an, die Johannesburg und Durban verbindet und von der viele Straßen nach Westen in die Berge führen.

Die Felsformation Devil's Tooth gehört zum spektakulären Amphitheatre im nördlichen Bergland des Parkgeländes.

Theatralisches Felsenrund

Eines der schönsten Areale im nördlichen Bergland ist der <u>Royal Natal National Park</u>, in dem sich das Amphitheatre befindet – eine 5 km lange und 1000 m hohe Steilwand, eingerahmt von zwei Bergen. Die Fluten der imposanten Tugela Falls, des zweithöchsten Wasserfalls der Welt, stürzen hier in mehreren Stufen 947 m den Fels hinab. Am Parkplatz des Mahai-Camps beginnt ein schöner Wanderweg zum Kamm des <u>Amphitheatre</u> mit spektakulären Aussichten. Für den Hin- und Rückweg, der Sie über zwei Eisenleitern und zur Spitze der <u>Tugela Falls</u> führt, benötigen Sie etwa fünf Stunden. Es ist der leichteste Wanderweg, der Sie innerhalb eines Tages auf den Gipfel der Drakensberg-Randstufe bringt.

Geheimnisvolle Symbole der San

Winterton ist Ausgangspunkt für die im zentralen Bergland gelegene <u>Mlambonja Wilderness Area</u>. Die Gipfel bieten anspruchsvolle Wanderwege, und zudem ist dies der ideale Ort, um mehr über die San-Felsmalereien zu erfahren. Im Didima San Rock Art Centre beim Didima-Camp wurde eine Höhle rekonstruiert, in der einige der schönsten Zeichnungen in einer audiovisuellen Show und in Schaukästen präsentiert werden. Die früher »Buschmänner« genannten San streiften schon Tausende von Jahren durch die Drakensberge, ehe die Buren und Zulu im 19. Jh. hier eintrafen. Ein faszinierendes Erbe ihrer Kultur sind ihre grandiosen Felsbilder – Gravuren, Ritzungen und Malereien –, die sie in Höhlen und unter Felsüberhängen hinterließen, viele bis zu 4000 Jahre alt. Mehr als 35 000 Felsbilder sind im uKhahlamba-Drakensberg Park dokumentiert.

Kristallklar: ein Wasserfall in den Ausläufern der Drakensberge

Das Champagne Valley an der weiter nach Süden in die Mdedelelo Wilderness Area und nach Monk's Cowl führenden Straße bietet Luxusunterkünfte. Hier befinden sich das Central Drakensberg Information Centre und das Internat mit dem Drakensberg Boy's Choir.

Nottingham Road ist die Pforte zur Mkhomazi Wilderness Area, von wo aus man den höchsten Berg des südlichen Afrika, den 3482 m hohen Thabana-Ntlenyana, klar erkennen kann. Im Vorgebirge des Kamberg Nature Reserve ist das Forellenangeln ein beliebter Zeitvertreib. Hier bietet das Kamberg San Rock Art Centre eine Führung zu Felsbildern.

Abenteuer Sani Pass

Den Übergang ins südliche Bergland markieren Underberg und Himeville mit einem schönen Landesmuseum. Zum Sani Pass windet sich die Piste durch ein schmales Tal zwischen hoch aufragenden Gipfeln hinauf. Buchen Sie eine organisierte Tagestour (Tel. 033 70110 64; www.sanipasstours. co.za) mit einem Geländewagen. Auf dem Pass liegt ein Dorf der Basotho, das besucht werden kann.

KLEINE PAUSE

»Tee mit Aussicht« gibt's auf dem Sani Pass in der **Sani Mountain Lodge** (Tel. 073 541 86 20, www.sanimountain. co.za, R–RR).

Die Felsbilder der San zeigen meistens Menschen und Tiere.

✝ 229 D1

KZN Wildlife
☎ 033 845 10 00
⊕ www.kznwildlife.com

Didima San Rock Art Centre
✉ Didima Camp
☎ 036 488 80 25
⊕ www.didima.info
🕐 tägl. 8–16 Uhr
💰 60 R

Central Drakensberg Information Centre
✉ Thokozisa Centre, R600 ☎ 036 488 12 07
⊕ www.cdic.co.za
🕐 tägl. 9–17 Uhr

Drakensberg Boys' Choir
✉ R600 ☎ 036 468 10 12
⊕ http://dbchoir.com
🕐 Konzerte während des Semesters mittwochs 15.30 Uhr 💰 135 R

Kamberg San Rock Art Centre
✉ Kamberg Nature Reserve ☎ 033 267 72 51
🕐 Führungen tägl. 8.30, 11 und 13.30 Uhr
💰 Parkeintritt 80 R

Himeville Museum
✉ Arbuckle St., Himeville
☎ 033 702 11 84
🕐 Di–Sa 9–15, So 9–12.30 Uhr 💰 frei

❼ ★★ Zululand & Maputaland

Warum?	Begegnungen mit Südafrikas größter Volksgruppe
Was?	Traditionelle Dörfer und ein tropischer Nationalpark
Wie lange?	Zwei bis fünf Tage
Wann?	Im Sommerhalbjahr
Was noch?	Tauchen an Korallenriffen
Was nehme ich mit?	Poppig-bunten Perlenschmuck

Die Lagunen, Tropenwälder, Sandstrände und Korallenriffe der Nordküste von KwaZulu-Natal sind Lebensraum von Schildkröten, Delfinen, Haien und Krokodilen; im Hinterland sprenkeln Rundhüttendörfer die Heimat der Zulu.

Das Tor zum Kernland der Zulu ist die etwa 150 km nördlich von Durban gelegene Stadt Eshowe. Etwa 15 km nördlich von Eshowe zweigt von der R 66 eine Straße zum 4 km entfernten, nach dem Zulukönig Shaka benannten Shakaland ab: ein Freilichtmuseum der Zulukultur. Ein Stück weiter nördlich liegt das 1895 als ältestes Schutzgebiet Südafrikas gegründete Hluhluwe-iMfolozi Game Reserve, die einst das vom Aussterben bedrohte Breitmaulnashorn schützte.

Eine beinahe natürliche Begegnung mit einem Baby-Krokodil im iSimangaliso Wetland Park

Ein Mosaik aus Wald, Savanne, Dünen und Mangroven steht im zum Welterbe der UNESCO zählenden iSimangaliso Wetland Park unter Schutz. Das Dorf St. Lucia liegt an der Mündung des St.-Lucia-Kanals ins Meer und ist ein idealer Ausgangspunkt für Wanderungen und Bootstouren. Wer Tierbeobachtungen nicht dem Zufall überlassen möchte, macht sich im Mkhuze Game Reserve auf die Suche nach Nashörnern und Elefanten.

Schöpfungstag

Die ersten Strahlen der Morgensonne lassen
die Tautropfen auf dem hohen Steppengras des
Hluhluwe-iMfolozi Parks schimmern wie
geschliffene Diamanten. Das offene Fahrzeug
holpert auf steiler Piste den Abhang hinauf, ein
Vogel protestiert kreischend von seinem Ast,
eine Warzenschweinfamilie dagegen trottet
ungerührt über die Fahrbahn. Dann hält der
Wagen. Auf einer Lichtung, nur wenige Meter
entfernt, knabbern drei Breitmaulnashörner an
jungem Blattwerk. Sie werden dieses eindrucksvolle Erlebnis nie vergessen.

Ob einer an-
beißt? Angler
bei St. Lucia

Die nördliche Region des iSimangaliso Wetland Park
wird Maputaland genannt. Bekannteste Attraktion ist die
Sodwana Bay mit den südlichsten Korallenriffen Afrikas.

Das grenzübergreifende Schutzgebiet Lubombo Transfrontier Conservation Area verbindet das Ndumo Game Reserve und den Tembe Elephant Park in Südafrika über den
Futi Corridor mit dem Maputo Special Reserve (Mosambik).

KLEINE PAUSE

Das Restaurant im **Elephant Lake Hotel** (Tel. 035 590 10 01;
www.elephantlakestlucia.co.za, RR) ist empfehlenswert.

✛ 229 E1 (Zululand)
✛ 229 E2 (Maputaland)
❶ Informationen zu den
Parks: ⊕ www.
kznwildlife.com
❷ Okt.–März tägl. 5–19;
April–Sept. 6–18 Uhr

Shakaland
✛ 229 E1 (Eshowe)
✉ R66, nahe Eshowe
☎ 035 460 09 12
⊕ http://aha.co.za/
shakaland ❶ Touren
11–14 und 12–15 Uhr
⚑ 560 R (inkl. Lunch)

**Hluhluwe–iMfolozi
Game Reserve**
✛ 229 E/F2 ✉ 280 km

nördlich von Durban
☎ 035 562 08 48 ⊕ www.
kznwildlife.com
❷ Nov.–Feb. tägl. 5–19;
März–Okt. 6–18 Uhr
⚑ 210 R

**iSimangaliso
Wetland Park**
✛ 229 F2 ✉ 245 km
nördlich von Durban
☎ 035 590 16 33 ⊕ www.
isimangaliso.com
❷ Zeiten variieren je
nach Parksektion
⚑ je nach Parksektion
27–48 R (teils gratis)

Mkhuze Game Reserve
✛ 229 F2 ✉ 335 km

nördl. von Durban ☎ 033
845 10 00 ⊕ www.
kznwildlife.com
❷ Okt.–März tägl. 5–19;
April–Sept. 6–18 Uhr
⚑ 48 R

**Lubombo Transfrontier
Conservation Area**
✛ 229 F2 ✉ verlassen Sie
bei Jozini die N2 und
folgen Sie der
Beschilderung ☎ 035
572 15 60 ⊕ www.peace
parks.org ❶ Tembe
Okt.–März tägl. 5–19,
sonst 6–18, Ndumo
8–12, 13–16 Uhr
⚑ Tembe 50 R,
Ndumo 60 R

⑩ ★★ Durban

Warum?	Ein quirliger, multikultureller Melting pot
Was?	Indischer Markt, britische Architektur, Zulu-Rikschas und Strände
Wie lange?	Ein bis drei Tage
Wann?	Im Sommerhalbjahr
Was noch?	Ein Tag am Strand
Was nehme ich mit?	Jede Menge Gewürze

Durban, die drittgrößte Stadt Südafrikas, ist eine moderne, lebhafte und bunte Metropole mit afrikanischen und asiatischen Zügen, subtropischem Klima, stylischen Cafés, schicken Restaurants und guten Einkaufsmöglichkeiten – und mit langen Sandstränden am Indischen Ozean.

Am ersten Weihnachtsfeiertag 1497 entdeckte Vasco da Gama die hiesige Bucht, die er »Port Natal« nannte. Aber erst 1823 ließen sich hier einige britische Händler nieder und gründeten eine Siedlung, die sich rasch zum Umschlagplatz vor allem für den Handel mit Elfenbein entwickelte. 1835 erfolgte die Stadtgründung; benannt wurde sie

Durban nennt sich zu Recht »Surfcity«.

nach dem damaligen Kapgouverneur Sir Benjamin D'Urban. In den 1860er-Jahren wuchs die Stadt rasch durch den Zustrom indischer Immigranten, denen die Briten Arbeit auf den hiesigen Zuckerrohrplantagen anboten. Heute ist Durban Heimat der größten indischen Gemeinschaft Afrikas. Mit der Juma Masjid Mosque steht hier die größte Moschee der Südhalbkugel. Um die Victoria, Queen und Grey Street haben sich viele indische Händler angesiedelt und auf dem Victoria Street Market sind indische Gewürze und Snacks zu haben. Im neobarocken Bau der City Hall (Rathaus) befindet sich heute das <u>Natural Science Museum</u>. In der <u>Durban Art Gallery</u> kann man eine erstklassige Sammlung europäischer Gemälde und afrikanischer Kunst bewundern.

Westlich der Innenstadt beleuchtet das <u>KwaMuhle Museum</u> – untergebracht im Gebäude, das während der Apartheid das Department of Native Affairs beherbergte – die Mechanismen der Unterdrückung der schwarzen Bevölkerung Durbans im 20. Jh. An der Hafenseite der Stadt steht am Victoria Embankment die anlässlich des 400. Jahrestags der Sichtung der Bucht durch den portugiesischen Seefahrer errichtete <u>Da Gama Clock</u>. Ein Stück weiter folgt die Shoppingmeile <u>Wilson's Wharf</u> bei der <u>Yacht Mole</u>, wo man Schiffe ein- und auslaufen sehen, den Hafenbetrieb beobachten und frischen Fisch kaufen kann.

An der Marine Parade (zwischen Snell Parade und Erskine Parade) liegen viele Hotel- und Apartmenthochhäuser, Restaurants und Bars. Prächtig herausgeputzte Rikschafahrer warten auf Kundschaft (ca. 50 R pro Person für eine 5-minütige Fahrt; Fotografieren kostet extra). Für Schwimmer und Surfer wie für Sonnenbadende gibt es abgetrennte Bereiche am breiten Sandstrand. Rettungsschwimmer

Aufwendig verziert: die Da Gama Clock aus dem 19. Jh. am Victoria Embankment achten ganzjährig auf das Geschehen; Hainetze schützen vor unliebsamen Begegnungen. Unterbrochen wird das Strandleben von mehreren Molen, die bei Anglern hoch im Kurs stehen. Etliche Attraktionen säumen die gepflasterte Promenade – von Wasserrutschen und Planschbecken mit Salzwasser bis hin zu Schlangenparks und Vergnügungszentren. In der uShaka Marine World gibt es große Aquarien, eine Reptilienausstellung, ein Delfin- und ein Seehundbecken. Am Battery Beach locken Restaurants, ein Multiplex,

die Strandpromenade und die Rutschen der Waterworld der Suncoast Casino and Entertainment World.

Am Umgeni River in Durbans Norden ist der Umgeni River Bird Park das Zuhause einer bemerkenswerten Sammlung von ca. 800 Vögeln, die man von den Wegen aus gut beobachten kann. Höhepunkt ist die Flugshow mit Greifvögeln, Kranichen, Störchen und Eulen.

In den Botanical Gardens in Berea kann man suptropische Pflanzen, Orchideen und Palmfarne sehen. Es gibt ein schönes Café, hübsche Flecken für Picknicks und die Japanischen Gärten bezaubern mit Teichen und orientalischen Designs. Auch der Badeort Umhlanga Rocks verspricht Kurzweil: In Gateway, einer der größten Malls der Südhalbkugel, kann man sich in Hunderten von Geschäften verlieren. Alternativ lohnt sich ein Besuch beim KwaZulu-Natal Sharks Board, das sich um die über 400 Hainetze an den 50 Stränden KwaZulu-Natals kümmert. Im Infozentrum erfährt man mehr über die Raubfische, auch eine Tour hinaus zur Wartung der Netze ist möglich.

Vom Royal Natal Yachtclub hat man einen schönen Blick auf die nächtlich illuminierte Silhouette von Durban.

Südlich von Durban ziehen sich Urlaubsorte und Wohnmobilparks die Küste entlang. Die bei Tauchern wie bei Sandtigerhaien beliebte Aliwal Shoal und das Wrack des 1884 gesunkenen Dampfers »Nebo« liegen 5 km vor der Küste Umkomaas. Weiter südlich wechseln sich zwischen Scottburgh und Port Edward bebaute Küste und Bananen- bzw. Eukalyptusplantagen ab. Hier kann man Tauchen, Surfen, Jetskifahren oder Sonnenbaden. Margate gehört zu den exklusiven Badeorten. Die Strände von Port Edward bilden die Grenze zur Wild Coast in der Ostkap-Provinz.

KLEINE PAUSE

In der City kann man im Bar-Restaurant des **BAT (Bartle Arts Trust) Centre** am Victoria Embankment gut entspannen: Genießen Sie den schönen Hafenblick und stöbern Sie in den Läden (Tel. 031 332 04 51, www.batcentre.co.za, R).

✠ 229 E3

Tourist Junction
✉ 90 Florida Rd.
☎ 031 322 41 64 ⊕ www.
durbanexperience.co.za
🕐 Mo–Fr 8–16.30, Sa/So
9–13 Uhr

Natural Science Museum
✉ City Hall, 234 Anton
Lembede Street
☎ 031 311 22 56
🕐 tgl. 9–16 Uhr
✦ frei

Durban Art Gallery
✉ City Hall, 234 Anton
Lembede Street
☎ 031 311 22 64 🕐 Mo–Sa
8.30–16, So 11–16 Uhr
✦ frei

KwaMuhle Museum
✉ 130 Bram Fischer
Road ☎ 031 311 22 37
⊕ http://durbanhistory
museums.org.za
🕐 Mo–Fr 8.30–16,
Sa 8.30–12.30 Uhr ✦ frei

uShaka Marine World
✉ Beachfront
☎ 031 328 80 00
⊕ www.ushakamarine
world.co.za
🕐 tägl. 9–17 Uhr ✦ 209 R

Suncoast Casino und Entertainment World
✉ Marine Parade
☎ 031 328 30 00
⊕ www.tsogosun.com

Umgeni River Bird Park
✉ 490 Riverside Road,
Durban North
☎ 031 579 46 01 ⊕ www.
umgeniriverbirdpark.
co.za 🕐 tägl. 9–17
Uhr, Freiflugshow 11 und
14 Uhr ✦ 55 R

Botanical Gardens
✉ 9A John Zikhali
Road, Berea
☎ 031 322 40 21
⊕ www.facebook.com
🕐 tägl. 7.30–17 Uhr
✦ frei

KwaZulu-Natal Sharks Board
✉ Herrwood Drive
☎ 031 566 04 00
⊕ www.shark.co.za
🕐 Mo–Fr 8–16 Uhr
✦ 45 R

㉙ Battlefields

Warum?	Hier wird Südafrikas Besiedlungsgeschichte verständlich
Was?	Museen und Gedenkstätten erinnern an die Schlachten
Wie lange?	Ein Tag
Wann?	Früh kommen, die meisten Museen schließen um 16 Uhr
Was noch?	Friedliche Hügellandschaft mit Feldern und Weiden
Resümee	Erschütterung über so viel Blutvergießen

In den Midlands wurden einige der blutigsten Schlachten zwischen Buren, Briten und Zulu geschlagen.

Mehr als 70 Jahre lang dauerten die kriegerischen Auseinandersetzungen. 14 historische Städte wie Ladysmith und Dundee, Museen sowie die über 50 Schlachtfelder lassen sich am besten mit dem eigenen Auto erkunden. Das Blood River Monument (1971) ist dem Lager der Voortrekker am Tag der Schlacht am Blood River nachempfunden. Das Ncome Museum zeigt den Konflikt aus Zuluperspektive. 1879 wurden die Briten bei Isandlwana von den Zulu geschlagen. Ein Museum stellt in der Mission von Rorke's Drift Fotos und Erinnerungsstücke vom Krieg aus. Das Talana Hill Museum liegt in einem Park mit 17 Gebäuden Das Siege Museum in Ladysmith stellt eine Sammlung von Kriegsgegenständen aus.

KLEINE PAUSE

Gönnen Sie sich ein Tässchen Tee und ein leckeres Lunch im **Miners Rest Restaurant** des Talana-Hill-Museums.

Ncome Museum
✝229 E1 ✉48 km von Dundee nach Vryheid ☎034 2718121 ⊕www.ncomemuseum.co.za ◐tägl. 8–16 Uhr ♥frei

Isandlwana
✝229 E1 ✉80 km südöstlich von Dundee

☎034 2718165 ◐tägl. 8–16 Uhr ♥35 R

Rorke's Drift Museum
✝ 229 E1 ✉42 km südöstlich von Dundee ☎034 6421687 ◐tägl. 8–16 Uhr ♥35 R

Talana Hill Museum
✝229 D2 ✉R33, Dundee

☎034 2122654 ⊕www.talana.co.za ◐Mo–Fr 8–16.30, Sa/So 9–12 Uhr ♥35 R

Siege Museum
✝229 D2 ✉Murchison Street, Ladysmith ☎036 6372992 ◐Mo–Fr 9–16, Sa 9–13 Uhr♥11 R

Nach Lust und Laune!

30 Oribi Gorge Nature Reserve
Der Umzimkulwana River hat sich 400 m tief in die orangeroten Sandsteinfelsen der Oribischlucht gegraben. Spektakulär geformte Klippen ragen über einem von Bäumen, Blumen und Farnen gesäumten Tal auf. Mehrere Wasserfälle stürzen in die Stromschnellen, Becken und Sandbänke des Flusses hinab. Es gibt gut markierte Wander- und Mountainbike-Wege mit Picknickplätzen – auch Reiten und Wildwasserrafting sind im Angebot. Abenteuerlustige gleiten an einem Kabelseil 120 m über die Schlucht, seilen sich ab oder schwingen sich im Bogen 100 m weit in die Schlucht an den Lehr's Falls vorbei.

✛ 225 D3 ✉ nahe der N2, 21 km von Port Shepstone entfernt ☎ 072 042 9390 🌐 www.kznwildlife.com 🕐 Okt.–März 5–19, sonst 6–18 Uhr 🏅 60 R

Wild 5 Adventures Wild Swing/ Bungee
☎ 082 566 74 24 🌐 www.wild5 adventures.co.za 🪂 Abseilen 500 R, Schwingen 650 R

31 Valley of a Thousand Hills
Etwa 35 km nördlich von Durban erstreckt sich entlang der R103 das »Tal der 1000 Hügel«: Hunderte flacher Hügel ziehen sich bis zum Umgeni River und seiner Mündung. Der Blick auf das mit Siedlungen gesprenkelte »Hügelmeer« und die

Möglichkeit, mehr über die Zulukultur zu erfahren, lohnen den Weg. Die Schilder der »1000 Hills Experience« bringen Sie zu den schönsten Ausblicken, Souvenirläden und Cafés. Im PheZulu Safari Park erklärt ein Guide in einem rekonstruierten Zuludorf mit Bienenstockhäusern den Glauben und die Bräuche des Volks, dann folgt eine Tanzshow. Zudem gibt es einen Wild- und einen Reptilienpark, ein Restaurant und einen Kuriositätenshop. Reizvoll ist die Fahrt mit der historischen Umgeni Steam Railway, die jeden letzten Sonntag im Monat morgens und nachmittags durch malerische Landschaft von Kloof drei Stunden nach Inchaga schnauft (Tel. 082 353 60 03, www.umgenisteamrailway.com, 240 R, Kind 170 R).

✛ 225 E4

PheZulu Safari Park
✉ 5 Old Main Road, Botha's Hill ☎ 031 777 12 05 🌐 www.phezulu safaripark.co.za 🕐 tägl. 8–16.30 Uhr; Tanzvorführungen: 10, 11.30, 14 und 15.30 Uhr 🪂 Tanzvorführung + Zuludorf 130 R, mit Reptilienpark 170 R, Gamedrive 240 R

Das »Hügelmeer« des Valley of a 1000 Hills

32 Pietermaritzburg

Old England in Afrika – als einstiger Hauptort der Kolonie Natal würde Pietermaritzburg mit seinen viktorianischen Backsteinbauten noch heute an eine britische Provinzstadt erinnern – wäre da nicht das intensive afrikanische Straßenleben. Mit seiner großen indischen Gemeinde scheint aber auch Asien zum Greifen nahe. Interessant sind die Parlamentsgebäude von 1887 mit Säulen und Kupferkuppeln sowie das im Jahr 1900 erbaute Rathaus, das ganz aus roten Backsteinen besteht und mit Buntglas ausgestattet ist. In der Church Street erinnert eine Statue an Gandhi, der im April 1893 als Anwalt nach Südafrika gereist war. Bei Pietermaritzburg wurde er gezwungen, das Weißen vorbehaltene Abteil der ersten Klasse zu verlassen, für das er ein gültiges Ticket hatte: ein Ereignis, das seine spätere Laufbahn als gewaltloser Widerstandskämpfer mit prägen sollte. Das Voortrekker/Msunduzi Museum ist in einer ehemaligen Mädchenschule aus dem Jahr 1905 untergebracht.

Dramatisch: die 95 m hohen Howick Falls

✈ 225 D4
✉ 177 Chief Albert Luthuli Street
☎ 033 345 13 48
🌐 www.pmbtourism.co.za
🕐 Mo–Fr 8–17, Sa 8–13 Uhr

Voortrekker/Msunduzi Museum
✉ 351 Langalibalele Street ☎ 033 345 13 48 🌐 www.msunduzimuseum.org.za 🕐 Mo–Fr 9–16, Sa 9–13 Uhr
💷 10 R

33 Howick

Das Provinzstädtchen Howick, 18 km nördlich von Pietermaritzburg, kennt man aus zwei Gründen: wegen der Howick Falls und weil auf einer Landstraße vor der Stadt 1962 Nelson Mandela verhaftet wurde: Die Polizei hatte einen Tipp bekommen und hielt den Wagen Mandelas an, der sich als Chauffeur eines weißen Freunds verkleidet hatte. Heute markiert ein Denkmal den Ort des Geschehens. Bei den Howick Falls stürzt der Umgeni River 95 m tief in eine Schlucht.

✈ 225 D4
Midlands Meander Association
☎ 033 330 8195
🌐 https://midlandsmeander.co.za

Wohin zum ...
Übernachten?

Preise für ein Doppelzimmer pro Nacht:
R   unter 1500 Rand
RR   1500–3000 Rand
RRR   über 3000 Rand

DURBAN

Zimmer im Concierge Hotel

Concierge Hotel RR
Das Boutique Hotel liegt versteckt im Stra-ßengewirr des Viertels und hat zwölf hy-permodern eingerichtete Zimmer, einige mit einer Terrasse. Der Garten inmitten der betriebsamen Metropole ist eine Oase der Ruhe, das dazugehörige Freedom Cafe serviert Burger. Das Hotel gilt mit seinem Design – jedes Möbelstück wurde individu-ell angefertigt – als coolster Ort der Stadt.
✣229 E1 ✉36–42 St. Mary's Avenue, Mor-ningside, Durban ☎031 309 44 53 ⊕www.the-concierge.co.za

Quarters RR
Stilvolles Boutique-Hotel im eleganten Durbaner Vorort Morningside, auf vier restaurierte viktorianische Villen verteilt mit hübsch eingezäunten Veranden, schattigen Plätzchen in den Innenhöfen und Gärten voller tropischer Palmen. Ins-gesamt 25 Zimmer, jedes mit individueller Note in modern-gemütlichem Design. Tagsüber bietet sich die Brasserie in Toplage inmitten der Restaurantmeile für eine Mahlzeit an.
✣229 E1 ✉101 Florida Road, Morningside ☎031 303 52 46 ⊕www.quarters.co.za

ZULULAND & MAPUTALAND

Ghost Mountain Inn R–RR
Der preiswerte 4-Sterne-Landgasthof mit zwangloser Atmosphäre im kleinen Ört-chen Mkuze, 20 Autominuten vom einzigen Gate zum Mkhuze Game Reserve entfernt, ist ideal für einen Zwischenstopp auf der Durchreise ins Maputaland. Gartenanlage, Pool, Spa, Bar, ein Restaurant.
✣229 F2 ✉Mkhuze, nahe der N2 ☎035 573 10 25 ⊕www.ghostmountaininn. co.za

Hilltop Camp R–RR
Das Camp im größten Game Reserve des Hluhluwe-Imfolozi Parks wird von Far & Wild Safaris betrieben. Wunderbare Lage mit ebensolchen Ausblicken über den Busch. Die Selbstversorger-Chalets sind schlicht, aber komfortabel; mit Restau-rant, Swimminpool und Bar.
✣229 F2 ✉im nördlichen Teil des Hluhlu-we-Parks ☎031 208 36 84 ⊕www.hilltop camp.co.za

Kosi Forest Lodge RRR
Eingebettet in einen schattigen, immer-grünen Feuchtwald mit Blick auf den Lake Shengeza liegt eine der schönsten Unter-künfte in ganz KwaZulu-Natal. Acht luxu-riöse, im Wald verteilte Suiten; das Dach besteht aus einer Holz- und Segeltuchkon-struktion. Gebadet wird im Freien, das at-traktive Freizeitangebot umfasst Kanufah-ren, Angeln und Schnorcheln.
✣229 F2 ✉Kosi Bay Nature Reserve ☎035 474 14 73 ⊕www.kosiforestlodge. co.za

Makakatana Bay Lodge RRR

Eine der wenigen privat geführten Lodges im iSimangaliso Wetland Park. Sehr luxuriös gestaltet und idyllisch gelegen. Die insgesamt acht Suiten, mit Holzmöbeln, Parkettböden, eigener Holzveranda und Außendusche, sind durch Holzstege miteinander verbunden. Zudem verfügen die geräumigen Unterkünfte jeweils über einen Schreibtisch.

✛ 229 F2 ✉ nahe der Charters Creek Road ☎ 035 550 41 89 ⊕ www.makaka tana.com

BATTLEFIELDS

Isandlwana Lodge RR

Diese zweistöckige, strohgedeckte Lodge wurde auf jene Felsformation erbaut (teilweise in diese hineingebaut), auf der der Anführer der Zulu am 22. Januar 1879 stand, als er die Schlacht von Isandlwana startete. Die zwölf Zimmer mit Balkon und Bad sind in einem Mix von traditionellem und modernem Stil eingerichtet. Mit Swimminpool, Bar und Restaurant.

✛ 229 E2 ✉ 80 km südöstlich von Dundee ☎ 034 2718301 ⊕ www.isandlwana.co.za

MIDLANDS UND UKHAHLAMBA-DRAKENSBERG

The Cavern RR

Die komfortablen reetgedeckten Hütten in üppigen Gärten grenzen an den Royal Natal National Park. Herrliche Bergkulisse, super Preis-Leistungs-Verhältnis mit täglich drei Mahlzeiten.

✛ 228 C1 ✉ nahe der R74 ☎ 036 438 62 70 oder 083 7015724 ⊕ www.cavern.co.za

Fordoun RRR

Das alte Farmgehöft mit luxuriösen Zimmern liegt zwischen dem zentralen Bergland der uKhahlamba-Drakensberge und Howick. Das liebevoll eingerichtete Restaurant sorgt für eine wohlige Atmosphäre; außerdem gibt es ein breites Wellness- und Beautyangebot.

✛ 229 D1 ✉ Nottingham Road ☎ 033 266 62 17 ⊕ http://fordoun.com

Wohin zum ...
Essen und Trinken?

Preise für ein Zwei-Gänge-Menü (ohne Getränke):

R	unter 200 Rand
RR	200–350 Rand
RRR	über 350 Rand

DURBAN

Green Mango RR–RRR

Kleines, aber dafür exzellentes Fischrestaurant mit Barcharakter im Avonmore Center. Es serviert japanische und Thai-Küche, sehr gute Sushi, aber auch Ente à la thai. Die sehr scharfen Fischcurrys sind ebenfalls zu empfehlen.

✛ 229 E1 ✉ 9th Avenue, Avonmore Center, Morningside ☎ 031 312 70 54 ⊕ www.the green mango.co.za ◔ tägl. 12–14.30, 18–21.30 Uhr

Ile Maurice RR–RRR

Exponiert mit Meerblick gelegen und mit Südseeflair ausgestattet, serviert die Küche in erster Linie fangfrischen Fisch und Meeresfrüchte in einer ausgesprochen gelungenen Verbindung von südafrikanischer und mauritischer Kochkunst. Aber es gibt natürlich auch Fleisch. Auf jeden Fall sollten Sie sich Platz lassen für die köstlichen Desserts! Eine Reservierung ist absolut ratsam.

✛ 229 E1 ✉ 9 McCausland Cresent, Umhlanga Rocks ☎ 031 56176 06 ⊕ www. facebook.com/ilemauricerestaurant ◔ Di–So 12.15–14.15, 18.30–21.30 Uhr

Kashmir RR

In diesem eleganten Lokal mit Terrasse steht eine Rose auf jedem Tisch, der Blick geht hinaus auf die Palmen und auf das Meer. Die indische Küche kommt hauptsächlich aus dem Norden des Landes, die Currys gelten mit als die besten Durbans und das Brot ist frisch gebacken (das Naan mit Knoblauch ist ein absolutes Gedicht); sowohl Qualität als auch Präsentation sind herausragend.

✛ 229 E1 ✉ 11 McCausland Crescent,
Umhlanga Rocks ☎ 0315 61 74 86
● So–Sa 8.30–23 Uhr

Mali's Indian Restaurant RR
Durban ist für seine wirklich authentische
indische Küche berühmt. In einem ehemaligen Wohnhaus werden die Gerichte in
verschiedenen Schärfegraden serviert –
für manche ist das Mali's das beste indische Restaurant Durbans.
✛ 229 E1 ✉ 77 Smiso Nkwanyana Rd.,
Morningside ☎ 031 312 85 35 ⊕ www.
facebook.com/malisindian ● Di–So
12.30–15.30, 17.30–22 Uhr

Roma Revolving Restaurant RR
Die einmalige Sicht aus dem 32. Stock-
werk auf Durbans Hafen macht das etwas
altbackene Interieur allemal wett, zudem
dreht sich das Restaurant in einer Stunde
einmal um die eigene Achse. Hier kocht
man noch nach alter Schule – Krabben-
cocktail oder -pastete, gefolgt von
Steaks, Pastagerichten und sündhaft guten Leckereien vom Dessertwagen. Aber
auch originellere À-la-carte-Menüs werden im Roma Revolving Restaurant aufge-
tischt.
✛ 229 E1 ✉ Victoria Embankment ☎ 031
337 67 07 ⊕ www.roma.co.za ● Mo–Sa 18–
22, Fr/Sa auch 12–14.30 Uhr

MIDLANDS UND UKHAHLAMBA-DRAKENSBERG

Bingelela Contemporary Classic Restaurant RR
Bingelela liegt etwa versteckt in einem
schattigen Wäldchen zwischen dem Royal
Natal National Park und der kleinen Stadt
Bergville und ist wahrscheinlich das beste
Restaurant in Northern Berg. In einer riesigen strohgedeckten Anlage mit Swimmingpool werden fantasievolle Gerichte serviert mit Schwerpunkt auf Steaks und
Forellen sowie eine Auswahl an leckeren
Pizzen aus dem Holzofen.
✛ 229 D1 ✉ R74, ungefähr 4 km nördlich
von Bergville ☎ 036 448 13 36 ⊕ www.
bingelela.co.za ● Mo–Sa 7–22, So 7–15 Uhr

Moorcroft Manor RR
In ruhiger Lage an einem Stausee mit herrlichem Bergpanorama gelegen, bietet
dieses Lokal, das zum gleichnamigen Bou-
tique-Country-Hotel gehört, eine lockere
Atmosphäre auf schattiger Terrasse. Beginnen Sie den Tag mit einem Frühstück
vom Büfett, genießen Sie zur Mittagszeit
Lachs an Camembertsalat oder eine kalte
Vesperplatte. Am Abend locken gegrillte
Seezunge, knusprige Ente oder frische Forelle. Auch Nicht-Hotelgäste sind im
Moorcroft Manor willkommen.
✛ 229 D1 ✉ Sani Road, Himeville
☎ 033 702 19 67 ⊕ www.moorcroft.co.za
● tägl. 7.30–21 Uhr

Rosehurst R
Dieses reizende Café ist in einem viktorianischen roten Backsteinhaus untergebracht, zu dem auch ein prachtvoller und
herrlich duftender Rosengarten gehört.
Die sonnigen Plätze auf der Terrasse laden
zum Frühstück mit Rührei,
selbst gebackenes Brot, Teegebäck, Kon-
fitüre und ein cremiger Cappuccino auf
den Tisch. Zur Mittagszeit lassen Sie sich
mit mediterranem Schmorgemüse, herzhaften Quiches und knackig-frischen Salaten verwöhnen.
✛ 229 D1 ✉ 239 Boom Street, Pietermaritzburg ☎ 033 394 38 33
● Mo–Fr 8.30–16.30, Sa 8.30–13.30 Uhr

Yellowwood Café R
Das in einem Bauernhaus aus den 1870er-
Jahren untergebrachte Yellowwood
schafft mit polierten Holzböden, Kamin
und Bogenfenstern eine anheimelnde
Atmosphäre, der Garten eröffnet wunderbare Ausblicke auf die Howick Falls. Die
abwechslungsreiche Küche des Restaurants bietet deftige Mahlzeiten, beispielsweise Lammkeule oder Ochsenschwanz;
das Café hat leichtere Gerichte sowie Tee
und Kuchen im Angebot. Für Kinder gibt es
spezielle Birthday Packages mit Essen,
Trinken und Hüpfburgen.
✛ 229 D1 ✉ Shafton Road, Howick
☎ 033 330 24 61 ⊕ http://yellowwood.co.za
● Di–So 8–16.30 Uhr (Fr bis 20 Uhr)

Wohin zum ... Einkaufen?

DURBAN

Die Gateway Mall (M12, Umhlanga Rocks, Tel. 031 514 05 00; www.gatewayworld. co.za) ist mit über 400 Geschäften, rund 60 (Schnell-)Restaurants und zahlreichen Freizeiteinrichtungen eine der größten Malls der Südhalbkugel. Klar, dass hier neben lokalen Produkten auch alle großen Markenartikler vertreten sind.

Der Pavilion (N3, Westville, Tel. 031 275 98 00; www.thepav.co.za) ist ein riesiger Einkaufsmarkt und vor allem bei indischen Familien sehr beliebt.

Das Musgrave Centre (115 Musgrave Road, Berea, Tel. 031 201 51 29; www. musgravecentre.co.za) wartet mit Edelboutiquen sowie einem Sonntagsmarkt für Kunsthandwerk und Kuriositäten auf dem Parkplatz auf.

Im Herzen der Stadt kann man im Workshop (99 Samora Machel Street, Tel. 031 304 98 94; www.theworkshop centre. co.za) in Dutzenden Geschäften günstig einkaufen und an Imbissbuden indische Snacks kosten. Untergebracht ist das Shoppingcenter in einem restaurierten Industriegebäude aus dem Jahr 1860, in dem früher Eisenbahnen repariert wurden. Wie die meisten Einkaufsriesen hat auch dieser ein Multiplex, das die neuesten Mainstreamfilme zeigt.

Im Valley of 1000 Hills außerhalb des Stadtzentrums gibt es viele (Kunst-)Handwerksläden und Einrichtungshäuser.

Durban wartet mit etlichen Märkten auf, der bedeutendste ist der Victoria Street Market (155 Victoria Street, Tel. 031 306 40 21). Auf diesem indischen Markt herrscht reges Treiben und die Düfte von Räucherstäbchen, Currys und Gewürzen vermischen sich mit den Gerüchen vom Fischmarkt nebenan. Die zahlreichen Stände bieten ein Allerlei von Schickem bis Plunder, beispielsweise Saris, Messingware und Modeschmuck.

Beim Warwick Triangle, gleich neben dem Victoria Street Market, befindet sich der Muti Market, den man allerdings besser mit einem verlässlichen Guide besuchen sollte, um nicht übers Ohr gehauen oder eine allzu leichte Beute für die auf arglose Besucher lauernden Taschendiebe zu werden. Dieses berücksichtigt, kann es

Auf dem indisch geprägten Victoria Street Market in Durban findet man Gewürze aller Art.

durchaus ein wunderbares Erlebnis sein, dem Treiben zuzusehen, bei dem traditionelle Heiler streng riechende Mixturen aus einheimischen Kräutern und Pflanzen, Baumrinden, Schlangenhäuten, Vogelflügeln, Delfinschädeln und Affenpfoten feilbieten.

Afrikanisches Kunsthandwerk sowie allerlei an Kuriositäten finden Sie auf dem Amphitheatre Flohmarkt, der an jedem Sonntag an der Ecke von Old Fort Road und Snell Parade am North Beach stattfindet (So 9–16 Uhr, Tel. 031 013200).

Im BAT Centre gibt es neben Kunstateliers, Theater- und Musikbühnen auch Lokale, in denen man sich entspannen kann.

Der besonders bei Familien mit Kindern sehr beliebte Essenwood Craft Market befindet sich im Stadtviertel Berea auf der Essenwood Road und wird jeden Samstag abgehalten (Sa 9–14 Uhr, Tel. 081 370 7577). Es gibt sehr viel Kunsthandwerk, und auch Farmer verkaufen hier ihre frischen landwirtschaftlichen Produkte, während die Kinder auf dem Spielplatz, der gleich nebenan liegt, immer im Blickwinkel der Eltern sind.

Westlich von Durbans Zentrum ist der Shongweni Farmer's & Craft Market (Mr551 Road, Outer West Durban, Tel 083 777 4686; www.shongwenimarket.co.za; Sa 6–11.30 Uhr) ein typischer Markt für den landwirtschaftlichen Direktverkauf aus der näheren Umgebung. An den Ständen werden frische Lebensmittel direkt vom Bauernhof angeboten, beispielsweise Kuchen, Brot und Marmeladen.

Für zeitgenössische südafrikanische Kunst lohnen sich die Kunstateliers im BAT Centre (Victoria Embankment, Tel 031 3320451; www.batcentre.co.za). Werfen Sie einen Blick auf die Perlenarbeiten und den Schmuck der Zulu sowie die Flechtwaren, Holzschnitzereien, Trommeln und Specksteinskulpturen aus Simbabwe.

MIDLANDS UND UKHAHLAMBA-DRAKENSBERG

Zahlreiche Städte in der Region um die Battlefields und am Fuß der Drakensberge warten mit Kunst und Kunsthandwerk auf. Die berühmteste Route durch diese Landschaft ist Midlands Meander (Tel. 033 330 8195; www.midlandsmeander.co.za). Sie erstreckt sich mehr als 80 km über die Landstraßen zwischen Pietermaritzburg und Mooi River. Es gibt zahlreiche Geschäfte und Galerien mit einem großen Spektrum an Kunsthandwerk, Töpfer- und Lederwaren, Möbeln, Schmiedearbeiten, Käse und selbst gebrautem Bier. Es sind hier auch viele gute Restaurants und Unterkünfte vorhanden.

Einen Besuch wert ist auch das rund 13 km westlich von Winterton im zentralen Bergland an der R600 gelegene Thokozisa Village (Tel. 036 488 1207; www.cdic.co.za/thokozisa.htm), wo Sie neben Souvenirs und Kunst auch wunderbare Delikatessen einkaufen können.

Ebenfalls besuchenswert ist das Rorke's Drift Arts and Crafts Centre, welches sich neben dem Museum auf dem Schlachtfeld, etwa 42 km südöstlich von Dundee (Tel. 0316 421627; www.centre-rorkesdrift.com) befindet. Es hat sich auf handgewebte Wandteppiche, Töpferprodukte und Siebdruck spezialisiert.

Wohin zum ... Ausgehen?

KINO UND THEATER

Große Kinokomplexe finden Sie häufig in den Shopping Malls. Allein Durbans Gateway Mall hat mehr als ein Dutzend Kinoleinwände, des Weiteren eine Kletterwand, einen Skatepark und einen künstlich angelegten Wellenpool für Surfer. Das Theaterprunkstück in Durban ist das Playhouse (231 Anton Lembede Street, Tel. 031 369 9555; www.playhousecompany.com) – hier können Sie auch eine Führung hinter die Kulissen mitmachen. Das Elizabeth Sneddon Theatre (Mazisi Kunene Rd, Glenwood, Durban, www.sneddontheat re.co. za) gehört zur Universität und zeigt ein buntes Programm aus Kabarett und Dramen. Weitere Theater bieten von Jazzmusik bis Laienstücke einfach alles, dazu gehören das BAT Centre (Victoria Embankment, Tel. 031 332 04 51; www.batcentre. co.za) und das Catalina Theatre (Wilson's Wharf, Victoria Embankment, Tel. 031 837 59 99). Im Rhumbelow Theatre (Cunningham Avenue, Umbilo, Tel. 031 205 76 02; www.rhumbelow.za.net) finden regelmäßig Varietéveranstaltungen statt; außerdem gibt es eine Bar, und vor der Show kann gepicknickt werden.

NACHTLEBEN

Durbans glitzernde Casinowelt bietet viele Unterhaltungsmöglichkeiten. Das Sibaya Casino (1 Sibaya Road, Umhlanga, Tel. 031 580 50 00; www.suninternational.com/sibaya) beherbergt ein Theater und eine Showbar. Strand, Promenade, Kino, Wasserrutschen, Restaurants und Bars gibt's im Suncoast Casino (Marine Parade, Tel. 031 328 30 00; www.tsogosun.com). Ausgehfreudige sind in der Florida Road, Morningside, oder Musgrave Road, Berea, gut aufgehoben. Das Jazzy Rainbow (93 Smiso Nkwanyana, Morningside, Tel. 031 303 83 98) lohnt sich für Livejazz-Events. Sein Namensvetter Rainbow Restaurant (23 Stanfield Lane, Tel. 031 702 91 61, www.therainbow.co.za) ist ebenfalls dem Jazz verpflichtet und eine Traditionsadresse. Einen Drink zu Reggae- oder karibischer Musik können Sie im Cool Runnings genießen (49 Milne Street, Tel. 084 701 69 12). In Pietermaritzburg präsentiert La Casa (5 Quarry Road, Tel. 082 873 73 72) Dienstag und Freitag angesagte Bands.

In den Bars und Clubs von Durban wird ausgelassen getanzt und gefeiert.

Blick über das FNB-Stadion auf die sich am
Horizont erhebende Skyline Johannesburgs

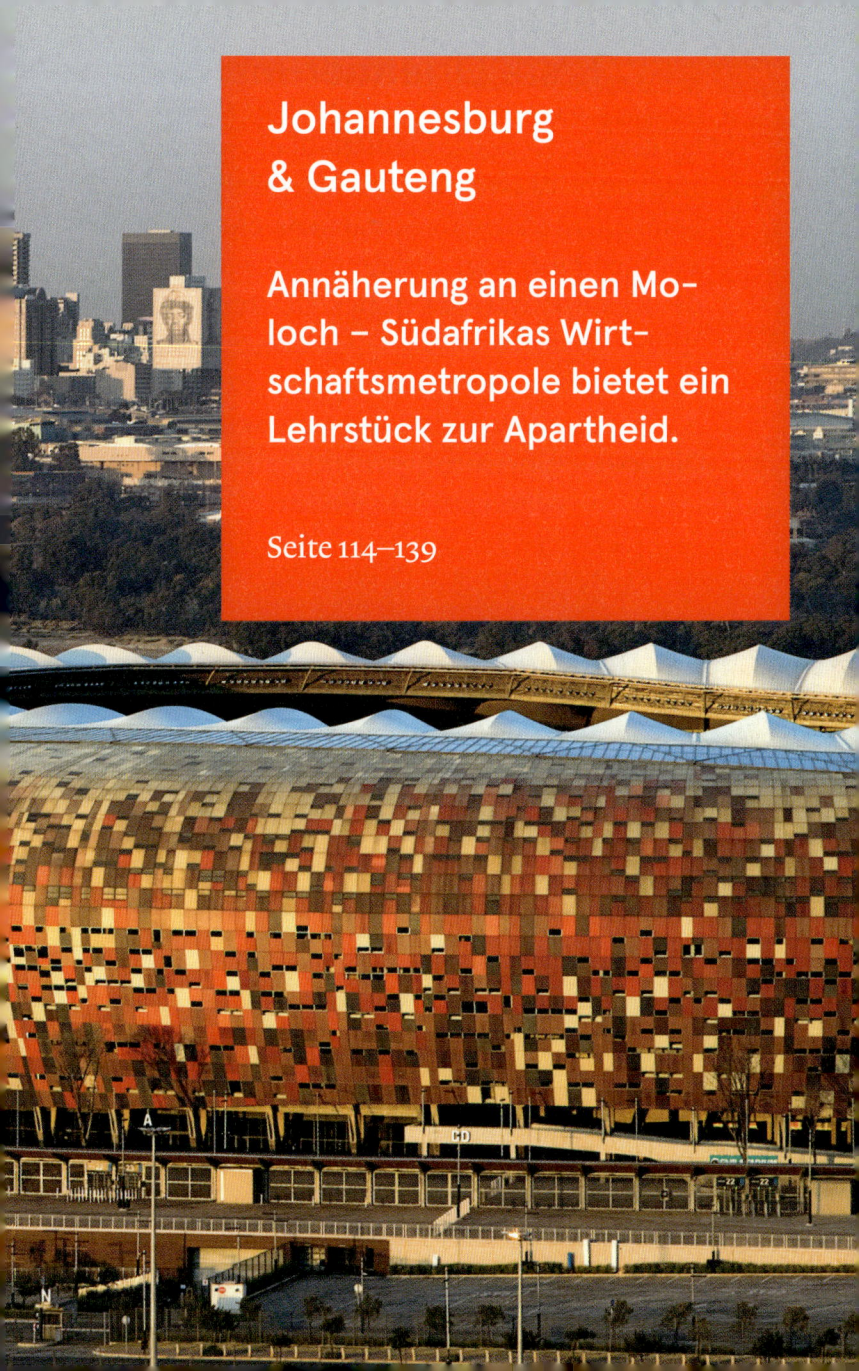

Johannesburg & Gauteng

Annäherung an einen Moloch – Südafrikas Wirtschaftsmetropole bietet ein Lehrstück zur Apartheid.

Seite 114–139

Erste Orientierung

Gauteng ist zwar die kleinste, aber – da einstmals auf Goldvorkommen errichtet – auch die reichste Provinz Südafrikas. Noch vor wenigen Jahren war Johannesburg ein Hort der Kriminalität; Bewohner, Geschäfte und Büros zogen deshalb in die Vororte. Dann begann die Stadtverwaltung, das Zentrum zu restrukturieren und sicherer zu machen. Die ersten Einrichtungen und Betriebe sind schon zurückgekehrt.

Mit einem Großraum von etwa 500 Vorstädten, die sich auf über 1300 km² erstrecken, bildet Johannesburg das Zentrum der flächenmäßig größten, wenn auch nicht der bevölkerungsreichsten (ca. 4,4 Mio. Einwohner) Metropolregion des südlichen Afrika. Der N1 Highway und die Bahnlinie Gautrain verbinden Johannesburg mit der Landeshauptstadt Pretoria 50 km weiter nördlich. Johannesburgs City Centre prägen Hochhäuser, die Township Soweto spielte eine wichtige Rolle im Kampf gegen die Apartheid. Die meisten Hotels, Toprestaurants, Einkaufsmalls, funkelnden Vergnügungszentren und hübschen Parks sowie der Johannesburger Zoo liegen in den reizvollen, grünen Vororten im Norden.

TOP 10
8 ★★ Pretoria
9 ★★ Soweto

Nicht verpassen!
34 Johannesburg

Nach Lust und Laune!
35 Lion Park
36 Cradle of Humankind
37 Lesedi Cultural Village
38 Cullinan Diamond Mine
39 Tswaing Crater

39 Tswaing Crater

38 Cullinan Diamond Mine

8 Pretoria

GAUTENG

37 Lesedi Cultural Village

36 Cradle of Humankind

35 Lion Park

Tambisa

Krugersdorp

Kempton Park

•Johannesburg

34 City Centre

Germiston

Boksburg

Westonaria

9 Soweto

Alberton

Brakpan

Springs

Lenasia

Ennerdale

Nigel

Walkerville

Heidelberg

•Mayerton

Sebokeng

Vanderbijlpark

50 km

30 mi

Mein Tag
im Schatten
der Apartheid

Auch wenn die Apartheidsgesetze heute nicht mehr den Alltag der Südafrikaner bestimmen – vergessen sind sie nicht, und überwunden, so bedauerlich es ist, ebenfalls nicht. Johannesburg ist der richtige Ort, um sich mit Vergangenheit und Gegenwart Südafrikas auseinanderzusetzen. Die Township-Tour, den Tisch im Restaurant und einen Platz im Jazz-Club sollten Sie vorbuchen.

8 Uhr: Umsichtig per Fahrrad

Ein frühes Frühstück steht an, denn bereits um 9 Uhr werden Sie im Hotel Once in Joburg (90 De Korte Street, Tel. 087 057 26 38, https://once.travel/cities/joburg/) in Braamfontein abgeholt und per Shuttle nach Soweto gebracht (www.sowetobackpackers.com, 2 Std. 515 R). Bevor Sie mit dem Rad zur Erkundung Sowetos starten, gibt der Guide von Soweto Back-

packers die Fahrradhelme aus und erläutert, worauf Sie achten sollten. Soweto ist eine Großstadt mit Großstadtverkehr, also nicht nur gucken, sondern aufpassen!

10 Uhr: Sightseeing in der Township – geht das?

Erste Station ist ein ehemaliges Wohnheim für Wanderarbeiter, dessen beengte Verhältnisse einfach nur erschütternd sind. Dann be-

12 Uhr: Ambivalente Gefühle

8 Uhr: Umsichtig per Fahrrad

HILLBROW

Start/Ende

M1   The Orbit

8 Uhr

Once in Johannesburg

MYFAIR

JOHANNESBURG

MARSHALLTOWN

M3

12 Uhr

Lebo's Restaurant

Hector Pieterson Memorial

ANDO

LA ROCHELLE

Nelson Mandelas Wohnhaus

SOWETO

ORLANDO EAST

10 Uhr

M70

Apartheid Museum

14.30 Uhr

12

12

2 km

2 mi

14.30 Uhr: Die Geschichte eines mutigen Kampfes

10 Uhr: Sightseeing in der Township – geht das?

Am Hextor Pieterson Memorial: ein Bild, das um die Welt ging – Schüleraufstand in Soweto 1976

sucht die Gruppe das Hector Pieterson Memorial, das an den Aufstand 1976 in Soweto erinnert, bei dem neben anderen Schülern auch der 12-jährige Hector Pieterson erschossen wurde. Das führte zur Verurteilung des Apartheidsregimes durch die UN. Keine Soweto-Tour ohne Nelson Mandelas Wohnhaus in der Vilakazi Street – auch Sie radeln an der bescheidenen Bleibe des ersten frei gewählten Präsidenten vorbei. Wenige Blocks weiter lebte Desmond Tutu – zwei Friedensnobelpreisträger in einer Straße!

12 Uhr: Ambivalente Gefühle
Später besucht man einen Markt und eine *sheebeen*, eine Township-Kneipe, mit selbst gebrautem Bier beschließt die Tour. Derart gestärkt zieht die Gruppe weiter zum Mittagessen in Lebo's Restaurant mit typischen Gerichten wie Curry oder Pap, Maisbrei. Danach werden Sie nach Johannesburg zurückgefahren und haben Zeit, Ihre Eindrücke zu sortieren. Was ist Soweto? Wie geht es den Leuten, die dort leben? Bitteres Elend haben Sie nicht gesehen, aber auch kaum Weiße. Die Apartheid lebt indirekt fort.

14.30 Uhr: Die Geschichte eines mutigen Kampfes
Der Besuch im Apartheid Museum (www.apartheidmuseum.org) fängt schon mal gut an. Das Ticket be-

14.30 Uhr

12 Uhr

Rechts oben: im Apartheid
Museum
Rechts unten: Alltag auf
einem Markt in Soweto

stimmt, ob sie es als »Weißer«
durch den Haupteingang oder als
»Farbiger« durch eine deutlich
schäbigere Türe betreten dürfen.
Drinnen brauchen Sie gute Nerven
– nicht in jeder der didaktisch wirklich toll aufgemachten Abteilun-
gen, aber immer wieder landen Exponate oder Installationen einen
direkten Schlag in die moralische
Magengrube. Zum Beispiel die
Henkerstricke, an denen Widerstandskämpfer hingerichtet wurden. Oder die Filmaufnahmen von
protestierenden Soweto-Schülern
und brutal prügelnden Polizisten.

18 Uhr: Beschwingt in die Nacht

Heute gibt es ein frühes Abendessen im The Orbit Bistro (81 De Korte
St., Tel. 011 339 66 45, www.the
orbit.co.za) mit afro-europäischer
Fusionsküche, denn bereits um
20 Uhr beginnt im gleichen Haus
die Jam-Session. Im The Orbit Jazz
Club (Eintritt je nach Band um
120 R) treten die Größen der Town-
ship-Jazz-Szene auf. Lassen Sie sich
mitreißen! Um Ihre Sicherheit für
den Rückweg müssen Sie sich keine
Sorgen machen – das Hotel liegt
schräg gegenüber.

❽ ★★ Pretoria

Warum?	Südafrikas charmante Verwaltungshauptstadt
Was?	Kolonialarchitektur, Parks und interessante Museen
Wie lange?	Ein bis zwei Tage
Wann?	Im November liegt die Stadt unter dem blauen Blütenschleier von über 50 000 Jacaranden-Bäumen
Was noch?	Nostalgische Kaffeepause im Café Riche
Was nehme ich mit?	Den Duft der Jacarandablüten

Der Tshwane-Church Square mit dem Paul-Kruger-Denkmal von Anton van Wouw

Die Hauptstadt Südafrikas schmücken prächtige Jacaranda-Alleen, imposante Regierungsgebäude und historische Sehenswürdigkeiten aus der Voortrekker-Zeit. Ein von einem Grüngürtel begleitetes Siedlungsband entlang der N1 verbindet Pretoria mit dem 50 km südlich gelegenen Johannesburg. Dieses Ballungsgebiet dürfte wohl in den nächsten Jahren zu einer Mega-City verschmelzen.

Nach der Übernahme der Kapkolonie durch die Briten zogen die Buren mit ihren Ochsenkarren ins Landesinnere. Auf der Suche nach neuem Land ließen sich viele in der Region des heutigen Pretoria nieder, wo sie 1854 die erste Kirche bauten, Straßen anlegten und die Siedlung im Jahr 1860 zur offiziellen Hauptstadt der unabhängigen Burenrepublik Transvaal erklärten. Benannt wurde Pretoria nach dem Voortrekker-Führer Andries Pretorius (1798–1853).

Nach dem Krieg der Briten gegen die Buren fiel die Stadt in die Hände der Engländer und wurde Hauptstadt der 1910 gegründeten Südafrikanischen Union. Kurz darauf entstanden nach Entwürfen des Architekten Sir Herbert Baker in Arcadia, östlich des Zentrums, die eindrucksvollen Union Buildings. In diesem rund 275 m langen, auf einem Hügel thronenden Gebäudekomplex hielt der dort vereidigte Nelson Mandela 1994 seine erste Rede als Präsident der Republik Südafrika. Bei einem Besuch (die Gebäude selbst sind

nicht zugänglich) können Sie durch die gepflegten Gärten flanieren und den Blick auf die Stadt genießen. Das Pretoria Art Museum im Arcadia Park südlich der Union Buildings zeigt Werke südafrikanischer Künstler wie Pierneef, F. Oerder und Anton van Wouw sowie eine Sammlung mit alten holländischen und flämischen Gemälden. In der Nähe beginnen die 80 ha großen National Zoological Gardens, in denen über 2500 Tiere zu Hause sind. Über das Zooareal führt auch eine Drahtseilbahn. Mit gemieteten Golfmobilen können Sie das Gelände erkunden und an Picknickplätzen entlang der 6 km langen Wanderwege eine Rast machen.

Hauptachse der Stadt ist die 26 km lange Church Street. Unterbrochen wird sie vom Church Square, jenem Platz, an

Die Innenstadt von Pretoria erwacht nach Jahren des Niedergangs zu neuem Leben.

dem sich die erste Siedlung entwickelte. Ihn säumen bedeutende Bauten, im Norden der <u>Justizpalast</u> und das von Herbert Baker entworfene Gebäude der <u>South Africa Reserve Bank</u>, im Süden der im Neorenaissance-Stil gehaltene Republikeinse Raadsaal, der ehema-

Oben: das historische Melrose House mit Blick auf den Burgers Park
Unten links: Walskelett vor dem Eingang zum National Museum of Natural History
Unten rechts: Eine Jacaranda-Allee in voller Blüte

lige Regierungssitz. Im hübschen <u>Café Riche</u> (www.facebook. com/churchsquare.co.za) kann man ausgesprochen angenehm Rast machen und den Füßen eine Pause gönnen. Das <u>Kruger Museum</u> an der Church Street diente einst dem Präsidenten Paul Kruger als prachtvolle Residenz.

Das <u>National Museum of Natural History</u> gegenüber dem Rathaus (Paul Kruger Street) beherbergt eine Sammlung präparierter Säugetiere, Amphibien und Fossilien sowie geologische und archäologische Funde, darunter auch die Reste von »Mrs. Ples« – des Australopithecus africanus aus den zum Welterbe der UNESCO gehörenden Sterkfontein Caves (Cradle of Humankind, S. 132). Gegenüber geht es weiter zum <u>Melrose House</u>, wo 1902 die Buren und Briten den Friedensvertrag von Vereeniging unterzeichneten. Das Haus war während des Kriegs (1899–1902) britisches Hauptquartier und zeigt sich heute als elegantes, im viktorianischen Stil gehaltenes Stadthaus, auf dessen schönem Grundstück gelegentlich Kunsthandwerksmärkte und klassische Konzerte veranstaltet werden.

Südlich der Stadt erheben sich zwei dominante Bauten: der unübersehbare Betonriese UNISA – größte Universität Südafrikas – sowie der fast bedrohlich wirkende Granitgigant des <u>Voortrekker Monument</u> auf dem Monument Hill. Erbaut 1949, erinnert es an den Großen Treck und die burischen Kriege in der ersten Hälfte des 19. Jh.s. Im Innern beschreibt ein Fries aus 27 Marmorreliefs die Ereignisse des Großen Trecks. Ein Granitkenotaph, auf dem die Worte »Wir für dich, Südafrika« eingemeißelt sind, ist so positioniert, dass am 16. Dezember um 12 Uhr das Sonnenlicht durch eine Öffnung im Monument diese Inschrift anstrahlt. An jenem Tag 1838 besiegten die Buren in der Schlacht am Blood River die Zulu. Unter der Apartheid-Regierung wurde dieser Tag zum gesetzlichen Feiertag, dem Gelöbnistag, erhoben. Der 16. Dezember ist als Feiertag erhalten geblieben, doch wird er heute als Tag der Versöhnung gefeiert.

KLEINE PAUSE

Im reizenden Teegarten des **Melrose House** können Sie kleine Erfrischungen genießen und danach im Gift Shop Mitbringsel für die zu Hause Gebliebenen einkaufen.

✛ 228 C3

Tshwane Tourist Information Centre
✉ Church St.,
Old Nederlandsche Bank Building
☎ 012 358 14 30
⊕ www.gopretoria.co.za
⊕ www.tshwanetourism.com ◑ Mo–Fr 9–17, Sa 9–13 Uhr

Pretoria Art Museum
✉ Arcadia Park
☎ 012 358 67 50 ◑ Di–So 10–17 Uhr ⬗ 22 R

National Zoological Gardens of South Africa
✉ 232 Boom Street
☎ 012 339 27 00
⊕ www.nzg.ac.za
◑ tägl. 8.30–17.30 Uhr ⬗ 110 R

Kruger Museum
✉ 60 WF Nkomo Street
☎ 012 492 57 46
⊕ www.ditsong.org.za
◑ Di–Sa 8.30–16.30, So ab 9 Uhr ⬗ 65 R

National Museum of Natural History
✉ 32 Paul Kruger Street
☎ 012 322 76 32

⊕ www.ditsong.org.za
◑ tägl. 8–16 Uhr ⬗ 35 R

Melrose House
✉ 275 Jeff Masemola St. (Eingang 280 Scheiding Street)
☎ 012 322 28 05
◑ Di–So 10–17 Uhr ⬗ 25 R

Voortrekker Monument
✉ Eeufees Road
☎ 012 326 67 70
⊕ www.vtm.org.za
◑ Sept.–April 8–18, sonst 8–17 Uhr
⬗ 80 R (+15 R Geländezutritt)

❾ ★★ Soweto

Warum?	Das unverstellte Gesicht der Apartheid
Was?	Johannesburgs Township ist eine eigene Großstadt
Wie lange?	Ein halber bis ein Tag
Wann?	Nicht abends oder nachts
Was noch?	Besuch einer Shebeen
Was nehme ich mit?	Einen »bucket hat« vom Streetlife-Label Thesis

Soweto – der Name ist eine Abkürzung für »South Western Township« – beginnt 15 km südwestlich des Zentrums von Johannesburg. 1976 geriet es in die internationalen Schlagzeilen, als Schüler gegen die Einführung von Afrikaans als Unterrichtssprache protestierten und damit eine landesweite Welle des Widerstands auslösten.

Mit geschätzten 1,3 bis 2 Mio. Einwohnern, fast ausschließlich Schwarzen und Farbigen, ist Soweto heute die größte Township Südafrikas – ein endlos erscheinendes Meer von kleinen Schachtelhäuschen mit zwei oder drei Zimmern, Küche und

Auch im heutigen Soweto gilt der Satz von Mahatma Gandhi: »Wenn wir wahren Frieden in der Welt erlangen wollen, müssen wir bei den Kindern anfangen.«

Bad. Weniger Privilegierte wohnen in Wellblechhütten. Auf engem Raum sind hier die verschiedenen schwarzen Völker Südafrikas vereint, wobei die Zulu mit etwa 33 Prozent den größten Anteil stellen. Inzwischen sind Zeichen der Veränderung deutlich: Es gibt gepflegte Straßen mit hübschen Häusern und einen Golfplatz. Zwar wurden Hunderte von Kindergärten und Schulen gebaut, doch sind es immer noch viel zu wenige, und das einzige Krankenhaus ist das riesige Chris Hani Baragwanath Hospital. Wie im ganzen Land verschiebt sich die gesellschaftliche Kluft zwischen Weiß und Schwarz zu der zwischen Reich und Arm. Arbeitsplätze gibt es in Soweto fast keine, die große Mehrheit der Beschäftig-

Soweto ist aus rund 50 kleineren Siedlungen zu einer riesigen Vorstadt zusammengewachsen.

ten pendelt nach Johannesburg. Ein Großteil Sowetos wird mit Strom versorgt, einige Straßen sind asphaltiert, doch die Unterversorgung mit sanitärer Infrastruktur ist eklatant.

Dennoch avancierte Soweto als Symbol der glücklich überwundenen Apartheid zur touristischen Attraktion. Über 1000 Besucher werden täglich von Unternehmen in Bussen, zu Fuß oder per Rad durch Soweto geleitet. Das Programm umfasst meist eine Besichtigung des Museums im Mandela House, das Hector Pieterson Memorial and Museum und die katholische Kirche Regina Mundi. Wer Soweto näher kennenlernen will, kann in Pensionen und Privatunterkünften übernachten, vom einfachen B & B bis zur 5-Sterne-Pension. Allein sollte man nicht hierher kommen, weil man sich in diesem Straßengewirr nicht gut zurechtfindet; die Gefahr, Opfer krimineller Übergriffe zu werden, ist tagsüber hingegen recht gering.

KLEINE PAUSE
Wählen Sie eine Tour inklusive Mittagessen im **Wandie's Place** (618 Makhalamele Street, Dube, Tel. 081 420 60 51; www.wandies.co.za), das Township-Gerichte serviert.

✝ 228 C3

Soweto Tourism
✉ Walter Sisulu Square, Kliptown
☎ 011 342 43 16
🕐 Mo–Fr 8–17 Uhr

Mandela House
✉ Ngakane Street, Orlando
☎ 011 936 77 54
🌐 www.mandelahouse. com 🕐 tägl. 9–17 Uhr
🎫 60 R

Hector Pieterson Memorial and Museum
✉ 8287 Khumalo Street/ Orlando, West Soweto
☎ 011 536 06 11 🕐 Mo–Sa 10–17, So 10–16 Uhr
🎫 30 R

㉞ Johannesburg

Warum?	Kaum eine Stadt vermittelt so intensiv Depression, Aufbruch und Vision des neuen Südafrika
Was?	Märkte, Kulturprojekte und das Apartheid Museum
Wie lange?	Ein bis zwei Tage
Wann?	Nicht abends oder nachts
Was noch?	Ein glitzernder Aussichtsturm
Was nehme ich mit?	Staunen über die rasante Entwicklung der südafrikanischen Gesellschaft

Johannesburg, für die einheimischen Weißen einfach »Jo'burg«, für die Schwarzen »eGoli« (»Ort des Goldes«), ist eine der größten Städte Afrikas. Trotz der Probleme, die auch nach dem Ende der Apartheid weiter existieren – am eindrücklichsten ist das »afrikanische Südafrika« in Johannesburg zu erleben.

Auf dem Highveld wächst die Metropole mit Pretoria im Norden und Vanderbijlpark und Vereeniging im Süden zusammen. Gemeinsam bilden sie die Provinz Gauteng, die nur zwei Prozent des Staatsgebiets Südafrikas umfasst, aber 22 Prozent der Gesamtbevölkerung. Die architektonischen Reize der Metropole halten sich allerdings in Grenzen; sie erinnert mit ihren Hochhäusern an US-amerikanische Großstädte. Vorsicht ist überall in Johannesburg geboten, aber wenn man ein paar Regeln beachtet, muss sich nicht unsicherer fühlen als in anderen Großstädten der Welt. Also: keine Wertgegenstände mitführen, nicht in einsamen Nebenstraßen parken, und am besten lässt man sich von Einheimischen führen (Touren: Imbizo Tours, Tel. 011 838 2667; http://imbizotours.co.za, und Moafrika Tours, Tel. 072 783 97 87, www.sowetotour.co.za). Absolut meiden sollten Besucher die Stadtviertel Hillbrow und Yeoville.

Wo Jo'burg pulsiert
Im Stadtteil Newtown aber, östlich der M1 rund um den zentralen Mary Fitzgerald Square, finden sich Cafés, Galerien, Flohmärkte und Musikclubs. An der Bree Street kann man

heute den Market Theatre Complex mit drei Bühnen und einem Kunsthandwerksmarkt bewundern. In westlicher Richtung weiter zur M1 stößt man auf das über die Geschichte der Stadt informierende Museum Africa. Sehenswert ist auch das Worker's Museum an der Jeppe Street beim Newtown Park, dessen Sammlung sich den Wanderarbeitern widmet, die in den Goldminen arbeiteten. Östlich des Parks informiert die zur Brauereigruppe South African Breweries gehörende World of Beer über den auch in Südafrika gern getrunkenen Gerstensaft und gibt im Glashaus Einblick in dessen Herstellung. Auch eine für Townships typische Hinterzimmerkneipe, »Shebeen« genannt, kann hier als Nachbau besichtigt werden.

An der Diagonal Street liegt das Museum of Man and Science. Anders, als der Name vermuten lässt, handelt es sich dabei nicht um ein Museum, sondern um einen Shop, der von Pflanzen bis hin zu tierischen Körperteilen allerlei Utensilien an traditionelle afrikanische Heiler verkauft.

Im Norden von Newtown überspannt die 284 m lange Nelson Mandela Bridge 42 Bahngleise als nicht zu übersehendes Zeichen des Aufbruchs nach dem Ende der Apartheid. Über sie kommt man in den Stadtteil Braamfontein mit dem Constitutional Hill: Hier findet man den ehemals berüchtigten Gefängniskomplex Old Fort, in dem einst

Panoramablick vom Carlton Centre

Schwarze in überfüllten und schmutzigen Zellen interniert waren. Heute informiert ein Museum über die bekanntesten Insassen wie Nelson Mandela oder Mahatma Gandhi. Nebenan steht das Gebäude des Constitutional Court (223 m): Ein Aufzug befördert Besucher in den 50. Stock des Carlton Centre. Das Top of Africa bietet hier eine fantastische Sicht auf die geschäftige Stadt.

Der Vergnügungskomplex Gold Reef City wurde über dem 3293 m tiefen Schacht Number 14, der von 1897 bis zur Schließung 1971 1,4 Mio. kg Gold zutage förderte, errichtet. Eine Fahrt in den Schacht gibt einen Eindruck von den Arbeitsbedingungen der Goldgräber. Über dem Bergwerk hat man die alte Goldgräberstadt rekonstruiert. Straßentänzer und Achterbahnen im angrenzenden Erlebnispark sorgen für Action & Fun. Unbedingt sehenswert ist das Apartheid Museum, vor dem sieben Stelen für die Grundwerte der südafrikanischen Verfassung stehen: Demokratie, Gleichheit, Versöhnung, Vielfalt, Verantwortung, Respekt und Freiheit.

KLEINE PAUSE

Gönnen Sie sich eine Erfrischung in einem Café-Restaurant der **Newton Junction Mall** nördlich des Museum Africa.

✛ 228 C3

Johannesburg Tourism
✉ Park City Transit Centre, J'burg Station (Corner Rissik u. Wolmarans St.), 1st Fl.
☎ 011 338 50 54 ⊕ www.joburgtourism.com
◐ Mo–Fr 8–17 Uhr

Museum Africa
✉ 121 Lilian Ngoyi St.
☎ 011 833 56 24 ◐ Di–So 9–17 Uhr
✦ frei

Workers' Museum
✉ 52 Rahima Moosa St.
☎ 011 492 06 00 ◐ Di–So 9–16.30 Uhr ✦ frei

World of Beer
✉ 15 Helen Joseph St.
☎ 011 836 49 00 ⊕ www.worldofbeer.co.za
◐ tägl. 10–18 Uhr, Führungen zu jeder vollen Stunde ✦ 125 R

Museum of Man and Science
✉ 14 Diagonal St.
☎ 011 836 44 70 ◐ Mo–Fr 8–17, Sa 8–13 Uhr
✦ frei

Constitutional Hill
✉ 1 Kotze St.
☎ 011 381 31 00
⊕ www.constitutionhill.org.za ◐ tägl. 9–17 Uhr
✦ 65–85 R

Top of Africa
✉ Carlton Centre, 150 Commissioner St.
☎ 011 308 13 31
◐ Mo–Fr 9–18, Sa 9–17, So 9–14 Uhr ✦ 15 R

Gold Reef City
✉ Northern Parkway, Ormonde
☎ 011 248 68 00
⊕ www.goldreefcity.co.za
◐ Mi–So 9.30–18 Uhr
✦ 210 R, Kinder 130 R

Apartheid Museum
✉ Northern Parkway, Ormonde
☎ 011 309 47 00 ⊕ www.apartheidmuseum.org
◐ tägl. 9–17 Uhr ✦ 85 R

Begegnung mit Mrs. Ples

Cradle of Humankind, Wiege der Menschheit – was für ein Versprechen! Der mit Gras
bewachsene Tumulus des Besucherzentrums
(s. S. 132) ist wirklich imposant; schade nur,
dass die Ausstellung darin den Eindruck eines
Vergnügungsparks erweckt. Schifffahrt durch
die Menschheitsgeschichte: Nebelschwaden,
Vulkanausbrüche, Trockeneis … dann kommt
endlich die Stunde Null, The Original Fossil
Display. Wir stehen vor menschlichen Fossilien,
die bis zu drei Millionen Jahre alt sind. Vielleicht sogar vor dem Schädel von Mrs. Ples!
Blick mir in die Augen, Ur-Ur-Urgroßmutter!

Nach Lust und Laune!

Die Höhlen von Sterkfontein sind eine bedeutende Fundstelle fossiler Hominiden.

35 Lion Park

Ein beliebtes Ausflugsziel ist der Löwenpark, 23 km nördlich von Johannesburg (an der R55), mit Restaurant, Einkaufsmöglichkeiten und Spielplatz. Sie können selbst durch den Park fahren, um aus dem Auto heraus die Tiere zu beobachten, oder an einer am Parkplatz startenden Tour teilnehmen.

✈ 228 C3 ✉ M34, nahe Lanseria Airport ☎ 087 150 0100 🌐 www. lion-park.com 🕐 Mo–Fr 8.30–21 Uhr 💰 ab 195 R

36 Cradle of Humankind

Etwa 40 km westlich von Johannesburg brachten Dutzende Ausgrabungsstätten, verteilt auf beinahe 500 km² Fläche, mehr fossile Hominiden zum Vorschein als irgendwo sonst auf der Welt. Deshalb wurden sie von der UNESCO zum Erbe der Welt erklärt. Zu den Ausgrabungsstätten gehören die Höhlen von Sterkfontein, Swartkrans, Kromdraai und Umgebung. Im Jahr 1947 kam der Schädel eines *Australopithecus africanus* zum Vorschein, des ersten vorwiegend aufrecht gehenden menschlichen Vorfahren, der bereits vor über 3 Mio. Jahren das südliche Afrika und den Ostafrikanischen Graben bevölkerte. Er war durchschnittlich 150 cm groß, wog zwischen 35 und 60 kg und wurde um die 22 Jahre alt. Das Alter des von den Wissenschaftlern »Mrs. Ples« getauften Schädels wird auf 2,6 Mio. Jahre geschätzt (s. S. 131); 1997 fand man das fast vollständige Skelett eines weiteren Urzeitmenschen (»Little Foot«), der vor 3,5 Mio. Jahren lebte. Funde wie diese gelten als Bestätigung der bereits von Charles Darwin geäußerten Theorie, dass sich der Entwicklungsschritt vom Affen zum Menschen in Afrika vollzogen habe, dass hier also die »Wiege der Menschheit« (www.cradle ofhumankind.co.za) stand.

Unterhaltsam aufbereitet werden naturwissenschaftliche Erkenntnisse wie diese in Maropeng, etwa 10 km nordöstlich von Sterkfontein, in Form einer interaktiven Zeitreise durch die Entwicklungsgeschichte der Welt: Sie beginnt mit einer Bootstour vorbei an Eisbergen, Vulkanen und Nebelschwaden, die Gasbildungen der Erdentstehung demonstrieren sollen, und schlägt einen Bogen zu neuzeitlich relevanten Themen wie Bevölkerungsentwicklung und Globalisierung. Alle Exponate sind interaktiv angelegt, so können Sie u. a. die

Stimmen ausgestorbener Tiere hören oder an einem Display selbst DNA-Bausteine zusammensetzen.

⚓ 228 C3 ✉ Maropeng liegt an der D400 rund 50 km westl. von Johannesburg; Sterkfontein liegt 10 km von der R563 entfernt ☎ 014 577 90 00 🌐 www.maropeng.co.za 🕐 tägl. 9–17 Uhr 🎫 Kombiticket für beide Stätten 190 R

37 Lesedi Cultural Village

Wer sich für das afrikanische Erbe interessiert, der fährt zum Lesedi Cultural Village (an der R512, 12 km nördlich des Flughafens Lanseria), wo Dörfer der Zulu, Xhosa, Pedi und Sotho nachgebaut wurden. Demonstriert werden hier Tanz und Gesang, es gibt ein afrikanisches Mahl, übernachten kann man in komfortablen Hütten, die in Dörfern zusammengefasst sind und jeweils unter einem Thema stehen (Zulu, Xhosa, Nguni, Basotho, Pedi und Ndebele).

⚓ 228 C3 ✉ R512 Richtung Hartbeespoort ☎ 082 524 45 49 🌐 www.aha.co.za/lesedi 🕐 tägl. 7–20.30; Führungen 11.30 u. 16.30 Uhr 🎫 310 R ohne, 575 R mit Lunch

38 Cullinan Diamond Mine

In der Diamantenmine kam im Jahr 1905 der größte Rohdiamant, der 3106,75 Karat schwere, als »Der große Stern von Afrika« bekannte Cullinan-Diamant zutage. König Edward VII. von England erhielt ihn zum 66. Geburtstag. 1908 wurde er in 105 Teile gespalten, der größte schmückt das Zepter der britischen Kronjuwelen. Die Mine ist bis heute in Betrieb. Bei der Besichtigung sieht man das riesige, durch die früheren Grabungen entstandene Loch. Auch mehrstündige Touren zur modernen Mine sind möglich.

⚓ 228 C3 ✉ 30 km östlich von Pretoria entlang der R513; Führungen über Tage: u. a. Premier Diamond Tours ☎ 012 734 00 81 🌐 www.diamondtourscullinan.co.za; Cullinan Tours ☎ 012 734 02 60 🌐 www.cullinan-tours.co.za; Führungen unter Tage: Cullinan Tourism and History, ☎ 012 734 21 70 🌐 www.cullinantourismandhistory.co.za 🎫 Übertagetour (2 Std.) 170 R, Untertagetour (4 Std.) ca. 500 R

39 Tswaing Crater

Die beeindruckendste landschaftliche Attraktion Gautengs ist der 1,4 km breite, 200 m tiefe, vor etwa 220 000 Jahren durch einen Meteoriteneinschlag entstandene Krater, dessen Setswana-Name Tswaing (»Ort des Salzes«) sich auf den Salzsee am Boden bezieht. Der Krater befindet sich geschützt in einem kleinen Naturreservat und kann in ungefähr zwei Stunden zu Fuß umrundet werden.

⚓ 228 C3 ✉ etwa 35 km nördlich von Pretoria an der M35 ☎ 073 6615014 🌐 www.ditsong.org.za 🕐 tägl. 7.30–16 Uhr 🎫 25

Wohin zum ... Übernachten?

Preise für ein Doppelzimmer pro Nacht:
R   unter 1500 Rand
RR   1500–3000 Rand
RRR   über 3000 Rand

JOHANNESBURG

54 on Bath Rosebank RRR
Sie wünschen Luxus in zentraler Lage? Dann sind Sie hier richtig. Das früher als »The Grace in Rosebank« firmierende Hotel liegt nahe der Rosebank Mall. Es verfügt über 73 exklusive Zimmer sowie 3 Suiten. Die Bäder sind mit Marmor gefliest. Von den oberen Zimmern des neunstöckigen Hauses öffnet sich ein wunderbarer Blick auf die City. Fitnessstudio, Bibliothek und ein reizender Garten im englischen Stil auf dem Dach mit beachtlich langem Swimmingpool.
✛ 228 C3 ✉ 54 Bath Avenue, Rosebank ☎ 011 344 85 00 ⊕ www.tsogosun.com

African Pride Melrose Arch RR/RRR
Dieses stilvolle moderne Hotel liegt im Geschäfts-, Wohn- und Einkaufsbezirk Melrose Arch. Die Zimmer haben Designermöbel, Flachbild-Fernseher, DVD-Player und ein tolles Bad (inklusive Badeenten und Kerzen). Eine getäfelte Bibliothek und ein Spitzenrestaurant mit Bar-Tischen im Pool gehören dazu.
✛ 228 C3 ✉ 1 Melrose Square, Melrose ☎ 011 214 66 66 ⊕ http://melrosearch. co.za/hotels

Backpacker's Ritz R
Dieses beste Backpacker-Hostel mit Doppel- und Mehrbettzimmern in Johannesburg ist in einem großen Herrenhaus untergebracht. Gäste können eine Küche nutzen und den Swimmingpool im Garten. Für Freizeitaktivitäten, Ausflüge und Weiterreisemöglichkeiten ist das Reisezentrum ein praktischer Tipp. Nur einen kurzen Fußmarsch entfernt befindet sich das Einkaufszentrum Hyde Park Corner. Das

Ritz organisiert preiswerte Touren mit Fremdenführern aus Soweto.
✛ 228 C3 ✉ 1A North Road, Dunkeld West ☎ 011 325 71 25 ⊕ www.backpackers-ritz. com

De Kuilen Country House R
5-Sterne-Pension mit vier entzückenden Ferienhäuschen im kapholländischen Stil und dem schönen Bed & Breakfast »Tree House« – alle idyllisch in einer großen Gartenanlage gelegen. Ein Experte für französische Speisen serviert 4-Gänge-Menüs auf Silber, Kristall und weißem Leinen. Großes Weinangebot. Diverse Beauty-Behandlungen.
✛ 228 C3 ✉ 26 Glenluce Drive, Sandton ☎ 011 462 46 70 ⊕ www.dekuilen.co.za

Maropeng Boutique Hotel R
Dieses abgelegene, an das Maropeng Visitor Centre angeschlossene Hotel mit insgesamt 24 Zimmern ist eine ruhige Alternative zum lauten Zentrum von Johannesburg. Die großzügigen Zimmer bieten eine schöne Aussicht auf die Bergketten Witwatersrand und Magaliesberg. Es eignet sich auch gut als idealer Ausgangspunkt für längere Ausflüge zu den »Cradles of Humankind« (S. 132).
✛ 228 C3 ✉ an der D400 ungefähr 50 km westlich von Johannesburg ☎ 014 577 91 00 ⊕ www.maropeng.co.za

Michelangelo Towers RRR
5-Sterne-Haus in herrlicher Lage mit Blick auf den Nelson Mandela Square: große Zimmer, elegantes Dekor und ein luxuriöser Service. Hier schlägt man Ihnen abends sogar die Bettdecke auf. Ein beheizter Innenpool und Spa gehören ebenfalls zum Komfort des Hauses.
✛ 228 C3 ✉ 8 Maude Street, Sandton ☎ 011 245 40 00 ⊕ www.legacyhotels.co.za

Pablo House – Melville Guest House R
Hoch gelegenes, günstiges Boutique-Gästehaus in Melville mit herrlichem Rundumblick auf die Stadt. Ganz in der Nähe befinden sich zahlreiche Restaurants, Bars und Shopping-Center. Das Haus

Ten Bompas liegt im Vorort Dunkeld.

verfügt über geräumige, helle und freundliche Zimmer mit hohen Decken.
✝228 C3 ✉3 4th Ave, Melville ☎66 2150993 ⊕http://pablohouse.co.za

The Saxon RRR
Idyllisch auf einer gepflegten Grünfläche in der ländlichen Umgebung der nördlichen Vorstädte Johannesburgs gelegen, verfügt diese todschicke Bleibe über eine luxuriöse Einrichtung mit langem Swimmingpool. Übrigens: Nelson Mandela schrieb hier seine Autobiografie.
✝228 C3 ✉36 Saxon Road, Sandhurst ☎0112926000 ⊕www.saxon.co.za

Ten Bompas RRR
Schickes, freundliches Hotel mit zehn Suiten nahe der Hyde Park Corner Mall. In das moderne Design mischt sich afrikanische Kunst, die Zimmer sind individuell gestaltet. Top-Restaurant und besonderer Zimmerservice, der die Gäste auch mit Keksen und Heißgetränken versorgt.
✝228 C3 ✉10 Bompas Road, Dunkeld West ☎011 3252442 ⊕www.tenbompas.com

PRETORIA

Cricklewood Manor RRR
5-Sterne-Hotel im schattigen Vorort Waterkloof, nur fünf Autominuten vom Zentrum Pretorias entfernt. Moderner Luxus in eleganter Architektur mit schönen grünen Gärten. Ein hervorragendes Restaurant und ein Spa gehören zum Angebot.
✝228 C3 ✉193 Albert Street, Waterkloof ☎012 4608225 ⊕www.cricklewood.co.za

Wohin zum ...
Essen und Trinken?

Preise für ein Zwei-Gänge-Menü (ohne Getränke):

R   unter 200 Rand
RR   200–350 Rand
RRR   über 350 Rand

JOHANNESBURG

Browns of Beverly Hills RR
Das Brown verfügt über eine ausgezeichnete Küche und im Weinkeller ein beeindruckendes Angebot edler Tropfen. An Sonntagen gibt es Lamm vom Drehspieß, ansonsten eine vielfältige Speisekarte (versuchen Sie das Spatchcock Chicken!) und umwerfende Desserts.
✝228 C3 ✉31 Mulbarton Rd, Lonehill, Sandton ☎060 9469975 ⊕www.browns.co.za/ ⊙Mo–Fr 12–22, So–Sa 12–15.30 Uhr

Bukhara RRR
Das Bukhara im Michelangelo Hotel, das sich am Nelson Mandela Square befindet, ist eine Topadresse für indische Küche. Die

Speisen – Tikka Masala, Murgh und verschiedene leckere Tandoori-Variationen – werden jeweils frisch zubereitet und schmecken einfach lecker!
⊹ 228 C3 ✉ Nelson Mandela Square, Sandton ☎ 011 883 55 55 ⊕ www.bukhara.com
❶ Mo–Sa 12–15, 18–23, So 18–22 Uhr

The Butcher Shop and Grill RR–RRR
Appetit auf ein Steak, das Ihnen so richtig auf der Zunge zergeht? Dann sind Sie hier genau richtig. An der Fleischtheke wird das Fleisch nach individuellem Wunsch geschnitten und wunderbar mit verschiedenen Saucen und Gemüsebeilagen angerichtet. Neben Steaks vom Rind sind auch Lamm- und Schweinefleisch sowie Meeresfrüchte im Angebot.
⊹ 228 C3 ✉ Nelson Mandela Square, Sandton ☎ 011 784 86 76 ⊕ www.thebutchershop.co.za
❶ tägl. 12–23 Uhr

Fourno's Bakery R
Frühstück gefällig? Probieren Sie Bagel mit Speck, pochierte Eier und Lachs. Alles kommt frisch aus dem Backofen: Brot, Kuchen, Torten, Quiches und mit Wurst gefüllte Blätterteigröllchen. Außerdem gibt es im Feinkostladen vieles zum Mitnehmen.
⊹ 228 C3 ✉ Dunkeld West Centre, Jan Smuts Avenue ☎ 011 325 21 10
⊕ www.fournos.co.za
❶ Mo–Fr 7–18, Sa 6–18, So 7–15 Uhr

Moyo Melrose Arch RRR
Die extravagante Restaurantkette bietet Gerichte aus ganz Afrika, eine ausgezeichnete Weinkarte und auch Entertainment. Das Personal trägt traditionelle bunte Gewänder, Damen waschen dem Gast die Hände oder tragen ihm ein Henna-Tattoo auf, andere musizieren oder unterhalten mit Zulu- oder Stepptänzen. Das kulinarische Repertoire reicht von marokkanischen Tajine-Gerichten über tunesische Mezze bis zu Currygerichten aus Mosambik und südafrikanischen Fisch- und Meeresfrüchtespeisen. Im Moyo-Shop können Sie Kunsthandwerk erstehen. Eine Reservierung ist empfehlenswert, denn das Moyo ist meist gut besucht.

⊹ 228 C3 ✉ Melrose Square ☎ 011 684 14 77
⊕ www.moyo.co.za ❶ tägl. 11–23 Uhr
Außerdem: ✉ Zoo Lake ☎ 011 646 00 58
❶ Mo–Do 8.30–22, Fr/Sa bis 23 Uhr

Niki's Oasis RR
Niki Sondlo war die Erste, die das Zentrum wiederentdeckt und hier investiert hat – eine tatkräftige Frau! Ihr Jazzcafé und -restaurant ist eine Erfolgsgeschichte, die berühmtesten Musiker treten hier auf, und Niki sagt gerne ein paar Worte zu deren Porträts, die an der Wand hängen. Am Freitagabend wird live gespielt, vorher werden Sandwiches, Grillhühnchen, T-Bone-Steaks oder Burger serviert. Die Gäste rekrutieren sich aus der Kunstszene und der hippen Johannesburger Jugend.
⊹ 228 C3 ✉ 138 Lilian Ngoyi St, Newtown ☎ 011 838 97 33 ❶ tägl. 12–24 Uhr

Trumps Grillhouse and Butchery R–RR
Im Herzen des Vorortes Sandton wähnen sich die Liebhaber von perfekt gereiften Steaks beinahe im siebten Himmel – das Fleisch von ausgezeichneter Qualität kommt aus der eigenen Metzgerei. Und um mögliche Missverständnissen vorzubeugen: Dieses Lokal gibt es unter seinem Namen bereits seit dem Jahr 1994 und ist eine Institution am Mandela Square. Sehr gutes Preis-Leistungs-Verhältnis.
⊹ 228 C3 ✉ Nelson Mandela Square, Sandton ☎ 011 784 23 66 ⊕ www.trumpsgrill. co.za/ ❶ tägl. 11–22 Uhr

PRETORIA

O'Galito RR
Das O'Galito ist berühmt für sein preisgünstiges Meeresfrüchteangebot mit Sardinen, Shrimps, Hummer und Riesengarnelen-Spießen. Sehr zu empfehlen: Austern mit einer schmackhaften Sauce aus Shrimps, Pilzen, Sherry und Parmesan, Hase in Rotweinsauce oder Ochsenschwanz mit Limabohnen.
⊹ 228 C3 ✉ Woodlands Boulevard, Pretoria East ☎ 012 997 41 64 ⊕ www.ogalito.com
❶ tägl. 12–14.30, 18–22 Uhr

Wohin zum ... Einkaufen?

GESCHÄFTE

In den nördlichen Vororten liegt das wohl glanzvollste Einkaufsparadies von Johannesburg, **Sandton City** (Rivonia Road, Sandton, Tel. 011 217 60 00; www.sandton city.com) mit dem angrenzenden Nelson Mandela Square im Piazza-Stil. Hier findet man so gut wie alle weltweit bekannten Marken. Die Restaurants rings um den Platz schaffen eine reizvolle Atmosphäre.

In der **Rosebank Mall** (Cradock Road, Tel. 011 788 55 30; www.rosebankmall.co. za) gibt es eine Reihe sehenswerter Geschäfte. Beachtenswert ist auch der **Rosebank Art & Craft Market** mit viel Schmuck, traditioneller Kleidung und Kunsthandwerk. Bei Maple findet man Antiquitäten. Eine Post und ein Büro von Computicket für die Buchung von Theateraufführungen oder anderen Events gehören ebenfalls zu den über 160 Mietern.

Andere Einkaufszentren sind die weitläufige **Cresta Mall** (Beyers Naude Drive, Northcliff, Tel. 011 678 53 06; www.cresta shopping centre.co.za), **Hyde Park Corner** (Jan Smuts Avenue, Hyde Park, Tel. 011 325 43 40; www.hydeparkcorner.co.za), beliebt für Edelboutiquen und Juwelierläden, oder **Brightwater Commons** (Republic Road, Randburg, Tel. 011 886 06 63; www.brightwatercommons.co.za) mit Geschäften und Läden inmitten schöner Grünanlagen mit Kaskaden.

Liebhaber der südafrikanischen Kunst werden sicherlich in der **Everard Read Gallery** (6 Jellicoe Avenue, Rosebank, Tel. 011 788 48 05; www.everard-read.co. za), **Kim Sacks Gallery** (153 Jan Smuts Avenue, Parkwood, Tel. 011 447 58 04; www.kimsacksgallery.com) oder der nahe gelegenen **Goodman Gallery** (163 Jan Smuts Avenue, Tel. 011 788 11 13; www.good man-gallery.com) fündig.

Für Antiquitäten, Sammlerstücke oder Haushaltswaren eignen sich die Geschäfte an der **Fourth Avenue** in Parkhurst. **Exclusive Books** (www.exclusivebooks.co.za) ist die beste Adresse für Bücher, ihre Filialen sind in allen Einkaufszentren vertreten.

Bei einer Soweto-Führung sollten Sie sich unbedingt den **Thesis Concept Store**

Das riesige und elegante Einkaufszentrum Sandton City ist ein echtes Mega-Einkaufsparadies für eingeschworene »shopaholics«.

In den diversen Einkaufszentren und den zahllosen Boutiquen von Johannesburg wird internationale Markenware und Mode von einheimischen Designern angeboten.

(173 Machaba Dr, Mofolo, Soweto, Tel. 011 982 11 82) mit angesagter Streetwear von diversen Designern aus Soweto zeigen lassen. Die kultigen »bucket hats« werden Sie ganz sicher mögen!

MÄRKTE

Afrikanische Andenken verkaufen die Händler auf dem sonntags stattfindenden **African Craft Market** (Cradock Ave, Rosebank). Von Kleidung bis Kunsthandwerk und alles andere nur Erdenkliche (teilweise allerdings in China produziert) ist an den Ständen des **Bruma Lake Flea Market** (Oriental City, Ecke Ernest Oppenheimer und Marcia Avenue, Bruma), in der Nähe der Eastgate Shopping, Mall von Dienstag bis Sonntag erhältlich; dazu gibt es Unterhaltung mit Musik und Tanz und zahlreiche Stände mit Essen.

Der **Michael Mount Organic Market** (Bryanston Road, Bryanston, www.bryanstonorganicmarket.co.za) findet am Donnerstag und am Samstag statt. Hier verkaufen die Bauern ihre landwirtschaftlichen Erzeugnisse, viele der Produkte kommen aus ökologischem Anbau. Auch Souvenirs werden hier angeboten.

Im Maboneng Precinct richten die Bewohner des Viertels im Rahmen eines Nachbarschaftsprojekts an jedem Sonntag 10–15 Uhr den **Market on Main** (Ecke Siveright Avenue und Fox Street, marketonmain.co.za) aus: ausgelassene Stimmung mit einem dementsprechenden Partycharakter und gutes, deftiges Essen sind dabei garantiert.

Der **Rosebank Sunday Flea Market** (Rosebank Mall, Cradock Road, www.rosebanksundaymarket.co.za, 9–17 Uhr) ist ein weiterer Flohmarkt; er findet auf dem obersten Parkdeck der Rosebank Mall statt. Verkauft werden Kleidung und Kunsthandwerk, dazu wird leckeres Essen gereicht und Musik gespielt.

Oriental Plaza (Bree Street, Fordsburg, Tel. 011 838 67 52; www.orientalplaza.co.za, Mo–Fr 9–17, Sa 6–15 Uhr) ist eine ziemlich preisgünstige Einkaufsmöglichkeit. Die hiesigen indischen Shops und Stände bieten neben Bettwäsche, Kleidung, Gewürze auch verschiedene indische Leckereien an.

Wohin zum ... Ausgehen?

NACHTLEBEN

Der **Montecasino-Komplex** (William Nicol Drive, Fourways, Tel. 011 510 79 95; www.montecasino.co.za) bietet neben dem Casino auch Theater, Lounges, Bars und Cafés sowie Restaurants und einen Vogelpark mit tollen Freiflugshows – **Montecasino Bird Garden** (Tel. 011 511 18 64). Casino, Theater, Varieté, Restaurants, elegante Lounges und Showbars, in denen Musikgrößen auftreten, finden Sie im **Emperor's Palace** (64 Jones St., Kempton Park, Tel. 011 928 10 00; www.emperorspalace.com). Ein weiterer beliebter Club ist die Moon Light Lounge des **Back o' the Moon** im **Gold Reef City Casino** (Northern Parkway Drive, Ormonde, Tel. 011 496 14 23; www.tsogosun.com). Hier finden oft Jazzkonzerte statt. An Fans dieser Musik wendet sich auch das **Bassline** (10 Henry Nxumalo Street, Newtown, Tel. 011 838 91 45; www.bassline.co.za), gleichzeitig Plattform für Kwaito- (südafrikanischer Rap) und Hip-Hop-Künstler. **Katzy's** (Ecke Oxford Road und Biermann Avenue im The Firs/Hyatt Shopping Centre, Tel. 011 880 39 45, www.katzys.co.za) gilt als einer der besten Jazzclubs Johannesburgs. Zu den beständigen Nachtclubs gehört **ESP** (84 Oxford Road, Ferndale, Tel. 011 792 41 10; www.esp.co.za, nur Samstag). Im **And Club** (39a Gwi Gwi Mrwebi St, Newtown, Do–Sa 21–4 Uhr, www.andclub.co.za) geht es mit House, Techno und Drum & Bass hoch her. Infos gibt es auf www.inyourpocket.com/johannesburg oder www.iol.co.za/tonight.

THEATER

Der **Joburg Theatre Complex** (Loveday Street, Braamfontein, Tel. 011 877 68 00; www.joburgtheatre.com) zeigt auf seinen drei Bühnen Musicals, Ballett und Oper. Tickets erhalten Sie in den Verkaufsstellen von Computicket oder online (www.computicket.co.za). Während der Apartheid entstand das **Market Theatre** (Margaret Mcingana Street, Newtown, Tel. 011 832 16 41; www.markettheatre.co.za) als Schauplatz des Protests. Das **Old Mutual Theatre on the Square** (Nelson Mandela Square, Sandton, Tel. 011 883 86 06; www.theatreonthesquare.co.za) ist eine gute Wahl für Komödien. Mehrere Bühnen hat der **Wits University Theatre Complex** (Jorissen Street, Braamfontein, Tel. 011 717 13 72; www.wits.ac.za/witstheatre).

Der Emperor's Palace ist ein riesiger, opulenter Hotel- und Entertainment-Komplex und wurde von den berühmten Casinos in Las Vegas inspiriert.

Eine Elefantenherde mit putzigen Jungtieren durchquert einen Fluss.

Mpumalanga & Limpopo

Hier spielt die Natur die erste Geige – mit grandiosen Landschaften und einer Fauna, die Sie staunen lässt.

Seite 140–161

Erste Orientierung

Limpopo und Mpumalanga, die beiden nordöstlichen Provinzen Südafrikas, sind traditioneller Siedlungsraum der Sepete, Ndebele und Zulu. Hier zeigt sich das Land von seiner wilden Seite, und das nicht nur im Kruger National Park. Großartige Naturlandschaften entfalten sich in den Kleinen Drakensbergen mit dem Blyde River Canyon. Für die Erkundung des Nationalparks ist ein eigenes Fahrzeug von großem Vorteil. Alternativ dazu können sich Reisende aber auch organisierten Touren anschließen.

Mbombela, der Hauptort der Provinz Mpumalanga, liegt am Crocodile River im subtropisch geprägten Lowveld. Als »Drehscheibe« für den Besuch des Kruger National Park ist Mbombela auch per Bus, Bahn und Flugzeug zu erreichen.

Hier im Norden erwartet den Reisenden vor allem Natur pur: Südafrikas größtes Wildparadies gleich neben dem auch als »Grand Canyon Südafrikas« gepriesenen Blyde River Canyon. Und die Natur geizt keineswegs mit Superlativen: Hier die Big Five wie auf dem Präsentierteller, dort bizarre Erosionsskulpturen, tiefe Schluchten und eindrucksvolle Wasserfälle. Polokwane, größte Stadt und Hauptort der Provinz Limpopo, befindet sich an der von Johannesburg nach Norden führenden N1 und ist eine ausgezeichnete Zwischenstation auf dem Weg zur Safari.

TOP 10
1 ★★ Kruger National Park
6 ★★ Panorama Route

Nicht verpassen!
40 Kruger Private Game Reserves

Nach Lust und Laune!
41 Barberton
42 Hoedspruit Endangered Species Centre
43 Magoebaskloof Pass
44 Mapungubwe National Park

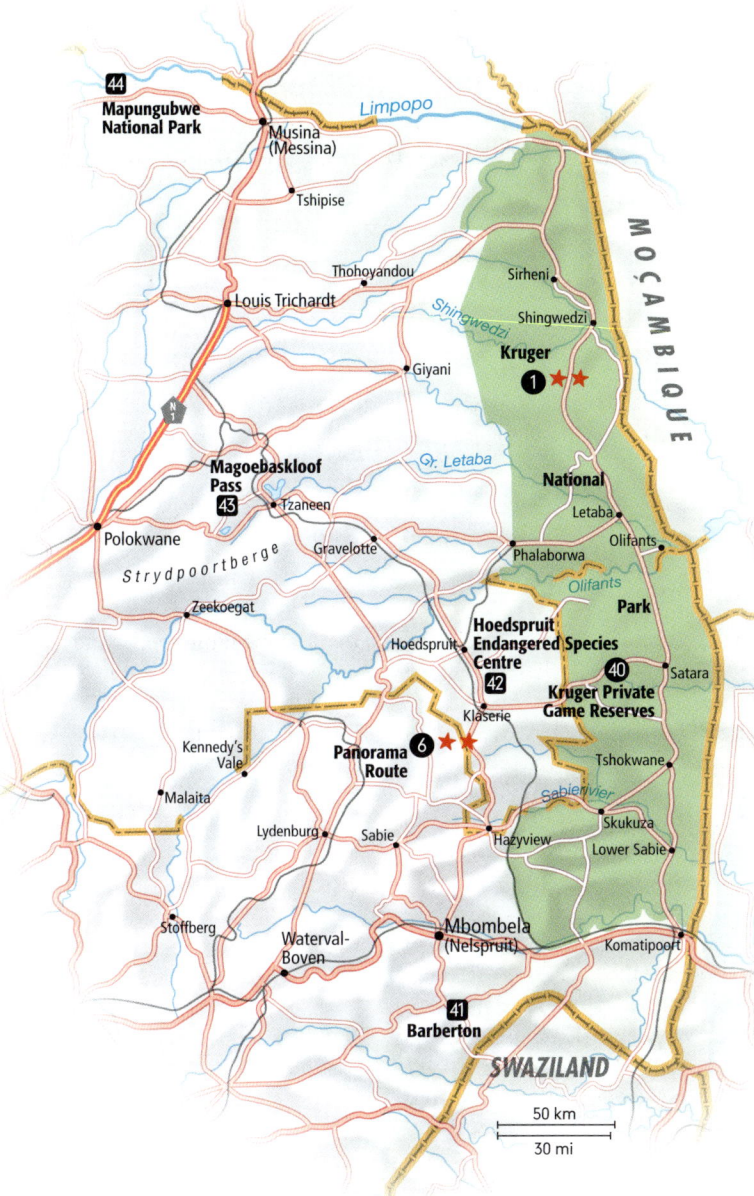

Mein Tag
unter wilden Tieren

Ausgangspunkt dieser Tour durch den südlichen Teil des Krüger-Nationalparks ist das Camp Skukuza 12 km östlich des Paul Kruger Gate. Ein hochbeiniger Geländewagen wird für die Fahrt durch den Nationalpark empfohlen; erkundigen Sie sich im Camp nach dem Zustand der Straßen – Regenfälle können sie unpassierbar machen. Und rechtzeitig, also noch vor Beginn der Südafrika-Reise, sollten Sie eine Übernachtung im Camp Skukuza (www.krugerpark.co.za) und in der Rhino Post Safari Lodge reservieren!

5.30 Uhr: Langschläfer aufgewacht!

Nur der frühe Vogel sieht den Löwen, deshalb checken Sie aus und starten, sobald die Gates des Skukuza Camps öffnen auf der S 114 (auch H 1-1) nach Süden in Richtung Pretoriuskop. Fahren Sie langsam, denn jederzeit kann Wild queren und Sie zum Anhalten zwingen (Höchstgeschwindigkeit 40 km/h). Zudem wollen Sie ja auch etwas sehen, und die gut getarnten Tiere im Buschveld zu erkennen, ist gar nicht so einfach. Die Region gilt als sichere Bank für Löwensichtungen! Am Mathekenyane Koppie ist nach den ersten 10 km Zeit für eine erste Rast: Die Granitkuppe ist ein herrlicher Aussichtspunkt über das Buschland

5.30 Uhr: Langschläfer aufgewacht!

9 Uhr: Immer dem Sabie River nach

Ende

Rhino Post Safari Lodge

Start

H11

H4-1

● Nkhulu

■ Skukuza Camp
5.30 Uhr

Sabie

9 Uhr

H10

H1-1

★
Mathekenyane Koppie

★
Renosterkoppies Dam
6 Uhr

S21

Lower Sabie Camp ■

Krüger

15 km

10 mi

H4-2

Nationalpark

6 Uhr: Auf der Spur der Nashörner

Links: Ein Leopard hat einen Springbock erlegt.
Mitte oben: Auf dem Weg zum Frühstück
Mitte unten: Ein Löwe bei der Siesta

des südlichen Nationalparks. Vielleicht entdecken Sie Giraffen?

6 Uhr: Auf der Spur der Nashörner

Sie kehren zurück auf die S 114 und folgen ihr rund 15 km nach Süden. Eine weitere Gelegenheit zur Wildbeobachtung bietet der Renosterkoppies Dam, von dessen Granitkuppen das Kommen und Gehen des Wilds gut einsehbar ist: Rhinos halten sich hier bevorzugt auf, auch Büffel können auftauchen und wo-

möglich eine Tüpfelhyäne. Hier biegen Sie nach Osten auf die S 21 ab und treffen schon bald auf den Sand River, dem Sie weiter folgen. Gucken Sie genau hin, der dichte Busch ist bei Leoparden beliebt!

8 Uhr: Frühstück im Grünen

30 km weiter erreichen Sie den Sabie River, und diesem nach Süden folgend kommt nach 11 km das Lower Sabie Camp in Sicht. Was wird nur alles erzählt über die Strecke entlang des Sabie River – große

In kleinen Gruppen auf Wildtierbeobachtung – den Fotoapparat stets im Anschlag

Löwenrudel, Leoparden, Rhinos, Elefantenherden, dazu Krokodile und Flusspferde. Danach genießen Sie die Frühstückspause im Camp-Restaurant mit Blick auf den Fluss.

9 Uhr: Immer dem Sabie River nach

Eigentlich ist es fast schon zu spät, zumindest für die großen Raubkatzen, die halten jetzt alle Siesta. Aber es macht ja auch Spaß, den Blick fürs nicht ganz so Sensationelle zu schärfen: für Schildkröten, Kudu-bullen, Meerkatzen und die bunte Vogelwelt. Auf der Weiterfahrt vom Lower Sabie Camp entlang des Sabie River nach Norden haben Sie die nächsten 25 km Gelegenheit, das Game Viewing zu trainieren. In Nkhulu bietet sich eine weitere Rast am Fluss mit Blick auf die Krokodile an. 20 km sind es noch, weiterhin entlang des Sabie, bis Skukuza.

15 Uhr: Auf zur Lodge

Aufbruch zur 20 km nördlich gelegenen Rhino Post Safari Lodge (Tel. 035 474 14 73, www.isibindi. co.za). Die Unterkunft verfügt über luxuriöse Chalets, einen Pool und einem Game Drive, der gegen 16.30 Uhr beginnt und Ihnen in vier Stunden die Augen für die Geheimnisse der Wildnis öffnet. Das feine Abendessen leitet stimmungsvoll in die afrikanische Nacht über.

❶ ★★ Kruger National Park

Warum?	Südafrikas berühmtester Nationalpark mit großem Wildreichtum
Was?	Savanne, Wasserstellen, große Wildherden, The Big Five
Wie lange?	Ein bis fünf Tage
Wann?	In der Trockenzeit (Juni–Oktober) zeigt sich mehr Wild
Was noch?	Abends eine Boerwurst auf den Grill werfen und dazu kühles Bier trinken
Was nehme ich mit?	Afrika aus dem Bilderbuch

Mit einer Größe von knapp 20 000 km² gehört der 1898 gegründete Nationalpark zu den ausgedehntesten Schutzgebieten Afrikas. Das Reservat grenzt im Osten an Mosambik und im Norden an Simbabwe. Private Wildreservate säumen es im Westen. Seit 2002 ist der Park mit dem Gonarezhou und dem Limpopo National Park in Simbabwe bzw. Mosambik Teil des Great Limpopo Transfrontier Park.

Der Nationalpark ist eines der artenreichsten Schutzgebiete im Süden Afrikas. Hier sind u. a. die Big Five zu Hause. 2018 lebten 17 000 Elefanten im Park, außerdem 8000 Giraffen, 48 000 Büffel, 1500 Löwen, 1000 Leoparden, 250 000 Antilopen und 3000 Krokodile. Insgesamt gibtes hier 147 Säugetier-, 550 Vogel- und 114 Reptilienarten. Auch Rudel der sehr

Durch die Blüten eines Korallenbaums blickt man hier auf die Rundhütten im Camp Pretoriuskop.

MPUMALANGA & LIMPOPO

Picknick mit Krokodilen

Die mächtigen Kronen uralter Natal-Mahago-
nibäume werfen ihre Schatten über Nkuhlu am
Sabie River. Der »Ort der vielen großen Bäume«, das bedeutet *nkuhlu*, im südlichen Kruger
National Park ist ein wunderbarer Picknick-
platz mit weitem Blick über die Savanne und
den Fluss. Ein Riesenfischer stürzt sich pfeil-
schnell ins Wasser, ein Goliathreiher stakst ma-
jestätisch durch den Schlick, und dann bewegt
sich ein Felsen am Ufer. Das Krokodil wechselt
die Stellung. Und erstarrt wieder.

seltenen Afrikanischen Wildhunde durchstreifen die Wildnis; ihre Zahl wird auf etwa 300 geschätzt. Wer Wildhunde oder einen der nur 150 Geparde erspäht, hat großes Glück gehabt.

Mit wenigen Sprüngen erklimmt der Leopard den Baum.

Koralle oder Marula?

Entsprechend den Regionen variiert das Pflanzenkleid. Die nördliche Hälfte prägen Mopanewälder. Im Süden dehnt sich lichtes Buschland mit Akazienarten, Korallen- und Marula-Bäumen aus. Das Klima prägt eine heiße Regenzeit im Sommer zwischen November und April und eine kühle Trockenzeit im Winter. Die beste Zeit für die Tierbeobachtung sind die regenarmen Monate, weil das Wild sich dann in der Nähe der Flüsse bzw. der Wasserstellen aufhält. Am touristischsten ist der südliche Bereich zwischen Sabie und Olifants River, da sich dort die meisten Camps und Lodges befinden. Alle Besucher müssen den Park vor Schließung der Tore verlassen bzw. rechtzeitig die Camps angefahren haben. Zu den beliebtesten Camps zählen Lower Sabie, wo Büffel, Elefanten, Warzenschweine und Löwen an den Stausee kommen. Pretoriuskop liegt in von Granitkuppen geprägter Landschaft. Hier kann man Breitmaulnashörner beobachten. Olifants eröffnet einen fantastischen Blick auf Flusspferde, Büffelherden, Giraffen, Kudus und Elefanten sowie Vögel.

Das Steppenzebra ist der kleinste Vertreter seiner Art und das mit den breitesten Streifen.

KLEINE PAUSE

Legen Sie Ihre Route so, dass Sie mittags das Camp Letaba erreichen. In der **Letaba Elephant Hall** erfahren Sie alles über Elefanten. Danach gibt es Lunch im Restaurant des Camps.

✠229 E/F 4/5 ☎ 012 428 9111 ⊕ www.sanparks.org; www.krugerpark.co.za
🕐 Jan./Feb., Nov./Dez. 5.30–18.30, März, Okt. 5.30–18, April 6–17.30, Mai–Aug. 6.30–17.30, Sept. 6–18 Uhr
🎫 328 R

❻ ★★ Panorama Route

Warum?	Panoramaroute mit fantastischen Aussichtspunkten
Was?	Gebirgspässe, Wasserfälle, Erosionsskulpturen, Goldgräbersiedlungen und ein Canyon
Wie lange?	Ein Tag
Wann?	In der Trockenzeit (Juni–Oktober) hat man die beste Sicht auf den Canyon
Was noch?	Goldwaschen wie die Digger früher
Was nehme ich mit?	Wenn Sie Glück hatten ein Goldnugget

Die Panorama Route schlängelt sich entlang zerklüfteter Höhenzüge vorbei an imposanten Wasserfällen, schroff abfallenden Canyons und malerischen Provinzstädten, umgeben von Wäldern. Von den Höhen der Transvaal-Drakensberge bietet sie Ausblicke auf die 1000 m tiefer gelegenen Ebenen des Kruger National Park.

Die frühere Goldgräbersiedlung Sabie, gesäumt von Bergen, weiten Kiefern- und Eukalyptusplantagen, ist heute Zentrum der landesweit größten Forstplantage, die ca. 50 Prozent des Holzbedarfs Südafrikas abdeckt. Vom SAFCOL Forest Industry Museum aus werden Tagesausflüge oder Wanderungen mit Übernachtung sowie Mountainbike-Touren organisiert. Sehenswert in der nahen Umgebung sind die Sabie Falls, Bridal Veil Falls, Horseshoe Falls und Lone Creek Falls, ein 12 km langer Abschnitt des Sabie River eignet sich zum Forellenangeln. Weitere Wasserfälle kann man in Graskop bestaunen, ebenfalls ein Zentrum der Forstwirtschaft, an dessen Hauptstraße sich Restaurants und Souvenirshops reihen.

Goldgräberstimmung

Ostwärts geht es ins malerische Pilgrim's Rest. Im Jahr 1873 wurde hier Gold entdeckt, heute steht das Dorf unter Denkmalschutz. Seine im viktorianischen Stil restaurierten Bergmannshäuser erstrahlen in neuem Glanz und beherbergen mehrere Museen. Eintrittskarten erhalten Sie bei der Touris-

teninformation. An der Diggings Site erfahren Sie, wie man Gold wusch, und können auch selbst Ihr Glück versuchen.

Ein Blick durch Gottes Fenster

Nördlich von Graskop, Richtung Blyde River Canyon, führt Sie die Route an diversen Aussichtspunkten mit Namen wie »God's Window« und »Wonder View« vorbei. Am spektakulärsten ist allerdings das 26 km lange und bis zu 800 m tief eingeschnittene Tal des Blyde River: Der »Grand Canyon Südafrikas« vermittelt eines der großartigsten Naturerlebnisse des Landes. Den Grund der Schlucht erreicht man auf markierten Wanderwegen. Einen

Ihr geflecktes Fell bietet den Giraffen eine vorzügliche Tarnung.

besonderen Anblick bieten die Three Rondavels: drei kegelförmige Felsbastionen aus Dolomitgestein hoch über dem Canyon, deren Form afrikanischen Rundhütten ähnelt. Über Fußgängerbrücken und Pfade steigen Sie hinunter zu Bourke's Luck Potholes: Die ungewöhnlichen zylinderförmigen Potholes (Strudellöcher) haben die Flüsse Blyde und Treur in die Felsen gewaschen. Über die R532 und dann die R36 geht es hinunter in die Ebene und ostwärts bis Hoedspruit und zum Orpen Gate des Kruger National Park.

KLEINE PAUSE

Graskop ist für seine deftigen leckeren Pfannkuchen bekannt. Die gibt es bei **Harrie's Pancakes** (S. 158) an der Hauptstraße.

✛229 E4

SAFCOL Forest Industry Museum
✉10th Ave, Sabie ☎013 754 27 54
⊕www.sabie.co.za ❶Mo–Fr 8–16.30,
Sa 8–12 Uhr ✦10 R

Pilgrim's Rest Tourist Information
✉Main Street, Pilgrim's Rest
☎013 768 10 60 ⊕www.pilgrims-rest.
co.za ❶tägl. 9–12.45, 13.45–16 Uhr

Diggings Site
✉1 km südlich von Pilgrim's Rest
❶tägl. einstündige Führungen um
10, 11, 12, 14 und 15 Uhr ✦12 R

Bourke's Luck Potholes
☎013 774 36 17 ❶tägl. 7–17 Uhr ✦55 R

④⓪ Kruger Private Game Reserves

Warum?	Wegen des nostalgischen »Jenseits von Afrika«-Gefühls
Was?	Privat geführte Wildparks mit luxuriös ausgestatteten Lodges und Zeltcamps
Wie lange?	Ein bis drei Übernachtungen
Wann?	In der Trockenzeit (Juni–Oktober) gibt es die besten Wildsichtungen
Was noch?	Nachts die Stimmen der Wildnis
Resümee	Der hohe Preis hat sich gelohnt

In den weiten Ebenen des Lowveld südwestlich des Kruger National Park reihen sich viele private Wildschutzgebiete aneinander, die meisten mit Luxuslodges und Unterkunft in eleganten Chalets oder Safarizelten mit allem Komfort.

Der König der Tiere ist das größte Landraubtier Afrikas.

Die meisten Reservate verlangen eine Eintrittsgebühr, zusätzlich erheben manche eine Gebühr für den Naturschutz. Auf Game Drives , von Guides geführt, sehen die Teilnehmer mehr Tiere und lernen viel über deren Besonderheiten.

KLEINE PAUSE
Ein Game Drive beginnt mit Kaffee und Zwieback, bevor es frühmorgens losgeht. Gegen elf Uhr zurück, erwartet Sie ein Brunch. Abends gibt es ein üppiges Mahl.

✛ 229 E3

Manyeleti Game Reserve
⊕ www.manyeleti.co.za

Sabi Sand Game Reserve
⊕ www.sabisand.co.za

Thornybush Game Reserve
⊕ www.thornybushcollection.co.za

Timbavati Private Nature Reserve
⊕ www.timbavati.co.za

Kapama Game Reserve
⊕ www.kapama.co.za

Klaserie Private Nature Reserve
⊕ www.klaseriecamps.com

MalaMala Game Reserve
⊕ www.malamala.com

Nach Lust und Laune!

41 Barberton

Die Stadt erlebte einen gewaltigen-Aufschwung, als hier im Jahr 1884 Gold gefunden wurde. Lediglich vier Jahre später war der Boom mangels weiterer Edelmetallfunde schon wieder vorbei und so verlagerten die Digger ihr Interesse nach Witwatersrand. Von der »goldenen« Vergangenheit zeugen bis heute ein paar hübsche Häuschen, einige davon sind sogar zugänglich. So erfährt man etwa im Barberton Museum Wissenswertes über Geschichte, Geologie, Archäologie und Ethnologie der Region.

> ✈ 229 E3 ✉ Crown Street ☎ 013 712 28 80 ⊕ www.barberton.co.za
> ⏱ Mo–Fr 7.30–17, Sa 8–13 Uhr

42 Hoedspruit Endangered Species Centre

Hoedspruit liegt etwa 30 km vom Orpen Gate des Kruger National Park entfernt. In seiner Umgebung sind mehrere Rehabilitationszentren für Tiere zu finden, darunter das Moholoholo Wildlife Rehab Centre (www.moholoholo.co.za). Zu den bedeutendsten Forschungs- und Zuchtzentren für gefährdete Tiere zählt das im privaten Wildreservat Kapama gelegene Hoedspruit Endangered Species Centre: Gegründet wurde es ursprünglich allein für die Gepardenzucht – und mittlerweile gibt es hier mehr als 80 Geparden. Aber auch Wildhunde, junge Nashörner, Afrikanische Wildkatzen, Hornraben und verschiedene Antilopenarten haben hier ein Zuhause gefunden. Führungen finden zur vollen Stunde statt. Im offenen Geländewagen geht es dabei um die Gehege. Im dazugehörenden Camp Jabulani können Sie auch einen Elefantenritt unternehmen – wenn Sie dort übernachten, sogar nachts!

> ✈ 229 E4 ✉ bei der R40, nahe Hoedspruit ☎ 015 793 16 33 ⊕ www.hesc.co.za
> ⏱ Führungen tägl. 9, 11, 13 u. 15 Uhr
> 💰 165 R

43 Magoebaskloof Pass

Von Tzaneen, dem Zentrum einer großen Gartenbauregion und beliebtem Zwischenziel auf dem Weg zum Kruger National Park, führt die R 71 südwestlich zum Magoebaskloof Pass hinauf. Zunächst verläuft die Straße parallel zum Tal des Magoebas River, nach etwa 18 km zweigt rechts ein Weg zu den etwa 3 km entfernten Debegeni Falls ab. Die Kaskaden stürzen rund 80 m tief und bilden einen kleinen See (Baden erlaubt). Die Straße steigt an, beim Magoebaskloof Hotel ist die Passhöhe erreicht (1432 m ü. d. M.). Später passiert man den Ebenezer-Stausee, ein beliebtes Ausflugsgebiet (Bootfahren, Angeln). Von hier sind es noch gut 5 km bis nach Haenertsburg, das für Forellen und das

Spring Festival im Frühjahr der Südhalbkugel (Sept.) bekannt ist. Auf dem zwei bis fünf Tage langen, verhältnismäßig einfach zu begehenden Magoebaskloof Hiking Trail (an der De Hoek Forest Station unweit von Tzaneen, Permit erforderlich, Tel. 013 754 27 24) kann man das touristisch noch vergleichsweise wenig erschlossene, pflanzenreiche Gebiet um den Magoebaskloof Pass erkunden. In einer der sechs am Weg liegenden Schutzhütten findet man eine Unterkunft.

✚ 229 D4 ✉ Haenertsburg
☎ 083 442 74 29 ⊕ www.magoe
basklooftourism.co.za
🕐 Mo–Fr 8–17, Sa/So 8.30–12 Uhr

44 Mapungubwe National Park

Es ist nur ein unscheinbarer Hügel im abgelegenen Grenzgebiet von Südafrika, Botswana und Simbabwe und doch eröffnete er den Archäologen einen ganz neuen Blick auf Afrikas Geschichte. Im Jahr 1932 wurden hier nämlich reich ausgestattete Gräber entdeckt; die Toten trugen kostbaren Goldschmuck und waren mit Grabbeigaben beerdigt, die aus Arabien und Asien stammen. Der Hügel von Mapungubwe gab Spuren eines Königreichs frei, das vor Greater Zimbabwe, der ältesten bis dato bekannten südafrikanischen Hochkultur, existiert haben muss. Man nimmt an, dass Mapungubwe in der Zeit zwischen 1050 und Ende des 13. Jh.s in seiner höchsten Blüte stand und Handel bis zur ostafrikanischen Küste trieb, wo auch die Objekte aus Arabien und China erworben wurden.

1994 wies die Regierung einen Nationalpark um die Ausgrabungsstätte aus; 2002 rief der damalige Präsident Thabo Mbeki den Mapungubwe-Orden als höchsten des Landes ins Leben und verlieh ihn an Nelson Mandela. 2003 erklärte die UNESCO die Ruinen und Gräber zum Weltkulturerbe. Im September 2011, zur Eröffnung des Informationszentrums, wurden die lange in der University of Pretoria gelagerten Artefakte in das Museum des Parks zurückgebracht. Die archäologischen Stätten auf dem Hügel sind auf geführten Touren zu besichtigen.

Ein Affenbrotbaum im Mapungubwe National Park – UNESCO-Welterbestätte seit 2003

✚ 229 D5 ✉ 70 km westlich von Musina an der R572 ☎ 015 534 79 25
⊕ www.sanparks.org
🕐 Tagesbesucher: Sept.–März 6–18.30; April–Aug. 6.30–18 Uhr
💰 192 R

Wohin zum ...
Übernachten?

Preise für ein Doppelzimmer pro Nacht:
R   unter 1500 Rand
RR   1500–3000 Rand
RRR über 3000 Rand

**KRUGER NATIONAL PARK UND
PRIVATE GAME RESERVES**

Camp Jabulani RRR
Jabulani verfügt über sechs elegante Suiten, alle mit Reetdach und afrikanischen Accessoires. Verschiebbare Wände eröffnen eine perfekte Sicht auf die Wildnis. Holzveranda und Tauchbecken gehören zum Komfort.
✠229 E4 ✉Kapama Game Reserve
☎015 793 12 65 (Camp), 012 460 56 05
(Reservierung) ⊕www.campjabulani.com

MalaMala (Main Camp, Rattray's, Sable Camp) RRR
Diese drei Camps liegen im Mala-Mala Game Reserve, das über eine offene Grenze zu Kruger im Osten und zu Sabi Sand im Westen verfügt. Hier gibt es zahlreiche Wildtiere zu beobachten, insbesondere Leoparden, und dank einer Zugangsbeschränkung zu den drei Camps sind gute Sichtungen selten übervölkert.
✠229 E4 ✉MalaMala Game Reserve
☎011 442 22 67 ⊕www.malamala.com

Ngala RRR
Die 21 reetgedeckten Cottages sind mit edlen Antiquitäten ausgestattet, durch Mopane-Bäume geschützt und bieten einen Blick auf ein Wasserloch sowie einen großen Pool. Die nahe Flussniederung des Timbavati ist ein günstiger Platz, um Elefanten und Löwen zu sehen. Im Preis sind alle Safaris eingeschlossen. Familienfreundliche Unterkünfte und eine besonders luxuriöse Suite nur für Hochzeitsreisende gibt es ebenfalls.
✠229 E4 ✉Timbavati Private Nature Reserve ☎011 809 43 00 ⊕www.and beyond.com

Singita Lebombo Lodge RRR
Singita umfasst eine Gruppe luxuriöser Wildlife Lodges und besitzt zwei Konzessionen: zum einen das private Reservat Sabi Sand mit den Lodges Ebony, Castleton und Boulders, zum anderen das

Die ultraluxuriöse Singita Lebombo Lodge ist wie ein riesiges Vogelnest gestaltet und beeindruckt mit offenen Suiten und großen Veranden.

Lebombo Game Reserve mit Lebombo und Sweni, an der Grenze des Kruger zu Mosambik gelegen. Die hell und modern eingerichteten Designerlodges bestehen aus Stroh, Holz, Glas und Metall. Gute Küche, guter Wein, Spitzenranger und Spa runden das Safarierlebnis perfekt ab.
✚229 E4 (Sabi Sand) ✉siehe Website der einzelnen Lodges ☎021 683 34 24 ⊕www.singita.co.za

Skukuza and Lower Sabie R
Das größte Restcamp des Kruger ist Skukuza mit Blick auf den Sabie River im wildreichen Süden des Parks. Zur hervorragenden Ausstattung zählen u. a. ein Restaurant, drei Swimmingpools und ein Golfplatz. Sie können in Selbstversorger-Unterkünften oder im Camp übernachten. Das kleinere Camp Lower Sabie in der Nähe liegt ebenfalls am Sabie River.
✚229 F4 ✉nahe Paul Kruger Gate ☎013 735 42 65 ⊕www.sanparks.org

PANORAMA ROUTE

Zebra in der Blyde River Canyon Lodge

Blyde River Canyon Lodge RR
Genießen Sie die intime Atmosphäre in der reizenden Lodge mit Strohdach, gelegen an der Straße zum Blyde-Stausee am nördlichen Zugang zum Canyon. Die Lodge hat neun komfortable Zimmer und Suiten mit Klimaanlage und eigener Terrasse. Es gibt einen Swimmingpool – und Zebras kreuzen hier gerne mal den Weg.
✚229 E4 ✉bei R531, 67 km vom Orpen Gate ☎015 795 53 05 ⊕www.blyderiver canyonlodge.com

Hulala Lakeside Lodge RR
Ein ruhiger Rückzugsort – besonders bei Paaren sehr beliebt –mit herrlicher Lage am Ufer des Sees Da Gama. Die Unterkünfte haben Seeblick und eine eigene Terrasse. Die Lodge verfügt auch über einen Pool und das traditionell eingerichtete Restaurant Feathers. Zur Anlage gehört auch die Rock Inn Bar. Nach Johannesburg oder zum Kruger National Park gelangt man nach einer 3–4-stündigen Fahrt.
✚229 E4 ✉Farm Etna R40, 1240 White River ☎013 764 18 93 ⊕www.hulala.co.za

The Royal Hotel R
In diesem 1896 errichteten Hotel im Goldgräberort Pilgrim's Rest reisen Sie zurück in die Vergangenheit. Die Zimmer sind auf insgesamt zehn Gebäude mit originalen Holzwänden und Blechdach verteilt und im damaligen Stil gehalten, mit Pseudo-Antikmöbeln, Messing-Himmelbetten sowie frei stehenden Badewannen auf Klauenfüßen. Es gibt keine Fernseher, dafür vermitteln Erinnerungsstücke in der Bar und im Restaurant die Geschichte des Dorfes.
✚229 E4 ✉Main Street, Pilgrim's Rest ☎013 768 11 00 ⊕www.pilgrims-rest.co.za/ stay/royalhotel

MAPUNGUBWE NATIONAL PARK

Leokwe Camp R
Das größte Camp im Mapungubwe National Park liegt im östlichen Teil, in einem von spektakulären Sandsteinbergen umgebenen Tal, rund 15 Autominuten vom Hauptzugang entfernt. Alle Unterkünfte sind für Selbstversorger konzipiert. Zur Ausstattung gehören ein Pool für alle und ein Picknickbereich sowie ein Ansitz im Baum für Vogelbeobachtungen in der Nähe.
✚229 D5 ✉rund 10 km nördlich vom Hauptzugang ☎015 534 79 23 ⊕www. sanparks.org

Wohin zum ...
Essen und Trinken?

Preise für ein Zwei-Gänge-Menü
(ohne Getränke):
R   unter 200 Rand
RR   200–350 Rand
RRR   über 350 Rand

MBOMBELA

Kuzuri Restaurant RR
Auf einer überdachten Terrasse mit Blick
auf den Hauptwasserfall im üppigen bota-
nischen Garten von Mbombela wird ein
kosmopolitisches Menü à la carte serviert.
In dem schlichten, aber eleganten Restaurant gibt es eine gute Auswahl von Gerichten der Kap-Malaii-Küche.
✛229 E3 ✉Lowveld National Botanical
Garden ☎013 757 09 07 ●Mi–Sa 9–22.30,
So–Di 8–17 Uhr

PANORAMA ROUTE

Canimambo Restaurant RR
Würziges Hühnchen, gegrillte Zitronen-
Butter-Krabben und andere hervorragende Meeresfrüchte sind die Spezialitäten
dieses beliebten portugiesischen Restaurants, in dem auch mosambikanische Gerichte angeboten werden. Manchmal gibt
es hier auch Live-Entainment.
✛229 E4 ✉Ecke Louis Trichardt und Hoof
streets, Graskop ☎013 767 18 68 ⊕www.
facebook.com/canimambo.restaurant.
graskop ●tgl. 11–21 Uhr

Gum Treez Pub & Grill R/RR
Der kleine Komplex auf der Flussseite des
Casterbridge Centre wird von hohen Gum-
mibäumen überdacht und besteht aus einem Coffee Shop für das Frühstück oder
den Nachmittagstee, einem Pub und dem
Restaurant. Am schönsten sitzt man draußen auf der Terrasse. Die Atmosphäre ist
locker-entspannt und die Karte groß mit
Speisen aus der südafrikanischen Land-
küche. Viele Fleischgerichte, aber auch
Currys, *bunny chow* (Weißbrotlaib, der

ausgehöhlt und mit einem würzigen Curry-
Gericht aus Fleisch oder Bohnen gefüllt ist)
und Fisch werden serviert.
✛229 E3 ✉Casterbridge Lifestyle Center,
White River ☎013 750 03 34 ⊕www.face
book. com/gumtreezpubandgrill ●Mo–Do
10–21, Fr/Sa 9–21, So 9–15 Uhr

Harrie's Pancakes R
Ob deftig oder süß: Harrie's, von dem es
inzwischen landesweit Ableger gibt, weiß,
wie man leckere Pfannkuchen zubereitet.
Gefüllt werden sie nach Wunsch mit Forel-
lenmousse, pikant-würziger Butternuss-
kürbis- oder Blauschimmelkäse-Sauce,
Bananen und Karamellsauce oder schwarzen Kirschen und Likör ... Nette, freundliche Atmosphäre.
✛229 E4 ✉Louis Trichardt Street, Graskop
☎013 767 12 73 ⊕www.harriespancakes.com
●tägl. 8–17.30 Uhr

The Wild Fig Tree RR
Eine große Veranda in gemütlichem Ambiente lädt zum Essen im Freien ein. Tagsüber für einen Kaffee oder kleinen Snack
geeignet, frönt man hier am Abend auch
anspruchsvolleren Speisen: Fleisch vom
Krokodil, Wild und – typisch für diese
Region – Forelle. Letztere ist natürlich ein
Muss. Auch die selbst gebackenen Kuchen
und Desserts sind absolut legendär. Nach
dem Essen kann noch ein wenig im Kurio-
sitätenladen gestöbert werden.
✛229 E4 ✉Ecke Main Road und Louis
Trichardt Street, Sabie ☎013 764 22 39
⊕http://thewildfig.co.za ●Mo–Sa
12–22.30, So 12–21 Uhr

The Windmill Wine Shop R
Das Wein- und Delikatessengeschäft des
nördlichsten Weinguts im Land eignet sich
für einen Halt auf der Durchreise. Stellen
Sie sich Ihr persönliches Menü aus verschiedenen Tapas, Käse, Fleisch, Pickles
und Oliven zusammen. Dazu werden ofen-
warmes Brot auf einem Holzbrett, offener
Wein und Bier vom Fass serviert.
✛229 E4 ✉R536 zwischen Hazyview und
Sabie ☎082 930 62 89 ⊕www.the
windmill.co.za ●Mo–Sa 9–17 Uhr

HOEDSPRUIT

The Hat & Creek RR
Obwohl groß und immer gut besucht, achtet das engagierte Personal auf seine Gäste – und dass es ihnen gut geht. Traditionelle südafrikanische Fleischküche auf hohem Niveau und in großen Portionen, vom perfekten Steak bis zum Burger. Außerdem gibt es hier auch Meeresfrüchte und diverse vegetarische Gerichte. Hinzu kommt eine sehr angenehme und entspannte Atmosphäre.
✛229 E4 ✉R527, Main Street/Hoedspruit ☎015 793 11 35 ◑tägl. 10–1 Uhr

Mad Dogz Café R
Eine gute Einkehrmöglichkeit auf dem Weg zum Nationalpark und den privaten Wildreservaten: Das schmucke Landcafé mit schattigem Plätzchen auf strohgedeckter Terrasse tischt südafrikanische Spezialitäten auf, beispielsweise *bobotie* (eine Art Hackauflauf mit pikanter Eiermilchkruste), Hühnerleber, gebackene Forelle und Cajun-Gerichte – auch die Burger und der Mango-Smoothie schmecken lecker. Mit einem herzhaften Bauernfrühstück lässt sich der Tag wunderbar beginnen. Der Service ist freundlich und zuvorkommend. Die angrenzende Monsoon Gallery ist ebenfalls einen Besuch wert.
✛229 E4 ✉R527, 28 km von Hoedspruit entfernt am Fuß des Blyde River Canyon ☎084 250 12 33 ⊕www.bluecottages.co.za ◑tägl. 7.30–16.30 Uhr

MAGOEBASKLOOF PASS

The Iron Crown Pub and Grill R
Herrlich eingebettet in die Magoebaskloof Mountains, zieht dieser Country Pub im englischen Stil mit langer Holztheke an Sonntagmittagen ganz besonders Familien mit Kindern an. Die Küche ist auf Fleischgerichte spezialisiert: erstklassige Steaks, Rippchen und Hühnerschnitzel, dazu eine große Auswahl an unwiderstehlichen Saucen – und natürlich saftige Burger. Das Personal ist freundlich und locker. Auf großen Fernsehbildschirmen werden wichtige Spiele bzw. Sportveranstaltungen übertragen, rechnen Sie daher mit jeder Menge Stimmung – ausgelassen und laut!
✛229 D4 ✉Haenertsburg an der R71 ☎015 276 47 55 ⊕www.facebook.com/theironcrown ◑Di–Sa 11 bis spätnachts, So 9–16 Uhr

Harrie's Pancakes in Graskop ist ein beliebter Zwischenstopp, viele Besucher kommen eigens wegen der Pfannkuchen hierher.

Wohin zum ... Einkaufen?

MBOMBELA

Hier werden Zitrus- und andere tropische Früchte wie Mangos, Avocados, Litschis, Bananen, Papayas, Guaven und Granadillas, aber auch Nüsse in Hülle und Fülle angebaut. Halten Sie nach entsprechenden Verkaufsständen am Straßenrand Ausschau oder suchen Sie einen der vielen Farmstalls (afrikaans: *padstall*) für landwirtschaftliche Produkte frisch vom Bauernhof auf. Etwa 5 km außerhalb der Provinzhauptstadt, an der White River Road, steht eine der größten Shoppingmalls Mpumalangas: die Riverside Mall (Tel. 013 757 00 80; www.riversidemall. co.za, Mo–Sa 9–18, So 9–15 Uhr) mit rund 140 Geschäften, 15 Restaurants, Kino und Casino – eine günstige Gelegenheit für Selbstversorger im Kruger National Park. Im Crossing Shopping Centre in Mbombela erteilt das Büro der Kruger Lowveld Touristeninformation (Tel. 013 755 19 88) Auskünfte. Casterbridge Lifestyle Centre (Tel. 013 751 15 40, www.casterbridge.co.za, Mo–Sa 9–16.30, So 9–16 Uhr), nur etwa zwei Kilometer hinter White River an der R40, ist ein attraktives Einkaufszentrum mit Restaurants und einem Kino. Zu kaufen gibt es Secondhand-Bücher, Kunst, einheimische Lebensmittel, Schmuck und Kleidung. Hier sind auch ein kleines Hotel mit rund 30 Zimmern und ein Wellness-Centre untergebracht.

An den Samstagen findet in Casterbridge ein Dorfmarkt statt. In Casterbridge verkauft Rottcher Wineries (Tel. 013 751 34 72) Avalencia, ein weinähnliches Getränk aus fermentiertem Orangensaft und Zuckerrohr, das auf einer Macadamianussfarm hergestellt wird. Das Geschäft in Casterbridge hat aber auch Nüsse sowie Orangen- und Ingwerliköre in Steinkrügen im Angebot.

Gegenüber der Casterbridge Farm liegt das Bagdad Centre, ein kleines Einkaufszentrum mit Geschäften, die afrikanisches Kunsthandwerk anbieten, und einem Feinkostladen, der frische Forellen, Käse und Schinken verkauft.

PANORAMA ROUTE

In Sabie und Graskop locken zahlreiche Souvenirläden und Straßenverkaufsstände die Touristen an. Afrikanische Holzschnitzereien gibt es oftmals auf Parkplätzen beliebter Aussichtspunkte – an Wasserfällen und am Blyde River Canyon. In Sabie ist The Bookcase (Woodsman Centre, Main Street, Tel. 013 764 20 14, Mo–Sa 8.30–17, So 8.30–15 Uhr) eine Topadresse für gebrauchte wie

Pilgrim's Rest erinnert mit seinen Holzhäuschen an vergangene Tage.

Tänzer im Shangana Cultural Village

HOEDSPRUIT

An der R527, am Fuß des Blyde River Canyon Richtung Hoedspruit, gibt es eine Reihe interessanter Plätze, beispielsweise die Monsoon Gallery (R527, östlich der Kreuzung mit der R36, Tel. 015 795 5114; bluecottages. co.za/monsoon-gallery) mit einer ausgezeichneten Auswahl an hochwertigem Ethnoschmuck, Volkskunst, Keramik, Stickereien, Körben und Büchern über Wildtiere. Einiges davon sind Antiquitäten und der Besitzer ist ein begeisterter Sammler von indigener Stammeskunst. Nebenan befindet sich das Mad Dogz Café. Unweit davon, an der R531, 20 km südlich von Hoedspruit, stellt Godding & Godding auf der Farm 24 Degrees South (Tel. 072 467 33 10, www.goddingandgodding.com) u. a. vornehmste Seidenbettwäsche her. Eine Führung gibt Einblick in die Herstellung von Seide.

Wohin zum ... Ausgehen?

Das Nachtleben ist in dieser Region natürlich dürftig. Allerdings profitieren Sie von einem riesigen Freizeitangebot. Der Big Swing (Panorama Gorge, an der R533 nahe Graskop in Richtung Hazyview, Tel. 079 779 87 13; www.bigswing.co.za) ähnelt einem Bungeesprung, jedoch schwingt das Seil nach dem Fall nach außen: hinweg über die herrlichen Panorama Falls. Die Flüsse eignen sich für Wildwasserrafting; Sabie River Adventures (Tel. 013 492 00 71; http://sabieri veradventures.co.za) informiert über Ausflüge einschließlich Übernachtung. Aus der Vogelperspektive stellt sich der Blyde River Canyon noch imposanter dar (Sunrise Aviation, Tel. 083 625 69 91; www.sunrisehelicop ters.co.za). Ballonfahrten sind auch möglich (Suncatchers, Tel. 087 806 20 79, www.sun catchers.co.za). Von Hazyview sind es noch 5 km auf der R535 Richtung Graskop bis in das Shangana Cultural Village (Führung tägl.; Tel. 013 737 58 04; www.shangana. co.za). Am frühen Abend werden häufig Tänze aufgeführt.

neue Bücher, besonders wenn es um die jüngere Geschichte des Landes geht. Perry's Bridge Trading Post in Hazyview (Main Street, Tel. 013 737 69 29, www.perrys bridge.co.za, Mo–Fr 7.30–16 Uhr) bietet eine kunterbunte Mischung aus einem Delikatessenladen und einem Süßwarengeschäft, einer Touristeninformation, einem Schlangenpark und mehreren Restaurants.

Der Marula Market (ca. 5 Min. von Hazyview, an der R535 Richtung Graskop, Tel. 013 737 58 04; www.shangana.co.za) im Shangana Cultural Village ist für sein gutes Kunsthandwerk bekannt. In kreisförmig angelegten, baumgesäumten Hütten leben und arbeiten die Künstler. Für viele Menschen der Region hat dieser Ort an Bedeutung gewonnen, da sie hier mit künstlerischem Talent ihren Lebensunterhalt bestreiten können. Entlang der Straße in Pilgrim's Rest finden Sie Souvenirs und Kuriositäten sowie Restaurants und Cafés in restaurierten Häusern aus der Goldgräberzeit.

Im Kgalagadi Transfrontier National Park:
Gewitterwolken über der Kalahariwüste

Nordwesten
& das Landesinnere

Schätze im Verborgenen,
von den Diamanten um Kim-
berley bis zu Blumensamen
unter Wüstensand.

Seite 162–185

Erste Orientierung

Nur wenige Touristen wagen sich in die nördlichen Regionen des Landes: Sengende Hitze, große Entfernungen sowie weit auseinanderliegende Städte und Siedlungen machen das Reisen oft zur Strapaze. Andererseits zieht es wahre Abenteurer genau an solche abgelegenen Orte.

Karges Land mit schier endlosen Wüstenebenen und zu Skulpturen erodierten Felsgebirgen prägt die Provinz Nordkap. Wahre Schätze schlummern hier oft im Verborgenen: Wasser, gespeichert in den Stämmen und Wurzeln der Wüstenpflanzen, Blumensamen, die nach spärlichem Regen zu Blütenteppichen explodieren, Diamanten in den erstarrten Schloten unterirdischer Vulkane.

Die Kalahari ist Heimat der Nama wie der San, der letzten Nomadenvölker Südafrikas, und bietet trotz ihrer Aridität einer artenreichen Tierwelt einen Lebensraum. Ihr größter Teil liegt in Botswana und in Namibia, im Grenzgebiet zu Südafrika werden große Bereiche im Kgalagadi Transfrontier Park geschützt.

Von Johannesburg aus bietet das zügig erreichbare Spielerparadies Sun City allerdings zunächst einmal ein deutliches Kontrastprogramm zu den angrenzenden Wildschutzgebieten Pilanesberg und Madikwe. Die im Landesinneren gelegene Provinz Freistaat wird dominiert von flachen Weizenfeldern, während sich an der östlichen Grenze zu Lesotho die eindrucksvolle Berglandschaft der Eastern Highlands erhebt.

TOP 10
5 ★★ Pilanesberg National Park

Nicht verpassen!
45 Sun City
46 Madikwe Game Reserve
47 Kgalagadi Transfrontier Park

Nach Lust und Laune!
48 Eastern Highlands
49 Bloemfontein
50 Kimberley
51 Upington
52 Augrabies Falls National Park

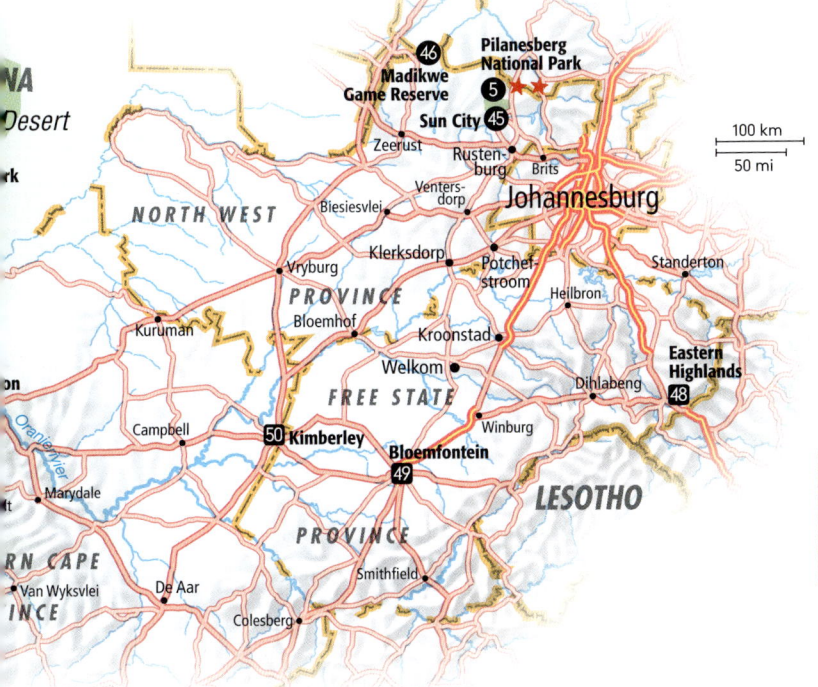

Madikwe **46**
Game Reserve

Pilanesberg
National Park

Sun City **45** **5** ★★

Zeerust

Rusten-
burg

Venters-
dorp

Brits

NORTH WEST Blesiesvlei

Johannesburg

Klerksdorp

Vryburg Potchef-
stroom Standerton

PROVINCE Bloemhof Kroonstad Heilbron

Kuruman Welkom Dihlabeng **Eastern
Highlands** **48**

FREE STATE

Campbell Winburg

50 **Kimberley** **Bloemfontein**

Marydale **49** **LESOTHO**

PROVINCE

RN CAPE Smithfield
Van Wyksvlei De Aar
INCE Colesberg

100 km
50 mi

Desert

Oranjerivier

Mein Tag

im Diamantenfieber

Südafrika steht unter den Diamantenproduzenten weltweit an siebter Stelle, und diese Erfolgsgeschichte hat genau hier angefangen: Am Big Hole von Kimberley. Folgen Sie der glitzernden Spur der Edelsteine! Ausgangspunkt ist das Big Hole Centre (www.thebighole.co.za).

10 Uhr: Wie alles begann

Start der geführten Tour am Big Hole. Das zweitgrößte von Menschenhand geschaffene Loch der Welt ist 215 m tief und besitzt einen Umfang von 1,6 km! Ab den 1870er Jahren holten Schürfer ca. drei Tonnen Diamanten aus der Tiefe. Dies und noch viel mehr erläutert ein Film, bevor es hinausgeht auf die Aussichtsplattform über dem »Loch«.

11 Uhr: Hintergründe und Abgründe

Wie es geklungen hat in der Diamantenmine, die sich über einen Kilometer tief unter die Erde fraß, erfahren Sie bei der Fahrt in den Schacht. Tatsächlich geht's nur ein paar Meter hinunter, aber die Geräuschkulisse sorgt für hautnahes Erleben. Danach erläutert das Kimberley Mine Museum alles, was Sie schon immer über Diamanten wissen wollten.

12 Uhr: Diamanten satt

... sehen Sie dann leibhaftig: Im Diamond Vault stehen Sie vor 3500 gut bewachten Klunkern. Selbst ein Fake-»Eureka« ist dabei. Das 21 Karat schwere Original wurde 1867 gefunden und löste den

10 Uhr: Wie alles begann

Roper St.

ar Rd.

10 Uhr

ar

y

City Hall

Old Main St.

Big Hole

Ende

Kimberley Club

ircular Rd.

Bultfontein

Lennox St.

200 m
200 yd

Start

Civic Centre

Diamond Vault

12 Uhr

William Humphries Art Gallery

Du Toit Span St.

14.30 Uhr: Wo die Magnaten wohnten

Aristotle Ave.

Queens Park

14.30 Uhr

BELGRAVIA

Rudd House

Lodge Rd.

Loch Rd.

Dunluce

11 Uhr: Hintergründe und Abgründe

12 Uhr: Diamanten satt

Die Museumsstadt um das Big Hole präsentiert historische Häuser und Fahrzeuge.

Diamantenboom aus. Nun haben Sie sich eine Atempause verdient. Mit der historischen Tram gondeln Sie einmal um das Big Hole (10 R).

🕐 13 Uhr: High Noon in der Museumsstadt

Die Museumsstadt um das Big Hole Centre zeigt Kimberley Ende des 19. Jhs. Alle Gebäude haben früher ihre Funktion als Kneipe, Geschäft, Bank etc. erfüllt und wurden im ganzen Land ab- und hier wieder-aufgebaut. Nett für einen Bummel und zum Stöbern in den Souve-nirshops. Zum Mittagessen kehren Sie in der Occidental Bar ein und bestellen sich einen Burger (16W Circular Road, Tel. 053 831 12 96).

🕐 14.30 Uhr: Wo die Magnaten wohnten

Am Big Hole wurde der Reichtum erwirtschaftet, im Stadtteil Belgra-via dann stolz präsentiert. An der Loch Road setzen Sie den Diaman-ten-Spaziergang in dem Nobelvier-tel mit seinen Villen fort: Beispiels-weise dem Rudd House (5-7), in dem ein enger Geschäftspartner von Cecil Rhodes lebte. Um die Ecke in der Lodge Road bewohnte Kimberleys erster Bürgermeister und Vorsitzender der De Beers Con-solidated, Ernest Oppenheimer, das ansehnliche Haus mit der Nr. 7. Sehr reizvoll ist das spätviktoriani-sche, im Jahr 1897 errichtete Dun-luce (Nr. 10).

15.30 Uhr

19 Uhr

15.30 Uhr

Mitte oben: Die historische
City Hall in Kimberley
Mitte unten: Teatime in
der William Humphreys
Art Gallery
Rechts: Leckeres Seafood
im Rhodes Grill

15.30 Uhr: Tea for Two
Für eine Pause empfiehlt sich
die Teestube der William Humphreys Art Gallery (1 Cullinant Crescent, www.whag.co.za, Mo–Fr
8–16.45, Sa 10–16.45, So 9–12 Uhr,
5 R): Im Garten genießen Sie mit
Blick auf das Grün der Oppenheimer Gardens Tee und Kuchen. Die
City Hall, Kimberleys historisches
Rathaus an der Market Street, ist
die letzte Station auf dem Diaman-
tenweg, dann ist Zeit für eine kurze
Siesta im Hotel. Für den Restau-
rantbesuch am Abend sollten Sie
sich umziehen – im »Club« erwartet man dezente Eleganz.

**19 Uhr: Dinner mit
Geschichte**
Bestellen Sie sich ein Taxi, das Sie
zum Ende des 19. Jhs. eröffneten
Kimberley Club (72 Du Toitspan
Road, Tel. 832 42 24, www.kimber
leyclub.co.za) fährt. Das Echo dieser
Goldenen Zeiten ist heute noch zu
spüren. Das Rhodes Grill ist deko-
riert mit Erinnerungen und Fotos.

❺ ★★ Pilanesberg National Park

Warum?	Wildparadies nicht weit von Johannesburg
Was?	Die Big Five und zahlreiche wasserliebende Tiere wie Flusspferde und Krokodile
Wie lange?	Ein Tag
Wann?	In der Trockenzeit (Mai–Oktober) ist Wild besser zu sichten
Was noch?	Eine Fahrt mit dem Heißluftballon
Resümee	Noch nie so viele Vögel gesehen!

Der 570 km² große Nationalpark, im Übergang zwischen trockener Kalahari und feuchtem Lowveld in einer erodierten Kraterlandschaft rund um den Vulkan Pilanesberg (1687 m) gelegen, gehört heute zu den größten und beliebtesten Wildreservaten Südafrikas. Neben den

Big Five sind hier viele weitere Tiere in freier Wildbahn zu erleben, darunter allein 300 verschiedene Vogelarten.

Gegründet wurde das in unmittelbarer Nachbarschaft zum Vergnügungskomplex Sun City gelegene Reservat 1979 zum einen, um gestressten Großstädtern eine natürliche Oase für Wochenendausflüge zu schaffen, zum anderen diente es im Rahmen der »Operation Genesis« der Wiederansiedlung einheimischer Tiere. Mit Erfolg: Heute leben in dem Park circa 10 000 große Säugetiere rund 75 unterschiedlicher Arten. Das Gelände eignet sich besonders gut für Sichtungen von Nashörnern und Elefanten, aber auch Löwen, Leoparden und Büffel bekommen Sie hier regelmäßig zu Gesicht. Zu den häufig anzutreffenden Pflanzenfressern zählen Giraffen, Impalas und Kudus, Steppenzebras, Streifengnus und Warzenschweine. Außerdem ist der Park Heimat verschiedener Antilopenarten, z. B. die auf der Roten Liste gefährdeter Arten stehenden Weißschwanzgnus.

Treffpunkt Wasserstelle

Im Zentrum des Parks liegt Mankwe Dam, die Heimat von Krokodilen, Nilpferden, Wasservögeln, dem afrikanischen Fischadler sowie Reihern, Störchen und Königsfischern. Es gibt einen Ansitz für den Blick auf den Damm und andere Beobachtungspunkte mit Blick auf kleinere Wasserstellen.

Im Park liegen Lodges und Camps; der Hauptzugang befindet sich 5 km nördlich von Sun City. Auch von Hotels und Lodges werden Game Drives organisiert. Ein besonderes Erlebnis ist die Fahrt mit dem Heißluftballon über das Pilanesberg-Reservat. Das Abenteuer dauert rund fünf Stunden, davon sind etwa 60 Minuten reine Flugzeit.

In der Savanne des Nationalparks fühlt sich diese Herde Weißschwanzgnus recht wohl.

KLEINE PAUSE

Im Park sind fünf Picknickplätze verteilt, mit am schönsten ist **Fish Eagle** am Mankwe Dam. Im Pilanesberg Centre nördlich von Mankwe Dam gibt es einen ruhigeren **Coffee Shop** in einem umgebauten alten Farmhaus.

✛ 228 B3 ✉ an der R565 ☎ 014 555 16 00 ⊕ www.northwestparks.org.za ❶ Nov.–Feb. tägl. 5.30–19, März/April, Sept./Okt. 6–18.30, Mai–Aug. 6.30–18 Uhr ✦ 110 R

Hot Air Balloon Safari/ Mankwe Game Trackers ☎ 014 552 50 20 ⊕ www.mank wegametrackers.co.za ✦ 4750 R

㊺ Sun City

Warum?	Zur Abwechslung mal kein Wild
Was?	Glitzerhotels, Casino, Vergnügungspark, Golfplatz und Show
Wie lange?	Ein, zwei Tage
Wann?	Tag und Nacht
Was noch?	Kunststrände ohne Haigefahr
Was nehme ich mit?	So amüsieren sich die Südafrikaner

Auf dem Gebiet des ehemaligen Homelands Bophuthats-wana liegt inmitten einer üppig grünen Landschaft das »Las Vegas des südlichen Afrika«, ein riesiger Vergnü-gungskomplex mit täglich bis zu 25 000 Gästen.

Afrikas Antwort auf Las Vegas: Sun City – hier das Luxushotel Palace of the Lost City

Während der Apartheid war Glücksspiel in Südafrika verbo-ten, in den damaligen schwarzen Homelands aber legal, so-dass dort Glücksspielzentren entstanden. Dies erklärt die recht abgeschiedene Lage von Sun City, das 1979 im Home-land Bophuthatswana errichtet wurde. Heute steht hier das Glücksspiel weniger im Vordergrund als die Familienunter-haltung. Besucher können hier über-nachten oder die Stadt entweder von Johannesburg oder Pretoria aus im Rah-men eines Tagesaus-fluges erkunden. Eine Hochbahn (Start: Parkplatz) fährt den gesamten Komplex ab. Am Welcome Centre erhält man einen Über-sichtsplan und kann Aktivitäten buchen. Für das Entertain-ment wird alles Erdenkliche getan: Es gibt eines der größten Spielcasinos der Welt, Kinos, Diskothcken, ein riesiges Ange-bot an Wassersport und einen Golfplatz. Im Stadion finden Sportveranstaltungen und Popkonzerte statt.

Wohnen in der Verlorenen Stadt

Der Hotel- und Freizeitkomplex <u>The Lost City</u> soll an eine afrikanische Kultur erinnern, die so jedoch nie existiert hat. Im Zentrum der »Verlorenen Stadt« steht das Luxushotel <u>The Palace of the Lost City</u>. In der 25 m hohen Hotelhalle fühlt man sich eher wie in einer Kathedrale. Unterkünfte im Palace of the Lost City, Sun City Hotel, Cascades und Sun City Cabanas müssen über Sun International Central Reservations (www.suninternational.com) gebucht werden.

Besucher in Sun Citys Valley of the Waves genießen die künstlich angelegten Strände.

Alles künstlich oder was?

Unterhalb des Hotels breitet sich ein 25 ha großer tropischer Regenwald aus, the Valley of Waves. Für den Strand der »Roaring Lagoon« musste der Sand von weither geholt werden. Mechanisch erzeugte Wellen branden heran. Um ein »echtes« Afrikagefühl zu schaffen, sind Tierlaute zu hören.

KLEINE PAUSE

Die *shebeen* (Kneipe) im **Cultural Village** bietet afrikanische Küche sowie traditionellen Tanz und Gesang.

✝228 B3 an der R565 nördlich von Rustenburg ☎014 557 10 00

⊕www.suninternational.com ✎75 R, Valley of Waves 160–190 R

⑯ Madikwe Game Reserve

Warum?	Wild satt, aber keine Malaria
Was?	Big Five und fachliche Führung
Wie lange?	Ein, zwei Tage
Wann?	Am besten in der Trockenzeit Mai–Oktober
Was noch?	Luxuriöse Lodges
Resümee	Oh, wie schön ist Südafrika!

Ein männlicher Maskenweber beim Nestbau

Ganz im Norden des Landes, an der Grenze zu Botswana, wurde 1991 ein 750 km² großes Reservat geschaffen, in dem die Chancen, Wildtiere in freier Umgebung zu beobachten, höher sind als im bekannteren Kruger National Park.

Landschaftlich wirkt das Game Reserve eher uninteressant: Im Osten ist die Szenerie flach und eintönig, im Westen wird sie von felsigen Hügeln durchzogen, und nahe der Südgrenze erstrecken sich die Dwarsberge. Der wichtigste Fluss ist der Marico an der Ostgrenze. Das Reservat steht weder Selbstfahrern noch Tagesbesuchern offen. Gäste quartieren sich in einer der 16 mehr oder weniger luxuriösen Lodges ein und nehmen an deren organisierten Pirschfahrten teil. Das All-inclusive Paket für Übernachtung, Verpflegung und Gamedrives ist zwar nicht ganz billig, lohnt aber allein schon deshalb, weil sich die Tiere hier so an die stabilen, offenen Jeeps der Guides gewöhnt haben, dass sie diese nicht mehr als Bedrohung empfinden. Für sie ist es längst ganz normal, dass ein Fahrer inmitten einer Büffelherde den Motor abstellt, und sie lassen sich auch vom gleich darauf einsetzenden Klicken der Fotoapparate nicht aus der Ruhe bringen. Nicht zuletzt kommunizieren die Guides der verschiedenen Lodges untereinander per Funkgerät, und sollte jemand irgendwo im Park unter einer Akazie eine dort ausruhende Löwenfamilie entdecken, gibt er den anderen umgehend Bescheid.

Eingerichtet wurde das Wildreservat in erster Linie als Schutzgebiet für gefährdete Tiere, aber auch, um Arbeitsplätze für die arme einheimische Bevölkerung zu schaffen.

Operation Phoenix

Ähnlich der »Operation Genesis« im Pilanesberg National Park wurden 1991 bis 1998 in der noch umfangreicheren »Operation Phoenix« 28 Großtierarten mit über 8000 Tieren aus anderen südafrikanischen Schutzgebieten in das Wildreservat umgesiedelt. All diese Tiere, darunter ganze Elefantenherden, waren einstmals in der Region heimisch, wurden aber fast vollständig ausgerottet.

Antilopen und Zebras in der Nähe der Jaci's Lodge, einer der 16 luxuriösen Unterkünfte des Wildreservats

Vielfalt zwischen Wüste und Busch

Heute leben in den Ebenen des Reservats nicht nur die Big Five und die Afrikanischen Wildhunde, sondern auch über 350 Vogelarten – von den großen Steppenvögeln wie dem Strauß und der Riesentrappe bis zu dem Elsterdrossling und dem Granatastrild. Hinzu kommen Adler und andere Raubvögel.

KLEINE PAUSE

Genießen Sie vor oder nach den Safaris einen üppigen Brunch und den Nachmittagstee in den **Luxuslodges.**

✝228 B4 ✉an der R49 nördlich von Zeerust (kein Tagesbesuch)
☎018 350 99 31/2

⊕www.northwestparks.org.za
➳180 R zusätzlich zu den Kosten für die Unterkunft

㊼ Kgalagadi Transfrontier Park

Warum?	Erlebnis Wüste
Was?	Sanddünen und wüstenangepasste Tiere
Wie lange?	Ein, zwei Tage
Wann?	Lieber in den kühlen Wintermonaten, sonst ist es sehr heiß
Was noch?	Putzige Erdmännchen
Resümee	Diesen Sternenhimmel werden Sie nie vergessen

Rote Sandrippen bis an den Horizont, in den Tälern Kameldornbäume, Herden von Oryxantilopen, majestätische Giraffen, träge Kalahari-Löwen und nachts das Kichern der Hyänen – die Kalahari, vom Volk der Tswana Kgalagadi genannt, bietet mit ihrer Wüstenlandschaft einen faszinierenden Kontrast zu den übrigen Nationalparks des Landes.

Als grenzüberschreitendes Schutzgebiet gehört der Kgalagadi Transfrontier Park zu den sogenannten Peace Parks.

Die Kalahari erstreckt sich in einem über 1 Mio. km² großen abflusslosen Becken. Ihr größter Teil gehört zu Botswana, der westliche Bereich zu Namibia und nur der Südzipfel zur Republik Südafrika. Der 38 000 km² große, grenzübergreifende Kgalagadi Transfrontier Park wurde durch Zusammenlegung des botswanischen Gemsbok National Park und des Kalahari Gemsbok National Park in Südafrika geschaf-

Sundowner in Blutorange

Wenn Sie am späten Nachmittag zum Game Drive im Kgalagadi National Park aufbrechen, muss unbedingt die Kühlbox ins Auto: darin eine Flasche Weißwein und zwei Gläser. Kurz bevor die Sonne untergeht, halten Sie am Fuß einer Düne, klettern zum Kamm und entkorken den Wein. Der Himmel färbt sich königsblau, die Dünen erglühen orangerot, die Schatten werden immer dunkler, unten trabt eine Oryxantilope vorbei. Sundowner, die magischsten Minuten des Tages.

Rechts: Die sog. Kalahari-Löwen können bis zu zwei Wochen ohne Wasser aus-kommen. Ganz rechts: Aufmerksam – ein sandfarbenes Erdhörnchen

Oryxantilopen sind in trockenen Gebieten wie der Kalahari heimisch.

fen. Zwei Trockenflüsse, Auob und Nossob, durchqueren den Park von Nordwesten nach Südosten und bilden die Hauptadern, an denen entlang Pirschfahrten stattfinden.

Natur und Mensch in der Kalahari

Die weiten Ebenen sind mit rotem Sand bedeckt, der durch die Erosion riesiger Felsmassen entstand. Für seine Färbung sorgt Eisenoxid. Die in unterschiedlichen Schattierungen leuchtende Dünenlandschaft wechselt überwiegend mit einer Trockensavanne ab.

In weiten Bereichen ist die Kalahari wegen der unwirtlichen Lebensbedingungen so gut wie unberührt, nur die San durchstreifen ab und zu die endlosen Weiten.

Die Kalahari ist keine reine Wüste. Im zu Südafrika gehörenden Teil fallen jährlich ca. 200 mm Regen, der eine spärliche Vegetation ermöglicht. Der Trockenheit sehr gut

angepasst sind Zwergsträucher, Büschelgras und Sukkulenten. Zu den wenigen Baumarten gehört der Weißstamm,
dessen Blätter das ganze Jahr über für Schatten sorgen. Bis
über 15 m hoch wird der ansehnliche Kameldorn, den man
in den trockenen Flusstälern sieht. Nach Regenfällen erwacht die Halbwüstenlandschaft zum Leben, überall sprie-
ßen für kurze Zeit Pflanzen hervor. Zwar durchziehen die
Flussbetten von Auob und Nossob das Naturschutzgebiet,
doch führten sie in den letzten 100 Jahren nur einige Male
oberirdisch Wasser. Im Lauf der Jahrtausende bildeten sie
dennoch eindrucksvolle Täler. Den Wasserbedarf für die
Tiere sichern ca. 80 von Windrädern betriebene Pumpen in
den Flusstälern. Daneben ist die Tsammamelone Feuchtig-
keitsspender, sie besteht zu 90 Prozent aus Wasser.

Die Wüste lebt

Benannt war der Nationalpark früher nach dem hier leben-
den Spießbock (Oryxantilope), der in Südafrika »gemsbok«
heißt. Streifengnus, Elen- und Kuhantilopen sind ebenfalls
häufig. Zu den über 200 Vogelarten gehören auch rund 50
Greifvogelarten. Man sieht das Wild am ehesten in den Tro-
ckentälern und an den zahlreichen Wasserstellen.

Zehn Camps liegen auf der südafrikanischen Seite. Das
größte von ihnen ist Twee Rivieren. Es liegt an der Zufahrt,
ist umzäunt und hat ein Geschäft, ein Restaurant, einen Pool
und eine Tankstelle. Auch Mata-Mata und Nossob sind umzäunt und bieten ähnliche Einrichtungen. Die !Xaus Lodge
ist ein exklusives Zeltcamp in Gemeindebesitz der San mit
Blick auf eine Salzpfanne und Wildniswanderungen.

KLEINE PAUSE
Letzte Station und 5 km vor dem Parkeingang ist die **Kgala-
gadi Lodge** (Tel. 0 82 303 87 68; www.kgalagadi-lodge.co.za;
R) mit Restaurant, Supermarkt, Bäckerei und Metzgerei.

✛ 227 D4

Kgalagadi Transfrontier Park
✉ 385 km von Kuruman, 260 km von
Upington entfernt

☎ 054 561 20 00
🌐 www.sanparks.org
🕐 tägl., Eingangstor: monatlich vari-
ierend, üblicherweise 7–18.30 Uhr
✦ 328 R

Nach Lust und Laune!

Eastern Highlands

Die Provinz Free State, in Südafrikas Mitte, wird dominiert von sanft hügeligem Grasland mit Weizen- und Sonnenblumenfeldern und geht im Südosten an der Grenze zu Lesotho in Hochland über. Hier liegt der <u>Golden Gate Highlands National Park</u>, der seinen Namen den golden leuchtenden Schatten verdankt, die vom Sonnenlicht auf die Sandsteinklippen geworfen werden. Der Park ist für seine Gras- und Hügellandschaft bekannt, die sich hervorragend für Wanderungen und Vogelbeobachtungen eignet. Übernachtungsmöglichkeiten bieten ein Hotel sowie ein Restcamp. Unmittelbar vor dem westlichen Parkeingang haben Sie im <u>Basotho Cultural Village</u> Gelegenheit, Einblicke in die Kultur der Dorfbewohner zu gewinnen. Erkunden Sie die traditionellen Hütten, sehen Sie den Kunsthandwerkern bei der Arbeit zu und probieren Sie das selbst gebraute Bier. Noch etwas weiter westlich liegt das Städtchen <u>Clarens</u>, das mit seiner Berglandschaft viele Künstler inspiriert hat. Diese Arbeiten können Sie in den Galerien rund um den Hauptplatz bestaunen.

✠ 229 D1

Golden Gate Highlands National Park
☎ 058 255 10 00 ⊕ www.sanparks.org
🏷 192 R

Basotho Cultural Village
🕐 tägl. 9–16 Uhr; geführte Tour 70 R

Clarens Tourist Information
✉ Market Street, Clarens ☎ 058 256 15 42 ⊕ www.clarenstourism.co.za
🕐 tägl. 9–13, 14–17 Uhr

Die Diamantenfundstätten um Kimberley – hier: The Big Hole, aus dem bis 1914 Diamanten gefördert wurden – liegen nicht in Flussläufen, sondern im Kimberlit-Gestein eingeschlossen.

49 Bloemfontein

Bloemfontein, Hauptstadt des Free State und Teil der Metropolregion Manaung, liegt an der N1 und ist mit zahlreichen Unterkünften ein geeigneter Zwischenstopp für Autofahrer auf dem Weg von Johannesburg nach Kapstadt. Den Stadtkern prägen einige historische, baumgesäumte Straßen rund um die President Brand Street mit stattlichen Gebäuden: City Hall, Old Presidency, Anglican Cathedral, Dutch Reformed Church mit zwei Türmen und Oberster Gerichtshof. Bei der Touristeninformation erhalten Sie eine Übersicht aller Sehenswürdigkeiten. Im National Museum kann man Dinosaurierskelette, eine naturkundliche Ausstellung und den Nachbau einer Straße der Stadt aus alten Zeiten bestaunen. Naval Hill, nordöstlich vom Zentrum, lohnt einen Abstecher für den Panoramablick auf Bloemfontein. Hier befindet sich auch das Franklin Game Reserve mit Springböcken, Elenantilopen, Kuhantilopen und Giraffen. Bloemfontein ist die Geburtsstadt von J. R. R. Tolkien, dem Autor der Fantasyklassiker *Der kleine Hobbit* und *Der Herr der Ringe*.

✛ 228 B1 ✉ 60 Park Road
☎ 051 405 84 89 ⊕ www.bloemfontein.co.za ⊕ www.mangaung.co.za
◐ Mo–Fr 8–16.30, Sa 8–12 Uhr

National Museum
✉ 36 Aliwal Street ☎ 051 447 96 09
⊕ www.nasmus.co.za ◐ Mo–Fr 8–17, Sa 10–17, So 12–17 Uhr 🍂 5 R

50 Kimberley

Kimberley, die Hauptstadt der Nordkap-Provinz, ist ein Synonym für Diamanten. Sie wurden hier im Jahr 1871 entdeckt und zogen unzählige Diamantensucher an, die bis zur Schließung 1914 Steine mit insgesamt 14,5 Millionen Karat aus der Erde holten und dabei das Big Hole gruben. Das an der Erdoberfläche im Umfang 1,6 km, im Durchmesser 460 m messende, 215 m tiefe Loch war damals das größte von Menschenhand gegrabene Loch der Welt. Heute gehört zum Big Hole Complex auch ein Museum, das den einstigen Diamantenrausch dokumentiert – als die schwerreichen Diamantenjäger ihre Zigarren mit Banknoten anzündeten, in Champagner badeten und sich mehr Millionäre, darunter Cecil John Rhodes, im Kimberley Club trafen als irgendwo sonst auf der Welt.

✛ 228 A1

The Big Hole Complex
✉ Tucker Street ☎ 053 8 39 46 00
⊕ www.thebighole.co.za ◐ tägl. 8–17 Uhr 🍂 110 R

51 Upington

Geschäfte und Restaurants machen Upington zur bedeutendsten Stadt im Umkreis von Hunderten von Kilometern. Die Stadt markiert zugleich das Haupttor zum Kgalagadi Transfrontier Park (S. 176 ff.) und wird bei Reisen im abgeschiedenen Nordwesten zwangsläufig passiert.

Der schmale Gariep (Oranje) River bahnt sich seinen Weg entlang der Stadt und ermöglicht so die Bewässerung dieser Gegend. Das fruchtbare Land wird für den Anbau von Weintrauben, die zu Sultaninen und Korinthen verarbeitet werden, genutzt. Hier sind auch die Winzergenossenschaft Orange River Wine Cellars und der Trockenfrüchteproduzent South African Dried Fruit Cooperative beheimatet. Die Stadt selbst entwickelte sich aus einer 1871 gegründeten Missionsstation. Das Kalahari-Oranje Museum, einziges Museum der Stadt, bietet zumindest die beste Sicht der ganzen Stadt auf den Fluss. Mit Temperaturen von oftmals über 40 Grad Celsius im Sommer gilt Upington als die heißeste Stadt in Südafrika.

Die Augrabies Falls – »Ort des großen Lärms«

Namen »Aukoerebis« – »Ort des großen Lärms«. Die beste Besuchszeit ist im Spätsommer. Dann führt der Fluss viel Wasser, entlang der Felswände bilden sich weitere Fälle und die Luft füllt sich mit Sprühnebel. Felsauswaschungen lassen die Umgebung der Schlucht fast wie eine bizarre Mondlandschaft erscheinen. Der Rest des Nationalparks ist Halbwüste und beherbergt viele kleine Säugetiere; auch Spitzmaulnashörner wurden wieder angesiedelt. Eine typische Pflanze in dieser Gegend ist der Köcherbaum, eine Aloe-Art, die ihren Namen vom San-Volk erhielt, das aus den weichen Ästen Köcher für Jagdpfeile fertigte. Das von SANParks verwaltete Augrabies Restcamp bietet eine gute Auswahl an Selbstversorger-Unterkünften, einen Campingplatz mit Pools sowie eine Bar und ein Restaurant. Eine Nachtsafari buchen Sie an der Rezeption.

✛ 227 D2

Upington Information Centre
✉ Mutual Street ☎ 054 338 71 51
⊕ www.zfm-dm.co.za
⏱ Mo–Fr 8–17.30, Sa 9–12 Uhr

Kalahari-Oranje Museum
✉ 4 Short Street
⏱ Mo–Fr 9–12.30, 14–17 Uhr 💰 30 R

52 Augrabies Falls National Park
An den Augrabies Falls schießt der Gariep (Oranje) River mit lautem Getöse in mehreren Wasserfällen 100 m in die Tiefe und donnert schließlich in eine etwa 18 km lange Schlucht: die Orange River Gorge. Naheliegenderweise verlieh das indigene Khoi-Volk diesem Ort den

✛ 226 C2
B120 km westl. von Upington
☎ 054 452 92 00 ⊕ www.sanparks.org
⏱ tägl. 7.30–18.30 Uhr 💰 192 R

Wohin zum ...
Übernachten?

Preise für ein Doppelzimmer pro Nacht:
R   unter 1500 Rand
RR   1500–3000 Rand
RRR   über 3000 Rand

Bakubung Bush Lodge R
Die Anlage der Bakubung Bush Lodge ist ziemlich groß – mit Hotelzimmern und rund 60 Chalets für Selbstverpfleger. Alle verfügen über den Blick auf eine Wasserstelle und die Hügel des Pilanesberg. Im eleganten Marula Grill Restaurant kommen leckere Speisen auf den Tisch, u. a. Grillfleisch, Meeresfrüchte und Pasta.
✣ 228 B4 ✉ Pilanesberg National Park, Kubu Street, Rustenburg
☎ 014 552 6000 ⊕ www.legacyhotels.co.za/en/hotels/bakubung

Hobbit Boutique Hotel R
Hier fühlen Sie sich ein bisschen wie Bilbo im Auenland. Die Zimmer tragen die Namen der wichtigsten Protagonisten der »Herr-der-Ringe«-Trilogie und sind mit von Tolkien gemalten Bildern und Karten geschmückt.
✣ 228 B3 ✉ 19 President Steyn Avenue, Westdene, Bloemfontein
☎ 051 447 06 63 ⊕ www.hobbit.co.za

Kimberley Country House RR
Recht günstig zu den Sehenswürdigkeiten und mitten in der Stadt wohnt man hier mit dem Charme des viktorianischen Zeitalters und gleichzeitig allen modernen Annehmlichkeiten wie WLAN und Klimaanlage. Zehn Zimmer, sehr freundliches und hilfsbereites Personal, ein ausgezeichnetes Frühstück und ein erfrischender kleiner Swimmingpool.
✣ 228 A2 ✉ 6 Carrington Road (Belgravia), Kimberley ☎ 076 388 07 56 ⊕ www.kchouse.co.za

Kwa Maritane/Tshukudu RRR
Kwa Maritane liegt im Südosten des Pilanesberg Nationalparks direkt neben einem Eingangstor und hat einen versteckten Ansitz mit Blick auf ein gut besuchtes Wasserloch. Bis nach Sun City sind es nur zehn Autominuten. Die exklusivere Tshukudu-Lodge liegt tief im Park auf einer felsigen Anhöhe mit herrlichem Blick über die Ebenen und wird vom selben Management betrieben. Sie hat nur acht strohgedeckte Chalets, die Wildbeobachtungstouren sind im Preis enthalten. Beide Lodges verfügen über einen Swimmingpool.
✣ 228 B4 ✉ Pilanesberg Game Reserve
☎ 011 806 68 88 ⊕ www.legacygroup.co.za

Makanyane Safari Lodge RRR
An der Ostgrenze des Madikwe Game Reserve liegt diese atemberaubend schöne Lodge mit acht großen Suiten. Erstklassige Führer leiten die Wildbeobachtungstouren, die häufigen Sichtungen werden von feiner Küche und einer guten Weinkarte ergänzt. Swimmingpool, Spa und Fitnessraum gehören zum Komfort.
✣ 228 B4 ✉ Zugang via Makanyane Gate auf der unbefestigten Straße zwischen Sun City und Derdepoort ☎ 014 778 96 00
⊕ www.sanctuaryretreats.com

Le Must River Residence und Three Gables Guesthouse R
Die Residence ist eine 5-Sterne-Pension im Stil einer italienischen Villa. Die elf individuell gestalteten Zimmer bieten einen Blick sowohl auf den Swimmingpool als auch auf den Fluss. Das Manor Guesthouse mit drei Sternen hat acht Zimmer mit moderner, komfortabler Einrichtung.
✣ 227 D2 ✉ 14 Butler Street und 12 Murray Avenue, Upington ☎ 054 332 39 71 ⊕ www.lemustupington.com

Twee Rivieren R
Twee Rivieren ist Verwaltungssitz des Kgalagadi, größtes Camp und Tor zum Park zugleich – und gut ausgestattet mit Pool, Zeltplatz, Restaurant und Tankstelle (mit Mobilfunkempfang und Stromversorgung rund um die Uhr!). Klimatisierte Cottages für bis zu sechs Selbstversorger.
✣ 227 D4 ✉ Kgalagadi Transfrontier Park
☎ 021 428 91 11 ⊕ www.sanparks.org

Wohin zum ...
Essen und Trinken?

Preise für ein Zwei-Gänge-Menü
(ohne Getränke):
R = unter 200 Rand . RR = 200–350 Rand
RRR = über 350 Rand

Café Zest R
Das geschmackvoll modern eingerichtete
Lokal ist im vorderen Bereich Café und
Snackbar, im Innenhof kann man schön
sitzen. Der hintere Bereich ist dem Restaurant mit gehobener Küche vorbehalten,
in dem natürlich das Karoo-Lamm auf den
Tisch kommt, aber auch Fisch und Nudel-
gerichte; gute Weinauswahl.
✛227 D2 ✉94 Schröder Street, Upington
☎054 332 14 13 ⊕www.facebook.com/
cafezestupington ❶Mo–Sa 9–22 Uhr

Clementine's RR
Lassen Sie sich nicht vom derben grünen
Wellblechdach abschrecken, das Restaurant, gleich hinter dem Dorfplatz, ist für
seine gut ausgestattete Bar, eine nette Atmosphäre bei Kerzenlicht und preiswerte
Gerichte bekannt. Ihr Gaumen wird sich an
einem Steak mit köstlicher Sauce und ge-
grilltem Fisch, gefolgt von fantasievollen
Desserts wie Schokoladen-Crème-brulée
oder Butternuss-Käsekuchen erfreuen.
Die Terrasse eröffnet obendrein eine herrliche Sicht auf die Berge.
✛228 C2 ✉Church Street, Clarens
☎058 256 16 16 ⊕www.clementines.co.za
❶Di–So 11–15, 18–22 Uhr

The Occidental Bar (The Ox) RR
Im Big Hole Centre bereitet der weit über
Kimberley hinaus bekannte Chef Daniel Williams mit seiner Crew südafrikanische
Pub-Küche auf hohem Niveau zu; es gibt
Steaks, Geflügel und natürlich Wild, Gour-
met-Burger, Sandwiches und Hummer. Die
Atmosphäre eines Western-Saloon trägt
wesentlich dazu bei, dass man sich hier
auch einen ganzen Abend lang wohlfühlt.
Im Sommer sitzt man draußen sehr angenehm auf den Bänken an langen Tischen.
✛228 B4 ✉Waterfall Mall Shopping
Centre, 1 Augrabies Ave, Rustenburg
☎014 592 07 66 ❶tägl. 8–22 Uhr

✛228 A2 ✉The Ox, Tucker Street, Kimberley ☎053 831 12 96 ❶Mo–Do 10–22, Fr, Sa
10–24, So 12.30–15 Uhr

De Oude Kraal
Country Estate RRR
Einheimische kommen von weit her, um
das von Weinreben und Eukalyptusbäumen
umgebene Restaurant zu besuchen, etwa
sonntagmittags oder für ein 6-Gänge-Me-
nü am Abend. Hohe Decken und Holzböden sorgen für ein ländliches Ambiente,
die Veranda bietet Sitzgelegenheiten im
Freien. Die Speisen werden sehr schön angerichtet und im Weinkeller lagern selte-
ne Tropfen. Die Übernachtungsgäste können
sich dort den Wein für das Abendessen aussuchen.
✛228 A1 ✉35 km südlich von Bloemfontein,
Ausfahrt N1 Riversford
☎051 564 07 33 ⊕http://deoudekraal.com
❶7.30–21.30 Uhr

Seven on Kellner RR/RRR
Dieses preisgekrönte Restaurant liegt in
einem historischen Herrenhaus in Bloemfontein. Es serviert internationale Speisen
für jeden Geschmack – von marokkanischen
Eintöpfen bis zu leckeren Pizzen aus dem
Holzofen.
✛228 B1 ✉7 Kellner Street, Bloemfontein
☎051 447 79 28 ⊕www.sevenonkellner.
co.za ❶Mo–Do 12–16, 17–22, Fr, Sa 13–
23 Uhr

Bakubung Bush Lodge R
In diesem betriebsamen Restaurant, das
sich in einer Shoppingmall befindet, wird
auch eine kleine Auswahl an Meeresfrüchten serviert, allerdings sind es doch eher
die gewaltigen Fleischportionen, die die
meisten Besucher hierher locken. Zu den
Gaumenfreuden gehören beispielsweise
das Hunter's Steak (mit Hühnchenleber in
Piri-piri-Sauce) und das übergroße, etwa
1 kg schwere Eisbein. Die Auswahl an Speisen ist gut. Der Service ist sehr freundlich
und aufmerksam.

Wohin zum ...
Einkaufen?

Aufgrund ihres landschaftlich offenen und weitläufigen Charakters ist diese Region nicht gerade als großartiges Einkaufsmekka bekannt. Dennoch können Sie in den Shops der Lodges schöne Souvenirs erstehen. Selbstversorger finden in den Supermärkten oder in den »bottle shops« der kleineren Städte die nötige Verpflegung für die anstehenden Touren.

Sun City wartet mit verschiedenen Shopping Malls und mehreren Geschäften und Boutiquen in den Vergnügungszentren und in Hotels auf, beispielsweise das Sun Central (Tel. 014 557 10 00).

Den Hauptplatz von Clarens in den Eastern Highlands säumen verschiedene Galerien und auch mehrere Kunsthandwerksläden.

Ein Geschäft im Windmill Centre (www.facebook.com) verkauft Kosmetika aus Eigenproduktion und Geschenkartikel aus Sandstein, außerdem gibt es ein Café. Die Johan Smith Gallery (Tel. 083 262 31 69; www.johansmith.co.za) widmet sich Malereien und der Töpferkunst. Wenn man auf das Städtchen zufährt, findet man die kleine Shopping Mall Clarens Meander (Ecke Main und van Zyl Sreet Tel. 72 601 1576; www.facebook.com).

Die beiden größten Einkaufsmöglichkeiten in Bloemfontein sind die Mimosa Mall (Ecke Nelson Mandela und Parfitt Street, Tel. 051 444 69 14; www.mimosa mall.co.za) und die Loch Logan Waterfront (Henry Street, Tel. 051 448 36 07, www.lochlogan.co.za), eine attraktive Einkaufsstraße an der Promenade eines Sees im King's Park gelegen.

Das wohl größte Kaufhaus in Kimberley ist der Diamond Pavilion (Bloemfontein Road, Tel. 053 832 92 00; www.diamond pavilion.co.za).

Als letzte Station vor dem Tor zum Kgalagadi Transfrontier Park sollten Reisende die Supermärkte in Upington nutzen, um sich mit Getränken und Lebensmitteln einzudecken.

Wohin zum ...
Ausgehen?

Das »Nachtleben« beschränkt sich hier auf ein Abendessen in einer *boma* (afrikanische Hütte), ein Glas Wein in einer Hotelbar oder ein Bier vor dem Chalet, während das Fleisch auf dem Grill brutzelt. Dafür bieten sich viele Freizeitaktivitäten.

SPORT

Golfplatz in Sun City

Sun City (Tel. 014 557 10 00; www.suninter national.com) ist mit dem 18-Loch-Golfplatz und Par 72 ein beliebtes Ziel für Golfer. In den Eastern Highlands nahe Clarens veranstaltet Outrageous Adventures (Tel. 083 485 98 54; www.outrageousadven tures.co.za; Okt.–März) eintägige Wildwasserraftings auf dem Ash River; Mutige seilen sich von einer 35 m hohen Felswand ab. Auf dem Gariep River kann man mit Umkulu Safari and Canoe Trails Raftingtouren unternehmen und dabei Tiere beobachten. Übernachtet wird in Zelten, zurück geht es mit dem Bus (Tel. 082 082 67 15; http://umkuluad ventures.com).

FESTIVALS

Zu den jährlichen Festivals zählt das zehntägige Macufe (www.macu fe.co.za; Anfang Okt.) in Bloemfontein, das sich der afrikanischen Kultur widmet. Zu Beginn des Jahres feiert Clarens das Craft Beer Festival (www.clarenscraftbeerfest.com) mit dem Ausschank des Gerstensafts kleiner, handwerklich orientierter Brauereien.

Unterwegs auf der Küstenstraße im Table Mountain
National Park, im Hintergrund die »Zwölf Apostel«

Spaziergänge & Touren

Unterwegs in einem Land mit einzigartiger Natur, Flora und Fauna, faszinierenden Ethnien und Kulturen.

Seite 186–201

Kapstadt

Was?	Spaziergang
Länge	ca. 1,5 km
Zeit	1,5 Stunden
Start/Ziel	Touristeninformation, Ecke Castle/Burg Street

Bei einem kurzen Rundgang durch Kapstadts Zentrum erleben Sie das rege Treiben und Flaniermeilen mit historischen Gebäuden und modernen Hochhäusern.

1–2

Starten Sie bei der Touristeninformation und schlendern Sie die Strand Street entlang bis zum Einkaufszentrum Golden Acre, dann rechts in die Adderley Street, wo Sie der Duft des Blumenmarkts am Trafalgar Place empfängt. Daneben befindet sich die Standard Bank, ein Beispiel der Fin-de-Siècle-Architektur. Dem Straßenverlauf weiter folgend, sehen Sie auf der gegenüberliegenden Seite die von Sir Herbert Baker entworfene First National Bank von 1933. Gegenüber, Ecke Adderley/Wale Street, liegt die Slave Lodge – 1679 als Quartier für Sklaven erbaut.

2–3

Gegenüber der Slave Lodge steht die anglikanische St. George's Cathedral. Hier hielt der im Jahr 1984 mit dem Friedensnobelpreis ausgezeichnete Erzbischof Desmond Tutu zahlreiche Predigten gegen die Apartheid.

3–4

Neben der Kathedrale beginnt die Government Avenue mit den Grünflächen der <u>Company's Gardens</u> – benannt nach der Holländisch-Ostindischen Handelskompanie. Sie brachte im 17. Jh. die ersten Siedler ans Kap. Im Park findet man die 1818 gegründete <u>National Library of South Africa</u> und das 1884 errichtete Parlamentsgebäude, <u>Houses of Parliament</u>, vor dessen Eingang eine Statue der Königin Victoria wacht. <u>De Tuynhuys</u> ist Amtssitz des Staatspräsidenten.

Volksvertretung: Houses of Parliament

4–5

Gehen Sie zur Kathedrale zurück, links in die Wale Street und rechts zur Fußgängerzone St. George's Mall, dann links entlang der Longmarket Street zum Greenmarket Square, dem ältesten Platz der Stadt, und weiter bis zur Long Street.

6–7

Einen Block weiter erreichen Sie die Loop Street, zur Rechten den Heritage Square. Im restaurierten Häuserblock aus dem 18. und 19. Jh. gibt es Bars, Restaurants und das Cape Heritage Hotel mit einer 1781 gepflanzten Weinrebe am Eingang. Zwei Gebäudereihen weiter nördlich auf der Loop Street überqueren Sie die Castle Street und biegen rechts in die Strand Street ab. Sie kreuzen erneut die Long Street, wenn Sie zur Rechten das wiederaufgebaute <u>Koopmans-De Wet House</u> sehen, das heute als Museum dient. Nach rechts führt die Burg Street zurück zur Touristeninformation.

KLEINE PAUSE

Das **Savoy Cabbage** serviert Kleinigkeiten. Oder Sie besuchen die Bar (101 Hout Street, Tel. 021 424 26 26, www.savoycabbage. co.za, Mo–Fr 12–14.30, 19–22.30, Sa 19–22.30 Uhr, RR).

Cape Peninsula

Was?	Tour
Länge	ca. 180 km
Zeit	1 Tag
Start/Ziel	Kapstadt-Zentrum ✛ 230 B3

Die zerklüftete Berglandschaft des Table Mountain National Park prägt die Cape Peninsula. Beiderseits liegen schmucke Hafenstädtchen, Luxusvillen, Straßen winden sich an Klippen entlang, und überall eröffnen sich Ausblicke über den Ozean.

1–2

Verlassen Sie *Kapstadt* über die Küstenstraße, die durch Green Point und Sea Point bis zum Nobelort Clifton mit seinen Stränden führt. Daneben liegt Camps Bay mit breitem weißen Sandstrand, gesäumt von Bars und Restaurants am Fuß der Twelve Apostles. Der Strand ist einer der schönsten der Welt, nur ist der Atlantik schlicht zu kalt zum Baden.

2–3

Ab Camps Bay lassen Sie die Villen hinter sich und fahren die Straße entlang der Felsküste nach Hout Bay. Sie passieren das Twelve Apostles Hotel und den Nobelvorort Llandudno. Hout Bay ist ein Fischereihafen mit schönem Strand. Genießen Sie Meeresfrüchte in einem Restaurant der Mariner's Wharf oder besuchen Sie den Fischmarkt. Bootstouren bringen Sie nach Duiker Island, wo sich eine Pelzrobbenkolonie tummelt.

3–4

Über den nächsten Küstenabschnitt zieht sich eine der schönsten (Maut-)Straßen der Welt: der 15 km lange, ins Felsgestein gehauene Chapman's Peak Drive, 600 m über der Brandung. Aufgrund der Gefährdung durch herabstürzende Felsbrocken sicherte man die Straße mit riesigen Netzen, an besonders gefährdeten Abschnitten wurden Tunnels in den Berg gesprengt. Die Fahrt über den Chapman's Peak eröffnet eine tolle Sicht auf den weitläufigen Strand von Noordhoek.

4–5

Dieser ist mit 8 km Länge Noordhoeks größtes Highlight. Die Straße führt landeinwärts nach Sun Valley. Dort biegen Sie rechts ab auf die M65 nach Kommetjie, einem Surferparadies, und Scarborough mit Feriendomizilen. Die Stra-

Surfers Paradise am Strand von Muizenberg auf der Kap-Halbinsel

ße bringt Sie bis zum Tor des Table Mountain National Park (Cape of Good Hope Sector). Unterwegs bietet sich ein Besuch einer Straußenfarm an oder Sie machen einen ausgedehnten Bummel über den Souvenirmarkt am Parkeingang.

5–6

Rund 65 km südlich von Kapstadt, im Areal des Table Mountain National Park, wartet das Schutzgebiet des Kaps der Guten Hoffnung mit der charakteristischen Tier- und Pflanzenwelt der südlichen Kapregion auf. Vielleicht bekommen Sie einen Strauß, einen Bontebok oder eine Elenantilope zu sehen. Doch sind es weniger Flora und Fauna, die Hunderttausende an das südwestliche Ende Afrikas locken, sondern die grandiose Landschaft und das Bewusstsein, an einem bedeutsamen Fleck zu stehen. Außerdem liegen hier einige einsame Strände. Bei Cape Point an der Südspitze der Halbinsel gibt es einen Parkplatz und ein Besucherzentrum mit Restaurant. Von hier führen ein steiler Fußweg und eine

Standseilbahn zum Cape Point Lighthouse, von wo aus Sie einen guten Blick über den Ozean und False Bay haben. In 249 m Höhe steht der Leuchtturm von 1860, dessen Licht man an klaren Tagen 67 km weit sieht – häufig verschwindet er jedoch im Nebel. Daher wählte man für den neuen Leuchtturm (1919) einen 100 m tiefer gelegenen Standort. Er weist über 20 000 Schiffen den Weg entlang der Kaproute.

6–7

Nach Verlassen des Parks geht es zurück nach Kapstadt über die M4 entlang der Ostküste und der False Bay – so benannt, weil Seefahrer sie einst mit der Table Bay im Norden verwechselten. Ein Halt am Boulders Beach lohnt sich: Am Sandstrand hat sich eine Kolonie von Brillenpinguinen angesiedelt. Um ihren Lebensraum zu schützen, wurde das Gelände eingezäunt. Besucher führt man über Bohlenwege nah an die Tiere heran. Nächste Station an der M4 ist Simon's Town. Der Ort war bis 1957 Marinehafen der Briten und ist heute noch Südafrikas wichtigster Marinestützpunkt.

7–8

Weiter geht es durch Fish Hoek mit schönem Strand, dann zur Kalk Bay, an deren Fischereihafen lebhaftes Treiben herrscht. Die Straße schlängelt sich weiter nach Muizenberg. Der Ort lockt mit einer tollen Szenerie aus weißem Sand und einer Brandung. Über die M3 geht es relativ schnell zurück nach Kapstadt.

KLEINE PAUSE

In Simon's Town gibt es im **Cafe Pescado** (Tel. 021 786 22 72, www.pescados.co.za; R/RR) am Jubilee Square Pizze sowie Hühnchen und Meeresfrüchte im mosambikanischen Stil.

Table Mountain National Park (Cape of Good Hope Sector) ✝230 B2 ☎021780 95 26 ⊕ www.sanparks.org ❶Okt.–März tägl. 6–18, April–Sept. 7–17 Uhr ✦147R

Cape Point Ostrich Farm ✝230 B2 ✉M65 ☎021780 92 94 ⊕ www.capepointostrichfarm.com ❶Fr–Mi 9.30–17.30 Uhr

Boulders Beach ✝230 B2 ☎021786 23 29 ⊕www.sanparks.org ❶Dez./Jan. 7–19.30, Feb./März, Okt./Nov. 8–18.30, April–Sept. 8–17 Uhr ✦76 R

Route 62

Was?	Autotour
Länge	613 km
Zeit	Gut 2 Tage
Start/Ziel	Kapstadt ✛222 B2/Oudtshoorn ✛223 D2

Die Halbwüstenlandschaft der Karoo und die Berge, die das von Trockenheit geprägte Hinterland von den Küstenregionen trennen, sind charakteristisch für die Route 62.

1–2

Fahren Sie von Kapstadt 50 km die N1 bis Paarl, wo Sie Weingüter finden. Im »House of Fire«, einer restaurierten Brennerei, können Sie Hochprozentiges probieren. Weiter führt die R303 vorbei an Weingütern ins 9 km entfernte Wellington, ein wichtiges Gebiet für die Trockenfrüchteproduktion.

2–3

Über die R303 geht es von Wellington zum Bain's Kloof Pass. Die 1853 eröffnete Passstraße ist eines von Südafrikas ingenieurtechnischen Meisterwerken. Nach dem Pass biegen Sie links auf die R43 ab und fahren über Wolseley 42 km nach Tulbagh, einem 300 Jahre alten Städtchen.

Üppige Reben in Südafrikas Weinregion

3–4

Fahren Sie die R43 zurück, bis Sie nach 27 km links auf die R303 und weiteren 9 km nach <u>Ceres</u> kommen (Obstanbau). Setzen Sie die Fahrt 24 km auf der R303 fort, bis Sie wieder auf die R43 gelangen, die nach <u>Worcester</u> mit dem Karoo National Botanical Garden und dem Freilichtmuseum führt.

4–5

Von Worcester führt die R60 in südöstlicher Richtung vorbei an Weinkellereien entlang des Breede River Valley. 53 km von

Worcester entfernt liegt <u>Robertson</u>. Jacaranda-Alleen mit Restaurants und Kunsthandwerksläden schmücken die Stadt, die von Weingütern umgeben ist. Einen Abstecher lohnt das Bilderbuchdorf <u>McGregor</u>, Heimat vieler Künstler.

5–6

In Robertson bleiben Sie auf der R60 bis Ashton und Montagu oder machen noch einen 35 km weiten Schlenker über die R317 nach <u>Bonnievale</u>, bekannt für seinen Wein und

Käse. Fahren Sie in einer Schleife zurück und noch etwa 25 km auf der R62 durch Ashton sowie über den Kogmanskloof Pass nach <u>Montagu</u>. Das Städtchen ist für Brandy, Wein und Obst und für heiße Quellen bekannt. Man kann sich im Avalon Springs Resort in mehreren Pools erfrischen.

6–7

Über die R62 wird das Obst- und Weinanbaugebiet <u>Barrydale</u> angepeilt. Hier gibt es mehrere Optionen: eine Abkürzung zur Garden Route über die R324 und den Tradouw's Pass,

nach Heidelberg via R322 und die N2 nach Mossel Bay, oder Sie fahren rund 77 km in die Region um Ladysmith, wo Käse und Butter hergestellt werden, dann 49 km via R62 bis <u>Calitzdorp</u>, wo Weingüter zur Verkostung von Portwein einladen, und 50 km bis <u>Oudtshoorn</u>, dem Zentrum der Straußenzucht.

7–8

Schlendern Sie mit einem Plan von der Touristeninformation an alten Sandsteinbauten vorbei durch Oudtshoorn. Straußenfarmen an der R328 laden zum Straußenreiten ein. 28 km nördlich von Oudtshoorn an der R328 befinden sich die <u>Cango Caves</u> mit eindrucksvollen Kalksteinformationen.

KLEINE PAUSE

Das skurrilste Plätzchen – vom Namen her – ist **Ronnie's Sex Shop** (Tel. 028 572 11 53; www.ronniessexshop.co.za, R), eine Kneipe zwischen Ladysmith und Barrydale.

⊕ www.route62.co.za

KWV House of Fire
✛230 C2 ✉Kohler Street, Paarl ☎021 807 30 07 ⊕ www. kwvhouseoffice.co.za
❶Führungen Mo–Fr 11.30, 14.30 Uhr ✦120 R

Avalon Springs Resort
✛222 C2 ✉Uitvlucht Street, Montagu
☎023 614 11 50 ⊕ www. avalonsprings.co.za
❶tägl. 8–20 Uhr
✦60–130 R

Cango Caves
✛223 D2 ✉R328
☎044 272 74 10 ⊕ www. cango-caves.co.za
❶tägl. Führungen 9–16 Uhr ✦110–165 R

Panorama Route

Was?	Autotour
Länge	127 km
Zeit	1 Tag
Start	Sabie ✛229 E3
Ziel	Blyde River Canyon ✛229 E4

Die Panorama Route windet sich durch eine gebirgige Landschaft mit Blick auf die tiefer gelegenen Ebenen, das sogenannte Lowveld, mit dem Kruger National Park.

1–2

Fahren Sie von <u>Sabie</u> 29 km über die R532 nach Graskop, wo Sie mehrere Wasserfälle besuchen können. Die Sabie Falls stürzen 73 m die Sabie-Schlucht hinab und die Mac Mac Falls in die Pools, in denen Sie sich erfrischen dürfen. In <u>Graskop</u> nehmen Sie die Abzweigung R533 Richtung Hazyview. Nach 1,5 km erreichen Sie die Panorama Gorge und Panorama Falls, jenen Ort, mit dem Big Swing, einer Bungee-Sprunganlage (68 m freier Fall).

2–3

In Graskop geht's über die R533 15 km nach <u>Pilgrim's Rest</u>. Das Museumsdorf erweckt die Geschichte der frühen Goldgräberzeit. Stellen Sie Ihr Auto auf dem oberen Parkplatz ab, und flanieren Sie entlang der restaurierten Häuser der Goldschürfer durch die Straße des Ortes, besichtigen Sie die Museen, versuchen Sie Ihr Glück beim Goldwaschen, stöbern Sie in Kunsthandwerksläden und besuchen Sie ein Restaurant.

3–4

Zurück in <u>Graskop</u>, geht es auf der R532 nach Norden zum Blyde River Canyon. Die Pinnacle, eine frei stehende, 30 m

hohe Quarzitsäule, und der Aussichtspunkt <u>God's Window</u> liegen 6 bzw. 9 km
nördlich von Graskop an der malerischen
R534, die von der R532 abzweigt. God's
Window bietet am Abgrund der Steilstufe
eine einzigartige Sicht über das 900 m tiefer gelegene Lowveld und den Kruger National Park. Etwas weiter nördlich lockt
Wonder View mit tollen Ausblicken.

4–5

Wo sich die R534 und R532 wieder verei-
nen, biegen Sie nach links in Richtung
Graskop ab und nach 800 m rechts auf
eine Straße, der Sie 2,2 km bis zu den <u>Lis-
bon Falls</u> folgen. Weiter nach Norden, erneut über die R532, biegen Sie zwei Kilometer hinter der
Einmündung der R534 links ab und fahren bis zum Parkplatz an die 45 m hohen <u>Berlin Falls</u>.

Mit 92 m sind
die Lisbon Falls
der höchste
Wasserfall der
Region.

5–6

Nächster Halt sind die <u>Bourke's Luck Potholes</u>, 35 km nördlich von Graskop, am Zusammenfluss von Blyde und Treur,
deren Sand und Geröll führendes Wasser zylindrische
Strudellöcher in das Felsbett wusch.

6–7

Nach weiteren 20 km erreichen Sie den Aussichtspunkt
<u>Three Rondavels</u>, der sich nah am Abgrund des Blyde River
Canyons befindet. Der Blyde River bahnt sich serpentinenar-
tig seinen Weg hinunter in den Blyde-poort-Stausee im Lowveld, dessen weite Ebenen im Sonnenlicht schimmern. Mit
26 km Länge ist der <u>Blyde River Canyon</u> die größte Schlucht
Südafrikas und die Hauptattraktion dieser Tour. Nun geht
es entweder zurück nach Graskop oder Sabie oder an den
südlichen Ausgang des Canyons.

KLEINE PAUSE

An Graskops Hauptstraße lockt **Harrie's Pankcakes** mit
Pfannkuchen oder selbst gebackenen Kuchen.

Swaziland

Was?	Autotour
Länge	200 km
Zeit	2 Tage
Start	Grenzposten Ngwenya/Oshoek an der N17, Mpumalanga ✛229 E2
Ziel	Grenzposten Lavumisa, 11 km vor der N2, KwaZulu-Natal ✛229 E2

Panoramablick über die Landschaft bei Mbabane

Der kleinste Staat der südlichen Hemisphäre wird noch immer von einem König regiert. Das autonome Königreich Swaziland ist fast gänzlich von Südafrika umschlossen, die Landschaft dominieren Berge und Savannen. Für die Fahrt nach Swaziland benötigen Sie von Ihrem Fahrzeugvermieter eine (kostenpflichtige) Genehmigung, sonst haben Sie keinen Versicherungsschutz. Sie können mit Südafrikanischen Rand zahlen, allerdings benötigen Sie für das Königreich bei der Ein- und Ausreise einen Reisepass.

1–2

Nachdem alle Formalitäten für die Einreise am Grenzübergang Ngwenya/Oshoek nach ca. einer halben Stunde erledigt sind, halten Sie 5 km hinter der Grenze links in Motshane

(Motjane) bei Ngwenya Glass (tägl. 9–16 Uhr, www.ngwe nyaglass.co.sz): Die Fabrik verkauft unterschiedliche kunst-handwerkliche Produkte, v. a. mundgeblasene Gläser, Vasen und Tierfiguren, und man kann beim Glasblasen zusehen. Nun sind es noch weitere 18 km bis zur verschlafenen Hauptstadt Mbabane.

2–3

Mbabane, umgeben von Hügeln, bietet – den Swazi Market am Ende der Allister Miller Street einmal ausgenommen – kaum Sehenswertes; die schachbrettartig angelegte Stadt be-steht aus gesichtslosen Zweckbauten. Auf dem erwähnten Markt gibt es Obst und Gemüse, schön bunt präsentiert, und Kunsthandwerk. Sie verlassen die Stadt über die Hauptstra-ße, die schwindelerregend steil abfällt und sich 10 km lang in weit ausladenden Kurven hinab ins Ezulwini Valley schlängelt.

3–4

Unten angekommen, führt die erste Abfahrt auf die alte Straße durchs Ezulwini Valley hindurch. Das Tal ist 28 km lang und beher-bergt viele Hotels, Restaurants, Bars, Nacht-clubs und touristische Einrichtungen. Gegen-über dem Sun Hotel liegt das Swazi Health and Beauty Studio (tägl. 6–18 Uhr, Tel. 268 24 16 11 64, 40 R); in erster Linie ist es bekannt für sein gro-ßes Thermalbad im Frei-en, dem Cuddle Puddle. Nach weiteren 4 km er-reichen Sie das Mantenga Craft Centre, ein extra

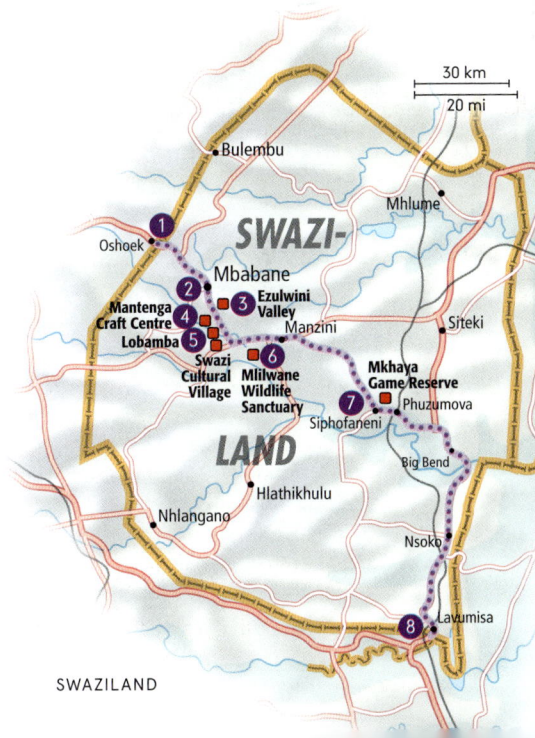

für Kunsthandwerksprodukte erbautes Dorf mit entsprechenden Läden und einer Touristeninformation. Für Wildwasserrafting, Höhlentouren, Wanderungen und Safaris in den Parks ist der Veranstalter Swazi Trails zuständig.

4–5

Gleich hinter dem Craft Centre geht's ins kleine <u>Mantenga Nature Reserve</u> mit Picknickplätzen und Wanderwegen zu den 95 m hohen Mantenga Falls. Dort liegt auch das <u>Swazi Cultural Village</u>, ein restauriertes Swazidorf aus dem 19. Jh. mit traditionellen grasgedeckten Bienenkorbhütten. Mit et-

Eine traditionelle Bienenkorbhütte im Swazi Cultural Village

was Glück beobachten Sie die Bewohner beim Kochen, Künstler bei der Arbeit oder begegnen dem einen oder anderen herumwandernden Rind. Im Eintrittspreis ist eine Führung in Begleitung eines Ortskundigen eingeschlossen.

5–6

Im Herzen von <u>Lobamba</u>, etwa 20 km südlich von Mbabane, treffen Sie auf Swazilands Parlamentsgebäude und die derzeit von König Mswati III. und seiner Mutter bewohnte Residenz Ludzidzini. Die Königinmutter heißt Ndlovukazi, was »Große Elefantin« bedeutet. Beide Gebäude sind nicht zugänglich, dafür dokumentiert das National Museum eindrucksvoll die Geschichte Swazilands und der Königsfamilie.

6–7

Biegen Sie hinter Ludzidzini von der Ezulwini Road rechts ab. Nach 3,5 km auf einer Schotterstraße erreichen Sie das Gate zum Mlilwane Wildlife Sanctuary. Hier können Sie Safaris, Mountainbike-Touren, Pferdeausritte oder Wanderungen durchs Grasland unternehmen, das Breitmaulnashörner, Antilopen, Büffel, Nilpferde, Krokodile und zahlreiche Vogelarten beherbergt. Übernachtungsmöglichkeiten gibt es hier genügend. Ein Restaurant mit Blick auf einen der Seen bietet Unterhaltung mit Gesang und Tanz.

7–8

Von Mlilwane geht es nun über die Landstraße ins 19 km weiter gelegene Städtchen Manzini, das Sie, da wenig sehenswert, schnurstracks Richtung Norden wieder verlassen. An einer Gabelung nach 8 km halten Sie sich rechts und kommen nach 44 km zum Tor des Mkhaya Game Reserve. Das Auto bleibt draußen; Sie sollten bis 10 Uhr am Parkplatz eintreffen. Dort empfängt Sie ein Ranger für einen sechsstündigen Ausflug durchs Reservat, auf dem Sie Nashörner, Elefanten und etliche Antilopenarten sehen können. Safari und üppiges Mittagessen sind im Preis inbegriffen. Von hier aus sind es noch 91 km bis zum Grenzübergang Lavumisa (Maputaland) in der Provinz KwaZulu-Natal.

KLEINE PAUSE

Das **Maguga Viewpoint Restaurant** (bei Piggs Peak am Maguga-Stausee, rund 40 km nördlich von Mbabane, Tel. 268 668 66 37, R) lädt bei einer Rundfahrt zu einem Stopp mit Aussicht ein. Die Terrasse am Seeufer bietet einen der schönsten Ausblicke; das Essen wird frisch zubereitet.

Mantenga Nature Reserve
✉Mantenga Craft Centre ☎268 416 11 51
✈120 R

National Museum
✉Lobamba
☎263 416 15 16

⊕ www.sntc.org.sz
❶Mo–Fr 8–16.30, Sa/So 10–16, 16 Uhr ✈100 R

Mlilwane Wildlife Sanctuary
☎268 528 39 43 ⊕ www.biggameparks.org
✈50 R

Mkhaya Game Reserve
☎268 528 39 43
⊕ www.biggameparks.org ❶tägl. 10–16 Uhr
✈Tagessafari 735 Rw

Sicher und informativ: Unterwegs mit einem Ranger in der Nähe des Camps Berg-En-Dal im Süden des Kruger National Park.

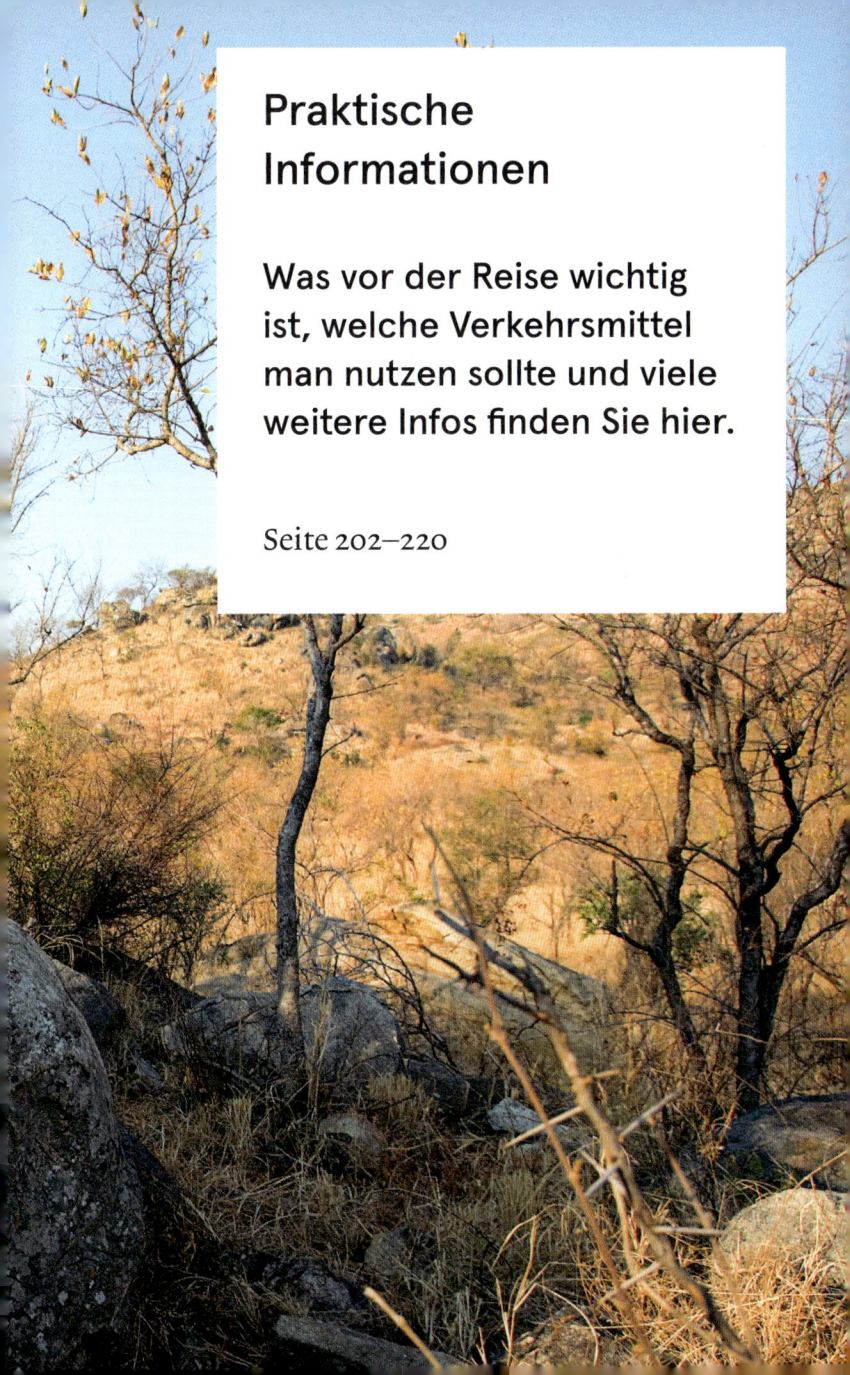

Praktische Informationen

Was vor der Reise wichtig ist, welche Verkehrsmittel man nutzen sollte und viele weitere Infos finden Sie hier.

Seite 202–220

Auskunft

Tourist-Information
Südafrikanisches Fremdenverkehrsamt (zuständig für Deutschland, Österreich und die Schweiz)
Friedensstr. 6–10
60311 Frankfurt am Main
Tel. 0800 118 9 118
www.southafrica.net

Websites allgemein

www.suedafrika-guide.de
Privates Portal auf Deutsch mit einigen guten Hintergrundinformationen und rudimentären Empfehlungen zu Unterkünften und Restaurants:

www.sued-afrika.de
Online-Redaktion des deutschsprachigen Süd-Afrika Magazins mit Hintergrundberichten:

www.suedafrika.org
Site der südafrikanischen Botschaft in Berlin (deutsch), offizielles Sprachrohr der Regierung mit News:

www.portfoliocollection.com
Englischsprachige Site mit handverlesenen Unterkünfte aus allen Preissegmenten – ein Klassiker der südafrikanischen Buchungsportale:

www.weathersa.co.za
Wettervorhersagen des staatlichen meteorologischen Instituts (englisch)

www.sanparks.org
Offizielles Portal der Nationalparks mit detaillierter Beschreibung der Schutzgebiete und Buchungsoption.

Tourismus-Websites der Provinzen (englisch)

http://goto.capetown
www.zulu.org.za
www.mpumalanga.com
www.golimpopo.com

http://freestatetourism.org
www.tourismnorthwest.co.za
http://experiencenortherncape.com
www.gauteng.net
www.visiteasterncape.co.za

Diplomatische Vertretungen

Deutschland

201 Florence Ribeiro Avenue, Groenkloof
Ext 11
Pretoria 0181
Tel. 012 427 89 00
www.southafrica.diplo.de

Österreich

454 A Fehrsen Street (Eingang William St),
Brooklyn
Pretoria 0181
Tel. 012 452 91 55
www.austrianembassy.co.za

Schweiz

225 Veale Street, Parc Nouveau
New Muckleneuk 0181
Tel. 012 452 06 60
www.eda.admin.ch/pretoria

Elektrizität

Die Stromspannung beträgt 220/230 Volt. Steckdosen sind dreipolig. Adapter können Sie vor Ort kaufen, im Hotel oft auch ausleihen.

Ermäßigungen

Ermäßigung beim Eintritt in Museen, Ausstellungen und in den Naturschutzgebieten erhalten nur Personen mit festem Wohnsitz in Südafrika.
Kinder: Die meisten Hotels bieten Kinderzimmer oder zusätzliche Betten für den Nachwuchs. Vor allem Nationalparks halten zahlreiche familienfreundliche Unterkünfte für Selbstversorger bereit. Kinder erhalten in Südafrika ermäßigten Eintritt in Museen und vielen anderen Attraktionen.

Studenten und Schüler: Mit einem internationalen Jugendherbergs- oder Studentenausweis (ISIC) können Fahrten mit Überlandbussen, dem Baz Bus (für Rucksacktouristen) und Übernachtungen günstiger sein, müssen es aber nicht zwangsläufig. Einfach nachfragen.

Senioren: Reisende über 60 Jahre erhalten Ermäßigungen in Museen und bei öffentlichen Verkehrsmitteln (Ausweis oder Reisepass zeigen).

Feiertage

1. Jan.	Neujahr
21. März	Tag der Menschenrechte
März/April	Karfreitag
März/April	»Family Day« (Ostermontag)
27. April	Freiheitstag
1. Mai	Tag der Arbeit
16. Juni	Tag der Jugend
9. Aug.	Nationaler Frauentag
24. Sept.	Tag des Erbes
16. Dez.	Tag der Versöhnung
25. Dez.	Weihnachten
26. Dez.	Tag des guten Willens

Geld

Landeswährung: Die Währungseinheit Südafrikas ist der Rand (Kurzzeichen: R). Banknoten gibt es in den Werten 10, 20, 50, 100 und 200 R, Münzen zu 5, 10, 20 und 50 Cent sowie zu 1, 2 und 5 Rand. Sammeln Sie nicht zu viele 200-Rand-Scheine: Davon sind zahlreiche Fälschungen im Umlauf, deshalb nehmen viele Händler diese Scheine nicht mehr an. Maximal 5000 Rand dürfen ein- bzw. ausgeführt werden.

Wechselkurs

100 R = 7 €
1 € = 14,5 R
100 R = 8,05 CHF
1 CHF = 12,5 R

Geldwechsel: Bargeld und Reiseschecks können Sie in allen Banken tauschen, an deren Geldautomaten auch mit Kreditkarten und Bankkarten gegen Gebühr Geld abgehoben werden kann. Ebenso eignen sich dafür die Wechselstellen von American Express, die in den großen Einkaufszentren und an Flughäfen zu finden sind. In den größeren Städten stehen Ihnen vielerorts Geldautomaten zur Verfügung – in Banken, grö-

ßeren Kaufhäusern oder an Tankstellen –, außerhalb der Städte schon seltener. Bargeldloser Zahlungsverkehr mit den gängigen Kreditkarten wie Visa, American Express und MasterCard wird von den meisten Geschäften, Restaurants und Hotels akzeptiert, häufig auch von Tankstellen. Mietwagenfirmen verlangen in jedem Fall die Kreditkarte (nicht zu verwechseln mit der Bankkarte – sie dient zum Geldabheben).

Geldautomaten (ATM): Mit Kreditkarten mit Chip und PIN und mit Maestro-Karten lässt sich an fast allen ATM-Geräten (Automated Teller Machine) Bargeld abheben.

Sperr-Notruf: Unter Tel. 0049 116 116 kann man in Deutschland Bank- und Kreditkarten, Online-Banking-Zugänge, Handykarten und die elektronische Identitätsfunktion des neuen Personalausweises bei Verlust sperren lassen. Für Österreich gilt für die Maestro-Karten die zentrale Nummer Tel. 0043 1 204 88 00, Kreditkarten müssen bei den ausgebenden Banken direkt gesperrt werden. Die Schweiz besitzt keine einheitliche Notfallnummer.

Gesundheit

Krankenversicherung: Reisende aus der EU und der Schweiz müssen für eine ärztliche Behandlung selbst aufkommen. Deshalb ist eine Auslandsreiseversicherung (inkl. Rückholversicherung) dringend empfohlen. Wer privat krankenversichert ist, sollte prüfen, ob entsprechende Auslandsleistungen in seiner regulären Versicherung bereits enthalten sind.

Ärztliche Versorgung: In den Großstädten ist die medizinische Versorgung durch niedergelassene Ärzte und in Privatkliniken sehr gut; im Notfall leisten auch die finanziell und personell nicht ganz so üppig ausgestatteten staatlichen Kliniken gute Hilfe. In ländlichen Regionen ist es hingegen nicht überall einfach, einen Arzt zu finden.

Malaria: Informieren Sie sich vor Antritt der Reise über Malaria-Risikogebiete (dazu zählt z.B. der Krüger-Nationalpark) und den empfohlenen Schutz, am besten bei einem Tropeninstitut, das über aktuelle Entwicklungen umfassend informiert ist. Je nach Reisezeit und Region wird eine medikamentöse oder eine Standby-Prophylaxe empfohlen. Verwenden Sie in Risikogebieten unbedingt Mückenschutz, tragen Sie lange Hosen und langärmelige Hemden oder Blusen und schlafen Sie unter dem Moskitonetz.

Sonnenschutz: Selbst im Winter kann die Sonne hier sehr stark strahlen. Schützen Sie sich mit entsprechender Kleidung, Sonnenbrille und -creme.

Reiseapotheke: In Großstädten erhalten Sie in Apotheken alle gängigen Medikamente. Wenn Sie allerdings besondere Arzneimittel benötigen, sollten Sie sie von zu Hause mitnehmen oder zumindest den Wirkstoff des Medikaments notieren – in Südafrika wird es u. U. unter einem anderen Namen verkauft.

Trinkwasser: Südafrikanisches Leitungswasser kann im Allgemeinen bedenkenlos getrunken werden. In Flaschen abgefülltes Wasser ist vielerorts günstig.

In Kontakt bleiben

Post: Postämter erkennt man am rot-weiß-blauen Briefumschlagsymbol, Briefkästen sind im Allgemeinen rot. Die meisten Postämter haben Mo–Fr 9–15.30 und Sa 9–11 Uhr (länger in Malls und am Flughafen) geöffnet. Eine Übersicht über die Portogebühren finden Sie auf www.postoffice.co.za (internationale Postkarte 7,90 R, internationaler Brief 9,15 R).

Telefonieren: Öffentliche Telefonzellen (Münz- oder Kartentelefone) gibt es überall. Mit Telefonkarten, erhältlich in Supermärkten, Kiosks und Postämtern, können Sie

auch ins Ausland telefonieren. Die Telefonnummern in Südafrika sind zehnstellig, wobei die ersten drei Ziffern für die Ortsvorwahl reserviert sind, die immer obligatorisch zu wählen ist, auch innerhalb des betreffenden Orts.

Internationale Vorwahlen
Deutschland 0049
Österreich 0043
Schweiz 0041
Südafrika 0027

Mobilfunk: Mobilfunkanbieter wie Vodacom und Cell C bieten Netzabdeckung in städtischen Gebieten und an den meisten Hauptverkehrsstraßen, allerdings nicht in den abgelegeneren Wildtierreservaten. Wenn Sie regelmäßig zu Hause anrufen oder SMS versenden möchten, sollten Sie eine lokale SIM-Karte kaufen, da die Tarife weitaus günstiger sind als internationales Roaming.

WLAN und Internet: Günstige Internetcafés sind in allen Städten zu finden, manche haben allerdings am Wochenende geschlossen. Die meisten Hotels und Lodges, die internationale Gäste empfangen, bieten zudem ADSL- und/oder WLAN-Zugang an.

Reisedokumente
Für Südafrika muss der für die Einreise vorgeschriebene Reisepass mindestens 30 Tage, für Lesotho 90 Tage und für Swaziland sechs Monate über das Einreisedatum hinaus gültig sein. Unter Umständen ist bei der Einreise ein Rück- bzw. Weiterflugticket vorzulegen. Für die Anmietung eines Fahrzeuges ist eine Kreditkarte unabdingbar, der nationale Führerschein ist zwingend erforderlich, der internationale (abhängig vom Vermieter) unter Umständen ebenfalls.

Reisezeit
Die Sommer am West- und Ostkap sind im Allgemeinen trocken und warm, die Winter dagegen eher kalt und feucht. Während die Küstenregion von KwaZulu-Natal am Indischen Ozean tropisches Klima mit ganzjährig warmen Temperaturen aufweist, sind das Binnenland um Johannesburg und der

---

Notrufe

Polizei (Festnetz/Mobiltelefon) ☎ 10111
Notrufzentrale (Mobiltelefon) ☎ 112
Ambulanz (Festnetz/Mobiltelefon) ☎ 10177

Norden von milden, trockenen Wintern und Sommerniederschlägen geprägt. Im Allgemeinen ist es von November bis Februar am wärmsten und von Juni bis August am kühlsten. Für die Wildbeobachtung eignen sich vor allem die trockenen Monate, da die Tiere dann im spärlich belaubten Busch besser zu erkennen sind und häufiger die Wasserlöcher aufsuchen. Wenn Sie im Südsommer reisen, sollten Sie rechtzeitig buchen, da die südafrikanischen Sommerferien in den Dezember fallen.

Sicherheit

Diebstahl und vereinzelt auch Fahrzeugentführung stellen erhebliche Probleme in den Großstädten dar. Insbesondere für Touristen ist Vorsicht geboten. Achten Sie stets auf die Personen in Ihrer Nähe, vermeiden Sie einsame und andere als „gefährlich" eingestufte Plätze und stellen Sie das Fahrzeug nie unbewacht ab.
Tragen Sie Ihr Geld dicht am Körper. Bewahren Sie Wertsachen im Hotelsafe auf. Verzichten Sie auf Schmuck und andere wertvolle Accessoires.
Vermeiden Sie Spaziergänge nach Ladenschluss.
Lassen Sie keine erkennbaren Wertsachen im Wagen.
Fenster und Türen auch während der Fahrt verriegeln.
Seien Sie vorsichtig, wenn Sie Geld am Automaten ziehen, achten Sie auf Personen, die Ihnen zu nahe kommen.
Nehmen Sie beim Einkaufen oder auf Ausflügen nur so viel Geld mit, wie Sie für den Tag benötigen.
Notieren Sie sich die Details Ihrer Kredit- und Bankkarten und die entsprechenden Notfallnummern und bewahren Sie diese Informationen unbedingt immer getrennt von Ihren Karten sorgfältig auf. Bei Verlust Karte sofort sperren lassen!

Zeit

Der Unterschied zur Mitteleuropäischen Zeit (MEZ) beträgt plus eine Stunde, nur während bei uns die Uhren von Ende März bis Ende Oktober auf Sommerzeit umgestellt sind, besteht Zeitgleichheit mit Südafrika.

Zollbestimmungen

Zollfrei sind Geschenke im Wert von bis zu 3000 R, 50 ml Parfüm, 250 ml Eau de Toilette, 2 l Wein oder 1 l Spirituosen, 200 Zigaretten bzw. 50 Zigarren.

ANREISE

Mit dem Flugzeug

Südafrikas wichtigste internationale Flughäfen liegen in Johannesburg, Kapstadt und Durban und werden von zahlreichen Fluggesellschaften bedient. Zudem stehen Ihnen Inlandsflüge z. B. mit South African Airways, der größten nationalen und internationalen südafrikanischen Fluggesellschaft (www.flysaa.com), in die meisten anderen Großstädte des südlichen Afrika zur Verfügung. Lufthansa und South African Airways bieten täglich Nonstop-Flüge von Frankfurt am Main und München nach Johannesburg und Kapstadt (zum Teil über Johannesburg). Ferner werden Südafrikas wichtigste Zielflughäfen von British Airways und KLM/Air France über London bzw. Amsterdam und Paris sowie von Swiss International Air Lines über Zürich angeflogen. Austrian Airlines startet in Wien und Air Namibia bedient Johannesburg und Kapstadt via Windhoek von Frankfurt aus. Andere europäische Fluggesellschaften, die Südafrika anfliegen, sind Air Portugal, Alitalia und Iberia.

Ankunft

Die drei unten aufgeführten Flughäfen sind Drehkreuze des internationalen Linienflugverkehrs, von denen auch Inlands-und Regionalflüge starten. Hier finden Sie Schnellrestaurants, Banken und Wechselstuben, eine Post und können SIM-Karten kaufen sowie Mobil- oder Satellitentelefone mieten.

Transportkosten: R = unter 100 Rand; RR = 100–300 Rand; RRR = über 300 Rand

Ankunft in Johannesburg (JNB)

Der O. R. Tambo International Airport (ehemals Johannesburg International) liegt 24 km östlich vom Stadtzentrum und 35 km von den nördlichen Vororten entfernt (Tel. 086 727 78 88; www.airports.co.za). Vor der Ankunftshalle stehen Taxis (Taxameter, RRR), die 45 Minuten bis eine Stunde zu den Hotels in den nördlichen Vororten brauchen. Einen Nachweis für günstigere Shuttle-Busse (RRR) in die nördliche Vorstadt erhält man an einem Schalter in der Ankunftshalle. Am günstigsten kommt man mit dem sicheren, modernen Gautrain (RR) nach Johannesburg und Pretoria (www. gautrain.co.za). Viele der großen Hotels bieten einen eigenen Abholservice an. Die Schalter verschiedener Autovermietungen (Europcar, Avis, Budget, Hertz, Imperial, Tempest und Sixt) finden Sie im Parkade Centre. Die Touristeninformation sitzt im Terminal für den internationalen Flugverkehr (Tel. 011 390 36 02; www.gauteng.net; tägl. 8–22 Uhr).

Ankunft in Kapstadt (CPT)
Der Cape Town International Airport liegt 22 km östlich vom Stadtzentrum an der Schnellstraße N2 (Tel. 028 727 78 88; www.airports.co.za). Taxis (RRR) mit Taxameter finden Sie vor dem Flughafengebäude; die Fahrt in die Innenstadt dauert circa 30 bis 45 Minuten (Touchdown Taxis). Shuttle-Busse (RR) können Sie in der Ankunftshalle für internationale Flüge bei Citi Hopper (Tel. 021 936 34 61, www.my citihopper.co.za) anfordern oder bei Centurion Tours (Tel. 082 472 62 16; www. centuriontours.co.za) vorbestellen. Autovermietungen – z. B. Avis, Budget, Europcar, Hertz, Imperial, Tempest und Sixt – befinden sich in den Ankunftshallen der Terminals. Cape Town Tourism betreibt eine Touristeninformation in der Ankunftshalle für internationale Flüge (Tel. 021 934 19 49) und in The Pinnacle, Ecke Berg/Castle Street (Tel. 021 487 68 00; www.capetown.travel; Mo–Fr 8–18, Sa/So 9–13 Uhr).

Ankunft in Durban (DUR)
Der King Shaka International Airport liegt 35 km nördlich des Stadtzentrums (Tel. 086 727 78 88; www.airports.co.za). Vor dem Flughafen warten Taxis (RR), die Sie in die Stadt

bringen. Shuttle-Busse (RRR) kann man bei Airport Bus Shuttle Service bestellen (Tel. 031 465 55 73, https://shuttle.airportbus-transport.co.za). Schalter der Autovermietungen (Avis, Budget, Europcar, Hertz, Imperial, Tempest und Sixt) finden Sie in den Ankunftshallen beider Terminals. Durban Tourism hat einen Schalter in der Ankunftshalle für Inlandsflüge (Tel. 031 3 22 60 46, 7–21 Uhr) und in der Stadt (90 Florida Road, Tel. 031 322 41 64, www.durbanexperience. co.za, Mo–Fr 8–17, Sa/So 9–13 Uhr).

UNTERWEGS IN SÜDAFRIKA

Südafrika hat ein ausgezeichnetes Verkehrsnetz, sodass man bequem und schnell von einer Region in die nächste reist, sei es mit dem Wagen, dem Bus, der Bahn oder dem Flugzeug.

Inlandsflüge
Das gut ausgebaute nationale Flugverkehrsnetz verbindet die wichtigsten Großstädte, von denen keine mehr als zwei Flugstunden von der anderen entfernt ist. Wer frühzeitig über das Internet bucht, hat gute Chancen auf Schnäppchen. Einige der privaten Wildreservate und Lodges verfügen über eigene Landebahnen und organisieren für Sie die Flüge dorthin. Der südafrikanische Partner von British Airways (BA) heißt Comair und bietet Verbindungen zwischen den Metropolen Südafrikas sowie zu einigen anderen Städten des südlichen Afrika; ww.comair. co.za. Kulula gehört zu Comair und betreibt viele Fluglinien in Zusammenarbeit mit BA. Die Billiglinie verbindet die größeren Städte des Landes, fliegt aber auch andere afrikanische Städte an (www.kulu la.com). Ebenfalls günstig: Mango, www. flymango.com; FlySafair, www.flysafair. co.za. Federal Air (Tel. 011 395 90 00; www. fedair.com) verbindet Johannesburg täglich mit allen wichtigen Lodges im und um den Kruger National Park. Die Destinationen der South African Airways und ihrer Tochtergesellschaften SA Airlink und SA Express sind Städte im ganzen Land sowie im restlichen südlichen Afrika (www.flysaa.com).

Züge

Fernverkehr: Unter dem Namen Shosholoza unterhält Passenger Rail Agency of South Africa Verbindungen von Johannesburg nach Cape Town, Durban, Port Elizabeth und East London sowie von Cape Town nach Queenstown und East London. Sie sind halbwegs bequem und erschwinglich, aber langsam. Zu buchen sind Sitze oder Liegen. Zwischen Johannesburg und Kapstadt bzw. Durban und Johannesburg besteht die Möglichkeit, ein Auto zu transportieren. Im Speisewagen kann man sich mit Fastfood und Getränken versorgen.

Buchungen in Gauteng Tel. 011 773 65 66, im Western Cape Tel. 021 940 34, in Durban Tel. 031 361 82 27, im Eastern Cape Tel. 041 994 20 02 und im Free State Tel. 051 408 22 62 (www.shosholozameyl.co.za).

Nahverkehr: Die Regionalzüge **Metrorail** (www.metrorail.co.za) sind in größeren Städten von Gauteng, KwaZulu-Natal, Eastern und Western Cape das Bindeglied zwischen den Stadtzentren und den Vororten. Viele Pendler fahren damit, Touristen sollten es wegen der hohen Kriminalität aber besser nicht tun. Hingegen gilt der **Gautrain** (www.gautrain.co.za) von Gauteng – der Hochgeschwindigkeitszug vom OR Tambo International Airport zum exklusiven Vorort Sandton und mit weiteren Verbindungen nach Johannesburg und Pretoria – als sichere Alternative.

Luxuszüge: Die Eisenbahngesellschaft betreibt auch den Premier Classe (www.southafricanrailways.co.za) von Jo'Burg nach Kapstadt und Durban. Um einiges exklusiver

Unser besonderer Tipp

Unterwegs mit dem Blue Train

Der legendäre Blue Train steht für eine luxuriöse und genussvolle Bahnreise durch Südafrikas wundervolle Landschaften, die hinter getönten Panoramascheiben am Betrachter vorbeiziehen. Seinem Ruf als 5-Sterne-Hotel auf Schienen wird der Zug durch die geräumigen Suiten inklusive Bädern und digitaler Unterhaltungselektronik absolut gerecht. Im Speisewagen werden die internationalen Gäste mit erlesenen Speisen und Getränken verwöhnt, und im Salonwagen wird stilgerecht der Afternoon Tea serviert oder auf Wunsch auch eisgekühlter Champagner. Wer so reist, für den gerät schon die Zugfahrt zu einem echten Highlight des erlebnisreichen Aufenthalts in Südafrika.

ausgestattet als der normale Zug, bietet er den Reisenden Mahlzeiten und sonstigen Service. Die wöchentlichen Züge bieten zwei Klassen mit Abteilen für zwei bis vier *(tourist class)* und ein bis zwei *(premier class)* Schlafgäste, dazu vorbildliche Speisewagen. Südafrikas berühmter Blue Train (www.bluetrain.co.za) bedient planmäßige Verbindungen zwischen Pretoria und Kapstadt (via Johannesburg) sowie zwischen Pretoria und Hoedspruit (Kruger National Park) und führt auch Sonderfahrten durch (s. S. 209). Seinem Ruf als 5-Sterne-Hotel auf Schienen wird er durch die geräumigen Suiten inklusive Bädern und digitaler Unterhaltungselektronik absolut gerecht. Einen ähnlichen Luxuszug (The Pride of Africa) betreibt Rovos Rail (www.rovos.com) nach Mpumalanga und in einige Gebiete im Norden.

Busse
Eine Reihe von Busgesellschaften bieten Überlandfahrten an. Deren Busse sind mit Klimaanlagen und Toiletten ausgerüstet, außerdem werden an Bord kleine Erfrischungen verkauft. Folgende drei haben täglich Dutzende Strecken im Programm: **Greyhound** (Tel. 011 611 80 00; www.greyhound.co.za), **Intercape** (Tel. 021 380 44 00; www.intercape.co.za) und **Intercity Express** (Tel. 087 150 18 95; www.intercityexpress.co.za). Manche Strecken sind allerdings sehr lang, und da viele Busse nachts fahren, kommt man eventuell zu ungünstigen Zeiten am Zielort an. Überdies sind die Preise der Billigflieger mit denen der Bustickets durchaus vergleichbar, wenn Sie früh online buchen. Busfahrkarten kann man bei Südafrikas landesweitem Reservierungsservice Computicket (www.computicket.co.za) online reservieren. Der **Baz Bus** (Tel. 021 422 52 02; www.bazbus.com) fährt Backpacker-Hostels an, wo man flexibel zu- und aussteigen kann. Für kurze Strecken ist er billiger als die regulären Busse und kommt zudem nicht mitten in der Nacht an. Er verkehrt entlang der Küste zwischen Kapstadt und Durban sowie zwischen Durban und Johannesburg – jeweils mit Abstechern zu touristischen Hauptzielen. In den Städten verlaufen die Routen der Linienbusse entlang der Haupt-straßen. Die Haltestellen sind deutlich gekennzeichnet. In Johannesburg werden die Busse von **Metrobus** (www.mbus.co.za), in Kapstadt von **Golden Arrow** (www.gabs.co.za) und in Durban von **Muvo** (www.muvo.co.za) betrieben. Eine kurze Strecke kostet weniger als 10 R.

Taxis
Taxis halten nicht am Straßenrand, sondern müssen telefonisch bestellt werden. Hotels oder Restaurants übernehmen das gern, und die Taxis kommen schnell. Sie verfügen über ein Taxameter, sind jedoch nicht billig; stellen Sie sich auf rund 75 R für 3 bis 4 km ein. Größere Gruppen oder Rollstuhlfahrer sollten nach einem Toyota Venture mit zusätzlichen Sitzen fragen. In der Regel gibt man zehn Prozent des Fahrpreises als Trinkgeld. Minibus-Taxis sind ein beliebtes Nahverkehrsmittel, das man am Straßenrand anhält. Wie die Metrorail sind sie aber für Touristen weniger zu empfehlen, da viel gestohlen wird und die Fahrweise für europäische Verhältnisse oft halsbrecherisch ist.

Selbstfahrer
Mit dem Auto ist man in Südafrika am einfachsten und flexibelsten unterwegs. Die Großstädte sind durch ein ausgezeichnetes Schnellstraßennetz miteinander verbunden.

Hauptstrecken
Die N1 verläuft von der simbabwischen Grenze im Norden über Pretoria, Johannesburg und Bloemfontein nach Kapstadt. Durban ist über die N3 mit Johannesburg verbunden und durch die küstennahe N2 über East London, Port Elizabeth und die Garden Route mit Kapstadt. Die N4 führt von Maputo in Mosambik über Johannesburg in Richtung Gaborone in Botswana. Die N7 verläuft nördlich entlang der Westküste von Kapstadt weiter nach Windhoek in Namibia. Halten Sie etwas Kleingeld bereit, es wird Maut verlangt.

Nebenstrecken
Über das ganze Land erstreckt sich ein umfassendes Netz weiterer Straßen. Sie sind

fast alle geteert, außer in einigen ländlichen Gegenden, dennoch sind sie selbst dort meist in gutem Zustand. Die Straßen im Kruger National Park sind größtenteils geteert und Pkw reichen dort völlig aus.

Sicherheit

Wenn Sie in die Städte fahren, informieren Sie sich über mögliche »Unruheherde« – Innenstadtgebiete, Townships, verwahrloste Viertel –, die man tunlichst meiden sollte. Nehmen Sie eine gute Karte und ein Handy mit. Verriegeln Sie bei Nachtfahrten Türen und Fenster. An fast allen Hotels, Sehenswürdigkeiten und Einkaufszentren gibt es eigene Parkplätze. Wenn Sie am Straßenrand parken, wenden Sie sich an einen Car Guard (Autowächter), den man in der Regel an Aufnähern oder einer Arbeitsweste erkennt und dem Sie 2–5 R zahlen, wenn Sie zu Ihrem Auto zurückkehren. Schließen Sie das Auto immer ab und lassen Sie nichts sichtbar liegen.

Verkehrsregeln

In Südafrika herrscht Linksverkehr; überholt wird rechts – achten Sie darauf, wenn Sie die Spur wechseln. Straßenschilder sind in Englisch und Afrikaans beschriftet. Kreuzungen mit vier Stoppschildern werden häufig mit roten Schildern angekündigt. Wer zuerst ankommt (das gilt auch für Fußgänger) –, fährt bzw. geht als Erster, die anderen folgen nach demselben Prinzip. Wenn man gleichzeitig ankommt, gilt rechts vor links. Ein grün blinkender Pfeil gestattet Ihnen auf Schnellstraßen an roten Ampeln das Abbiegen nach links oder rechts, auch wenn geradeaus fahrende Autos noch warten müssen. Ampeln heißen in Südafrika »robots«, Kreisverkehre »traffic circles«. Geschwindigkeitsbegrenzungen liegen in Ortschaften bei 60 km/h, auf Landstraßen bei 80 bis 100 km/h und auf Schnellstraßen bei 120 km/h. Halten Sie sich daran – es wird oft geblitzt! Wie in Europa gelten Anschnallpflicht, eine Alkoholgrenze von 0,5 Promille und die Vorschrift, nur mit einer Freisprechanlage zu telefonieren. In Stadtgebieten gibt es ausreichend Tankstellen, die bis spät nachts geöffnet haben. In einsameren Gegenden sollten Sie immer auftanken, wenn sich die Gelegenheit bietet. Benzin kann des Öfteren nur bar, nicht mit Kreditkarte bezahlt werden, an vielen Tankstellen findet man deshalb einen Geldautomaten. Alle Straßen sind nummeriert. Nationalstraßen (highways) sind mit einem N markiert, Stadtautobahnen (municipal highways) mit einem M, andere große Straßen mit einem R und kleine Schotterwege mit D.

Autovermietungen

Jeder, der älter als 21 Jahre ist (bei einigen Anbietern: 25 Jahre), kann mit dem nationalen Führerschein in Verbindung mit einem internationalen Führerschein, dem Pass und einer Kreditkarte ein Auto mieten. Alle internationalen Autovermietungen haben Filialen an den Flughäfen und in den Städten, wo man sofort ein Auto bekommt. Bei den meisten kann man als Abgabeort auch eine andere Stadt vereinbaren, ein solcher Ortswechsel muss jedoch im Voraus geklärt werden und kostet einen Aufpreis.

ÜBERNACHTEN

Hotels

Große internationale Ketten wie Holiday Inn, Hilton und Intercontinental sind zahlreich vertreten und es entstehen immer mehr Luxus- und Boutique-Hotels in bester Lage. **Protea Hotels** (http://protea.marriott.com) bündelt einige individuell gestaltete 3- und 4-Sterne-Häuser, die moderne **City-Lodge-Kette** (https://clhg.com) ist hingegen bei Geschäftsreisenden sehr beliebt. Kleinere Städte haben in der Regel mindestens ein 2- oder 3-Sterne-Hotel.

Bed and Breakfasts

Selbst in der kleinsten Stadt vermieten Menschen Zimmer in Privathäusern. Die meisten weisen eine »Zu Hause in der Ferne«-Atmosphäre auf und Gäste werden vom Besitzer höchstpersönlich betreut. Wer es anonymer mag, sucht sich ein Haus mit separatem Eingang oder Zimmern im Gartenhaus. Ein kontinentales oder englisches

Frühstück ist in der Regel inbegriffen (www.bnbfinder.co.za).

Pensionen

Manche Pensionen sind in historischen Gebäuden untergebracht und geschmackvoll eingerichtet. Mit etwas Glück verfügen sie dort über einen Swimmingpool oder eine Klimaanlage. Das Frühstück ist im Preis enthalten und in einigen Häusern kann man auf Wunsch auch zu Abend essen. Nähere Informationen bei der Guest House Association of South Africa (www.ghasa.co.za).

Backpacker-Hostels

Hostels sind an allen Touristenzielen und besonders entlang der Küste zu finden. Sie bieten Unterbringung in Schlafsälen oder auch in Doppelzimmern. Meist verfügen sie über eine Küche, einen Pool oder Garten, und die Angestellten können für Sie auf Wunsch Freizeitaktivitäten oder Transportmöglichkeiten organisieren. Manche vermieten Surfbretter oder Mountainbikes und veranstalten eigene Ausflüge. Infos gibt es bei **Coast to Coast** (www.coastingafrica.com), das auch jährlich einen überarbeiteten Führer zu Südafrikas Hostels herausgibt; er liegt gratis in den meisten Unterkünften aus.

Selbstversorger

Separate Wohnungen, Chalets oder Hütten sind einfach zu bekommen und lohnen sich finanziell für Gruppen und Familien. Manche stehen allein oder befinden sich in Wohnblöcken, andere liegen in großen Ferienorten mit einem Campingplatz und Freizeiteinrichtungen. Die meisten Städte verfügen über einen Gemeindezeltplatz, auf dem häufig auch ein paar Hütten stehen.

Unterkünfte in den Nationalparks

In den größeren Nationalparks (z. B. Kruger, uKhahlamba-Drakensberg) gibt es in den Restcamps Hütten, kleine Häuschen und Zeltplätze für Selbstversorger. Gewöhnlich liegen die Rezeption, ein Laden und vielleicht sogar ein Swimmingpool oder ein Restaurant an einer zentralen Stelle der Anlage. In einigen Parks werden auch Safaris zu Fuß oder mit dem Auto angeboten.

In den kleineren Wildreservaten gibt es eventuell ein paar Hütten, aber ansonsten kaum Ausstattung, sodass man bis hin zur Bettwäsche alles selbst mitbringen muss. Die Unterkünfte in den Parks werden von **South African National Parks** (www.sanparks.org), **Cape Nature** (www.capenature.co.za) oder **KZN Wildlife** (www.kznwildlife.com) betreut. Bei Reisen während der örtlichen Schulferien am besten immer im Voraus buchen!

Luxus-Game-Lodges

Meist liegen sie in privaten Wildreservaten und Mahlzeiten und Safaris sind inklusive. Manche Lodges bieten sogar Extras wie ein Spa. Das Highlight ist die Übernachtung in luxuriösem Umfeld inmitten der Wildnis. Einige Lodges liegen sehr einsam; die Gäste werden eingeflogen.

Zimmersuche

Es empfiehlt sich, ein Zimmer im Voraus zu reservieren, vor allem in den Parks, an der Küste und während der langen südafrikanischen Schulferien im Dezember. Erkundigen Sie sich am Eingang der Parks nach freien Zimmern, bevor Sie zunächst weite Strecken zurücklegen und dann womöglich feststellen müssen, dass keine Schlafplätze mehr zur Verfügung stehen. **The Portfolio Collection** vertritt landesweit empfehlenswerte Unterkünfte aller Preiskategorien (www.portfoliocollection.com).

Zimmerpreise

Die Preise variieren stark: von 100 R für ein Bett im Mehrbettzimmer eines Hostels bis zu über 10 000 R in einer Luxus-Game-Lodge. Fast überall bleiben die Preise das Jahr über konstant. Die Ausnahme: An der Küste steigen die Preise im Sommer enorm. Einige Häuser geben Rabatt, wenn Sie online buchen. Ausgewählte Unterkünfte werden auf den Seiten "Wohin zum ..." in den einzelnen Kapiteln vorgestellt.

Übernachtungskosten (Doppelzimmer pro Nacht in der Hauptsaison):
R = unter 1500 Rand
RR = 1500–3000 Rand
RRR = über 3000 Rand

In den Nationalparks und deren Umgebung gibt es viele wunderschön ausgestattete Lodges, mitunter auch im Zulu-Ambiente.

Am Lagerfeuer im Camp Punda Maria im Norden des Kruger National Park

ESSEN UND TRINKEN

Einheimische Produkte

Das südafrikanische Klima ist geradezu ideal für die Landwirtschaft und tatsächlich wird hier fast jedes erdenkliche Obst und Gemüse angebaut. Ebenso umfangreich ist das Fleischangebot: Steak, Karoo-Lamm und Wildfleisch vom Strauß oder Kudu schmecken köstlich. Spezialitäten sind *biltong* (luftgetrocknetes, salziges Fleisch) und *boerewors* (grobe, fette Bratwurst). Pap, ein zäher Maisbrei, und *bobotie*, ein würziger überbackener Hackfleischauflauf, sind ebenfalls typisch für Südafrika. Frischen Fisch und allerlei Meeresfrüchte bekommen Sie vor allem entlang der Küste, fast immer führen die Restaurants »linefish« (Tagesfang).

Landesküche

In Kapstadt servieren Restaurants kapmalaiische Gerichte: mit Gewürzen und getrockneten Früchten exotisch angereichertes Essen. Durban ist bekannt für seine indische Küche, darunter vor allem *bunny chows* – ein halber Laib Weißbrot, gefüllt mit einem Currygericht. Die beliebteste und geselligste Mahlzeit in Südafrika ist der *braai*: Fast alle Haushalte besitzen einen Grill und an jedem Wochenende treffen sich Freunde zum Grillen.

Restaurants

Viele Restaurants sind wunderschön gelegen oder bieten tolle Ausblicke. Da es nicht so viele Kneipen in Südafrika gibt, übernehmen die meisten Restaurants die Rolle der Bar gleich mit. Den vielen Kettenrestaurants fehlt es zwar an Individualität, aber sie sind preiswert. Südafrikaner bevorzugen es leger, wenn sie auswärts essen. Man braucht eigentlich in keinem Restaurant Jackett und Krawatte.

Cafés

Cafés unterscheiden sich von Restaurants lediglich darin, dass sie den ganzen Tag geöffnet haben und sich eher auf Frühstück, Kaffees und Snacks konzentrieren, auch wenn sie die gesamte Bandbreite an alkoholischen Getränken führen. Einige schließen am Abend etwas eher als Restaurants, andere stocken ihre Speisekarte auf und verwandeln sich – je weiter der Abend voranschreitet – allmählich in Bars. Eventuell verwirrend: Wenn Südafrikaner von einem »Café« sprechen, ist meist eher ein Kiosk gemeint als ein Café europäischen Stils.

Praktisches

Die Kettenrestaurants und Cafés haben von morgens zum Frühstück bis 22 Uhr geöffnet; die meisten Restaurants öffnen mittags bis Mitternacht, wobei manche für einige Stunden am Nachmittag schließen. Auch einen Ruhetag, gewöhnlich Sonntag oder Montag, gönnt sich das eine oder andere Restaurant. In kleineren Städten sind die Öffnungszeiten kürzer und es gibt in der Regel nur bis um 21 Uhr etwas zu essen. Es schadet nie, bei beliebten Restaurants einen Tisch vorzubestellen, aber außer am Wochenende wartet man eigentlich nie lange auf einen freien Platz. Fast alle Häuser akzeptieren Kreditkarten. Der Service ist in der Regel tadellos. Die Bedienung kümmert sich speziell um Ihren Tisch, und da Trinkgelder einen wesentlichen Teil des Einkommens ausmachen, ist ein freiwilliger Aufschlag von 10 bis 15 % auf die Rechnung durchaus üblich.

Immer köstlich: frisches Seafood

Wohin zum Essen?

Über die florierende Restaurantszene informiert man sich am besten im in Südafrika erhältlichen, jährlich erscheinenden **Eat Out** (www.eatout.co.za) oder unter www.diningout.co.za bzw. www.restaurants.co.za.

Getränkewahl

Wein wird im Land selbst in den Weingütern am Kap produziert und ist daher in großer Auswahl und zu bezahlbaren Preisen erhältlich. Zu den häufigsten Weißweinen zählen Chardonnay, hervorragend zu Fisch und Meeresfrüchten, und der frischere, fruchtigere Sauvignon Blanc, der perfekt zu den würzigen Gerichten und Currys der Kap-Malaii-Küche passt. Bei den Rotweinen sind der vollmundige Cabernet Sauvignon und der etwas teurere Pinotage am beliebtesten. Südafrikanische Brauereien produzieren viele gute, in Flaschen abgefüllte Lagerbiere, außerdem ist das Windhoek Lager aus Namibia zu empfehlen. Nur in wenigen Kneipen gibt es Bier vom Fass. Auch Schnäpse sind zahlreich vertreten, darunter mehrere einheimische Brandys und der südafrikanische Amarula, ein Sahnelikör, der aus den Früchten des Marula-Baums hergestellt wird. Supermärkte haben aus rechtlichen Gründen nur Wein im Sortiment. Sonstiger Alkohol wird daher in *bottle stores*, meist direkt neben den Supermärkten, angeboten. Sonntags darf in Geschäften kein Alkohol verkauft werden.

Restaurantpreise (Zwei-Gänge-Menü ohne Getränke):
R = unter 200 Rand
RR = 200–350 Rand
RRR = über 350 Rand

Jazzsession in Johannesburgs Stadtteil Newtown

AUSGEHEN

Das Kultur- und Nachtleben der Großstädte hält ein umfassendes Angebot bereit – von Theatern und Casinos über traditionelle Tänze bis hin zum Township-Jazz. Auf dem Land gibt es dagegen meist nur ein Bier in der örtlichen Kneipe. Ausgehtipps und Onlinebuchungen: www.computicket.com.

Nachtleben

Die Großstädte warten mit zahlreichen Bars und Nachtclubs auf, von modischem Schick bis zum lässigen Studentenambiente wird alles geboten. Die meisten verlangen um die 50 R Eintritt und haben mindestens bis 2 oder 3 Uhr morgens geöffnet. Musikalisch sind Mainstream-Dance, Jazz und Kwaito (südafrikanischer Hip-Hop) angesagt. Mehr Infos gibt es vor Ort in den lokalen Zeitungen. In den vielen großen Casino-Komplexen des Landes befinden sich außerdem Ki-

nos, Showbühnen und einige Nachtclubs. Auf dem Land geht es in Südafrika noch ziemlich konservativ zu, doch in den drei großen, liberalen Städten gibt es sogar Schwulen- und Lesbenclubs.

EINKAUFEN

Öffnungszeiten

Die Geschäfte in den Einkaufszentren, inklusive der Supermärkte, öffnen von 9 bis 18 Uhr. Restaurants, Kinos und andere Lokale schließen erst um 23 Uhr. Die kleineren Malls außerhalb der Großstädte sind sonntags geschlossen. Überall im Land finden Märkte statt (meist am Wochenende von 9 bis 16 Uhr), die Handwerkskunst, Kleidung, Geschenke und Lebensmittel verkaufen. Viele lohnen einen Ausflug auch dann, wenn man nichts kauft, denn sie bieten insgesamt gute Unterhaltung und mancherlei Freizeitaktivitäten.

Bezahlung

Fast alle Geschäfte akzeptieren Kreditkarten, Visa und MasterCard werden allerdings häufiger angenommen als andere Karten. Auf Märkten und in kleineren Geschäften benötigen Sie dagegen auf jeden Fall Bargeld. Ausländische Touristen können die 14 Prozent Umsatzsteuer für diejenigen Einkäufe zurückerstattet bekommen, die sie außer Landes mitnehmen. Sie können dies gegen Vorlage des Reisepasses, des Flugtickets sowie der Kassenzettel mit ausgewiesener Umsatzsteuer beim Abflug am Flughafen erledigen (Infos: www.taxrefunds.co.za).

Was einkaufen?

In ganz Südafrika kann man afrikanisches Handwerk, Kunst und Kuriositäten wie Holz- oder Zinnskulpturen, Masken, Stoffe und Perlen aus Ländern des gesamten Kontinents erstehen. Halten Sie nach regionalen Herstellern Ausschau. In Sachen Mode ist die Lage ähnlich wie in Europa oder Nordamerika: Es gibt eine Reihe von Ketten und Läden von guter Qualität. Südafrika ist berühmt für seine Weine, und der beste Ort, sie zu kaufen, ist das Weinbaugebiet am Kap. Die Mitnahme von Wildtier-Souvenirs seltener oder gefährdeter Arten ist ethisch äußerst fragwürdig, da sie die Wilderei fördert. Hinzu kommt, dass die Einfuhr im eigenen Heimatland in der Regel verboten ist.

VERANSTALTUNGSKALENDER

Gefeiert wird gern und häufig in Südafrika, doch nicht jedes Fest oder Festival spricht ausländische Besucher an. Neben berühmten wie dem Hermanus Whale Festival oder Kapstadts großem Jazz-Fest feiern viele kleine Events kulturelle Besonderheiten der jeweiligen Region, Street Art, südafrikanische Musikstile wie Kwaito oder kulinarische wie Austern, denen Knysna ein eigenes Festival widmet. Bei aller Freude am Feiern sollten Sie nicht vergessen, in dem Gedränge ganz besonders auf Ihre Wertsachen zu achten. Am besten, Sie lassen alles Wertvolle einfach im Hotelsafe. Hier eine kleine Auswahl der wichtigsten Feste und Events:

JANUAR BIS MÄRZ

Clarens Craft Beer Festival

Über 70 Biersorten stehen bei diesem Festival Ende Februar in Free State zur Verkostung (www.clarenscraftbeerfest.com).

Cape Town Jazz Festival

Die Größen des Jazz geben sich Ende März in Kapstadt ein Stelldichein (www.cape townjazzfest.com).

Splashy Fen Music Festival

Südafrikas größtes Musikfestival versammelt die Stars der heimischen Szene und internationale Gäste um Ostern herum am Underberg vor einer Tag und Nacht durchfeiernden Jugend (www.splashyfen.co.za).

APRIL/MAI

Pink Loerie Mardi Gras

Ende April/Anfang Mai übernimmt die schwul-lesbische Gemeinde die Straßen des sonst so besinnlichen Knysna und feiert einen mitreißenden Mardi Gras (www.pinkloe riefoundation.com).

Riebeek Valley Olive Festival

Wenn Anfang Mai die Olivenernte in Western Cape erfolgreich eingefahren ist, feiern Erzeuger und Besucher ein kulinarisches Festival mit Musik, Spielaktionen und – nicht zu vergessen – Olivenölverkostungen (https:// riebeekvalleyolivefestival.co.za).

JUNI/JULI

National Arts Festival

Grahamstown richtet Ende Juni/Anfang Juli ein ambitioniertes Kultur- und Kunstfestival mit Theater, Konzerten und Tanz südafrikanischer Künstler aus (www.natio nalartsfestival.co.za).

Knysna Oyster Festival

Austern satt, dazu weitere kulinarische Highlights und Musik präsentiert dieses Festival Anfang Juli in Knysna (www.oysterfestival. co.za).

Arts Alive

Johannesburg feiert im September die afrikanischen Wurzeln von Jazz, Hip hop, R&B, House und Afropop, zeigt Performances und organisiert Diskussionsrunden (www.arts-alive.co.za).

Joy of Jazz Festival

Ende September folgt in Johannesburg der Jazz auf die Fuße – alle Großen sind vertreten (www.joyofjazz.co.za).

Hermanus Whale Festival

Ende September/Anfang Oktober besuchen die Wale Hermanus, Anlass für ein Festival mit Essen, Trinken, Musik – und allem voran dem Walrufer (http://hermanuswhalefestival.co.za).

Oppikoppi Bushveld Festival

Die Nordwest-Provinz ist im Oktober Austragungsort des südafrikanischen „Glastonbury", des größten Rock-, Pop-, Indie- etc.-Festivals des Landes. Was auf einer kleinen Farm begann, versammelt heute Zehntausende (www.oppikoppi.co.za).

SPRACHFÜHRER

In Südafrika gibt es elf Amtssprachen: Sepedi, Sesotho, Setswana, siSwati, Tshivenda, Xitsonga, Afrikaans, Englisch, isiNdebele, isiXhosa und isiZulu. Englisch wird quasi überall gesprochen, jedoch kann ein einfaches Hallo oder Dankeschön in der regionalen Sprache nur von Vorteil sein. Nach Englisch werden Afrikaans (landesweit), isiZulu (überwiegend in KwaZulu-Natal) sowie isiXhosa (überwiegend am Ostkap) am häufigsten und auch in allen Großstädten gesprochen. Alle Sprachen werden nach der Schrift gesprochen mit Ausnahme von isiXhosa und isiZulu. Manche Buchstaben der beiden Sprachen werden mit unterschiedlichen »Klicks« wiedergegeben, dabei schnalzt die Zunge gegen verschiedene Partien der Mundhöhle.
In manchen Hotels der von Touristen viel besuchten Orte wird auch ein wenig Deutsch gesprochen.

NÜTZLICHES AUF AFRIKAANS

Deutsch	Afrikaans
Abend	Aand
Abendessen	Aandete
Abfahrt/-Abflug/Abreise	Vertrek
Ankunft	Aankoms
Apotheke	Apteek
Ausgang/Ausfahrt	Uitgang
Auskunft	Inligting
Bahnhof	Stasie
Bed & Breakfast	Bed en ontbyt
Benzin	Brandstoff
Brot	Brood
Dorf	Dorp
Ebene/Feld/Veld	Veld
Eier	Eier
Eis	Roomys
Flughafen	Lughawe
Flugzeug	Vliegtuig
Frühstück	Ontbyt
Gestern	Gister
Grenze	Grens
Grill/Grillen	Braai
Gut/Lecker/Nett	Lekker
Heute	Vandag
Kirche	Kerk
Kleiner See/Sumpf/Tümpel	Vlei
Kneipe/Bar	Kroeg
Kreditkarte	Kredietkaart
Links	Links
Markt	Mark
Mittagessen	Middagete
Milch	Melk
Morgen	Oggend
Nachmittag	Middag
Nacht	Nag
Polizei	Polisie
Postamt	Poskantoor
Preiswert/Billig	Goedkoop
Rechnung	Rekening
Rechts	Regs
Reisescheck	Reisigerstjek
Scheck	Tjek
Speisekarte	Spyskaart
Stadt	Stad
Stadtbezirk	Burg
Stadtzentrum	Middestad
Strand	Strand
Teuer	Duur
Ticket	Kaartjie
Wein	Wyn
Wurst	(Boere)wors

EINSTIEG IN WEITERE SPRACHEN

Deutsch	
Ich fange gerade erst an, isiZulu zu lernen	Ngisaqala ukufunda isiZulu
Ich spreche nur ein bisschen Xhosa	Ndithetha isiXhosa kancinci nje
Ich lerne gerade Afrikaans, kann es aber noch nicht sprechen	Ek probeer tans Afrikaans leer, maar ek kan dit nog nie praat

IMMER ZU GEBRAUCHEN

Deutsch	IsiZulu	IsiXhosa	Afrikaans
Hallo	Sawubona	Molo	Hallo
Wie geht es Ihnen?	Kunjani?	Uphila njani?	Hoe gaan dit?
Gut, danke	Ngiyaphila	Ndiphilile, enkosi	Goed dankie
Ja	Yebo	Ewe	Ja
Nein	Cha	Cha	Nee
Bitte	Ngiyakucela	Nceda	Asseblief
Danke	Ngiyabonga	Enkosi	Baie dankie
Entschuldigung	Uxolo	Uxolo	Verskoon my
Wie heißen Sie?	Ngubani igama lakho?	Ngubani igama lakho?	Wit is jou naam?
Ich heiße ...	Igama lami ngu ...	Igama lam ngu...	My naam is ...
Wo wohnen Sie?	Uhlalaphi?	Uhlala phi?	Waar woon jy?
Ich komme aus ...	Ngiphuma e ...	Ndivela...	Ek kom vanaf...
Was kostet das?	Kuyimalini lokhu?	Ixabisa malini?	Hoeveel kos dit?
Wo finde ich ... ?	Ihpi ...?	Ihpi ...?	Waar is ...?
Was ist das?	Yintoni le/leyo?	Yini le/leyo?	Wat is dit/daardie?
Ich möchte gern ...	Ngifuna ...	Ndingathanda...	Ek wil graag ... hê
Wie spät ist es?	Yisikhathisini	Ngubani ixesha? manje?	Hoe laat is dit?
Ich suche ...	Ngifuna i ...	Ndikhangela i...	Ek is opsoek na die...
Es tut mir leid	Ngiyaxolisa	Ndiva mtoembi	Ek is jammer
Ich weiß nicht	Angazi	Andazi	Ek weet nie
Ich verstehe nicht	Andiqondi	Andiqondi	Ek verstaan nie
Sprechen Sie Englisch?	Uyakwazi ukuhuluma isiNgisi?	Uyakwazi ukuthetha isiNgesi?	Praat jy Engels?
Bis später	Sizobonana	Sobe sibonane	Sien jou later
Auf Wiedersehen	Uhambe kahle/ Usale kahle	Sala sentle	Totsiens

ZAHLEN

Deutsch	IsiZulu	IsiXhosa	Afrikaans
1	ukunye	nye	een
2	isibili	mbini	twee
3	kuthathu	ntathu	drie
4	okune	ne	vier
5	isihlanu	ntlanu	vyf
6	isithupha	ntandathu	ses
7	isikhombisa	xhenxe	sewe
8	isishiyagalombili	bhozo	agt
9	isishiyagalolunye	lithoba	nege

10	ishumi	lishuymi	tien
11	ishumi nanye	ishumi elinanye	elf
12	ishumi nambili	ishumi elinesibini	twaalf
13	ishumi nantathu	ishumi elinesithathu	dertien
14	ishumi nane	elinesine	veertien
15	ishumi nesihlanu	elinesihlanu	vyftien
20	amashumi amabili	amashumi amabini	twintig
50	amashumi amahlanu	amashumi amahlanu	vyftig
100	ikhulu	ikhulu	(een) honderd
1000	inkulungwane	iwaka	(een) duisend

Reiseatlas

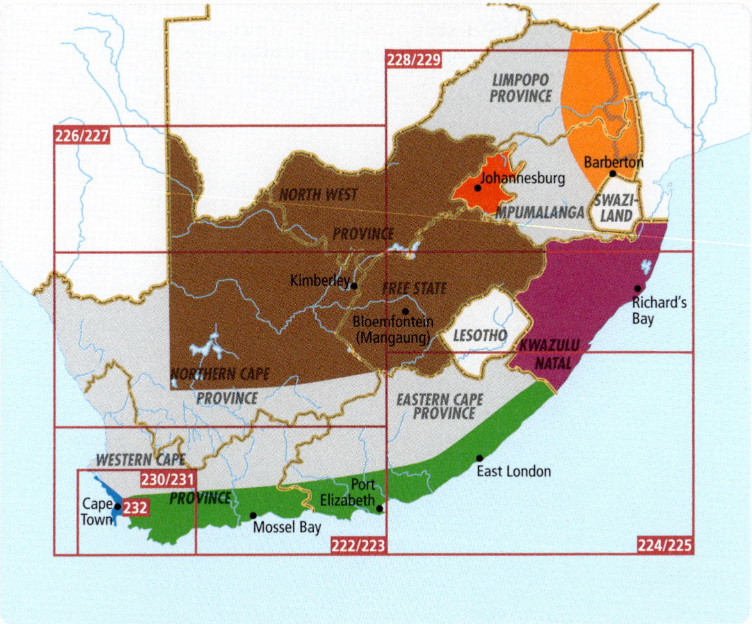

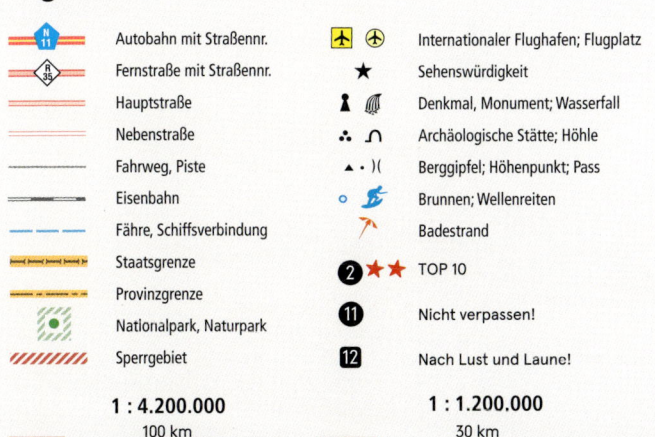

Legende

Autobahn mit Straßennr.	Internationaler Flughafen; Flugplatz
Fernstraße mit Straßennr.	Sehenswürdigkeit
Hauptstraße	Denkmal, Monument; Wasserfall
Nebenstraße	Archäologische Stätte; Höhle
Fahrweg, Piste	Berggipfel; Höhenpunkt; Pass
Eisenbahn	Brunnen; Wellenreiten
Fähre, Schiffsverbindung	Badestrand
Staatsgrenze	TOP 10
Provinzgrenze	Nicht verpassen!
Nationalpark, Naturpark	Nach Lust und Laune!
Sperrgebiet	

1 : 4.200.000
100 km
50 mi

1 : 1.200.000
30 km
15 mi

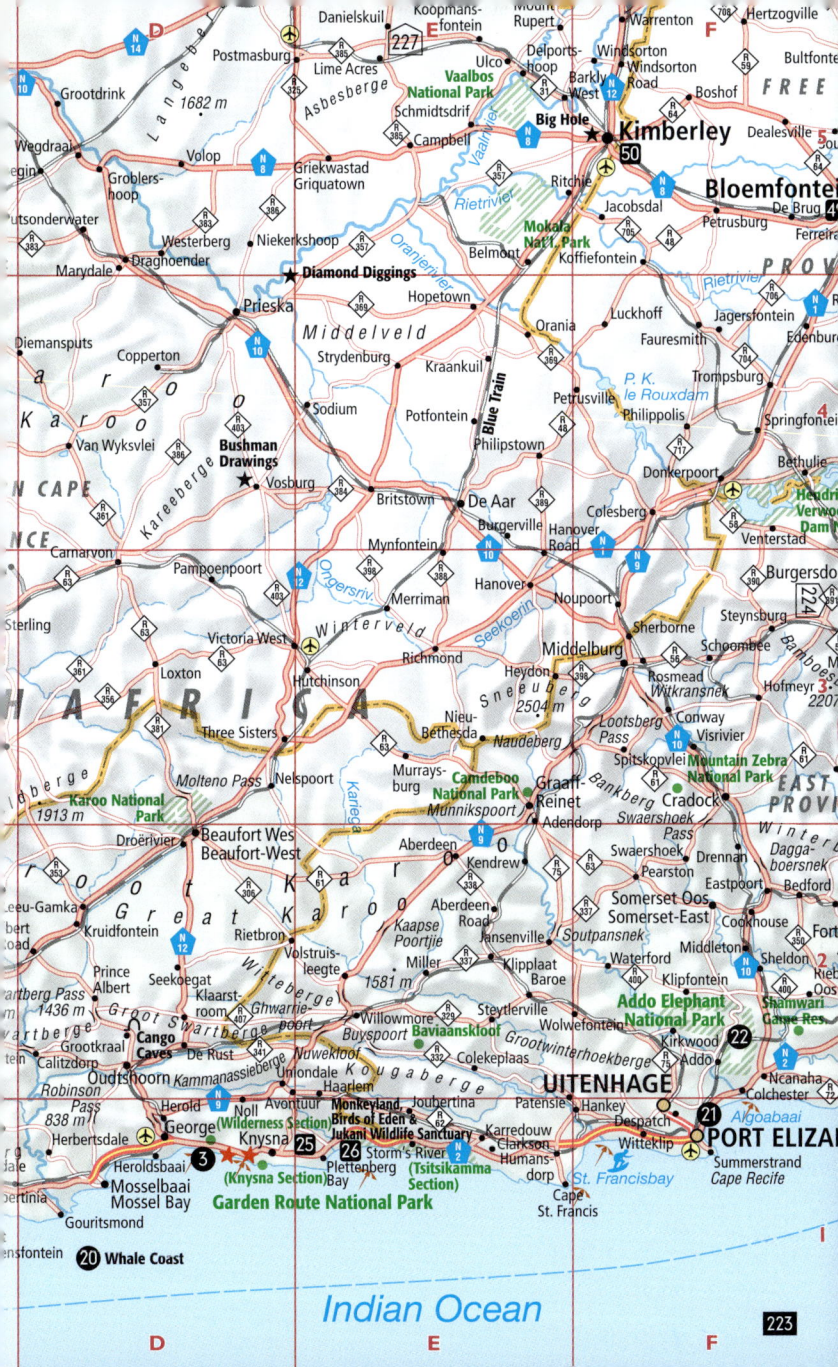

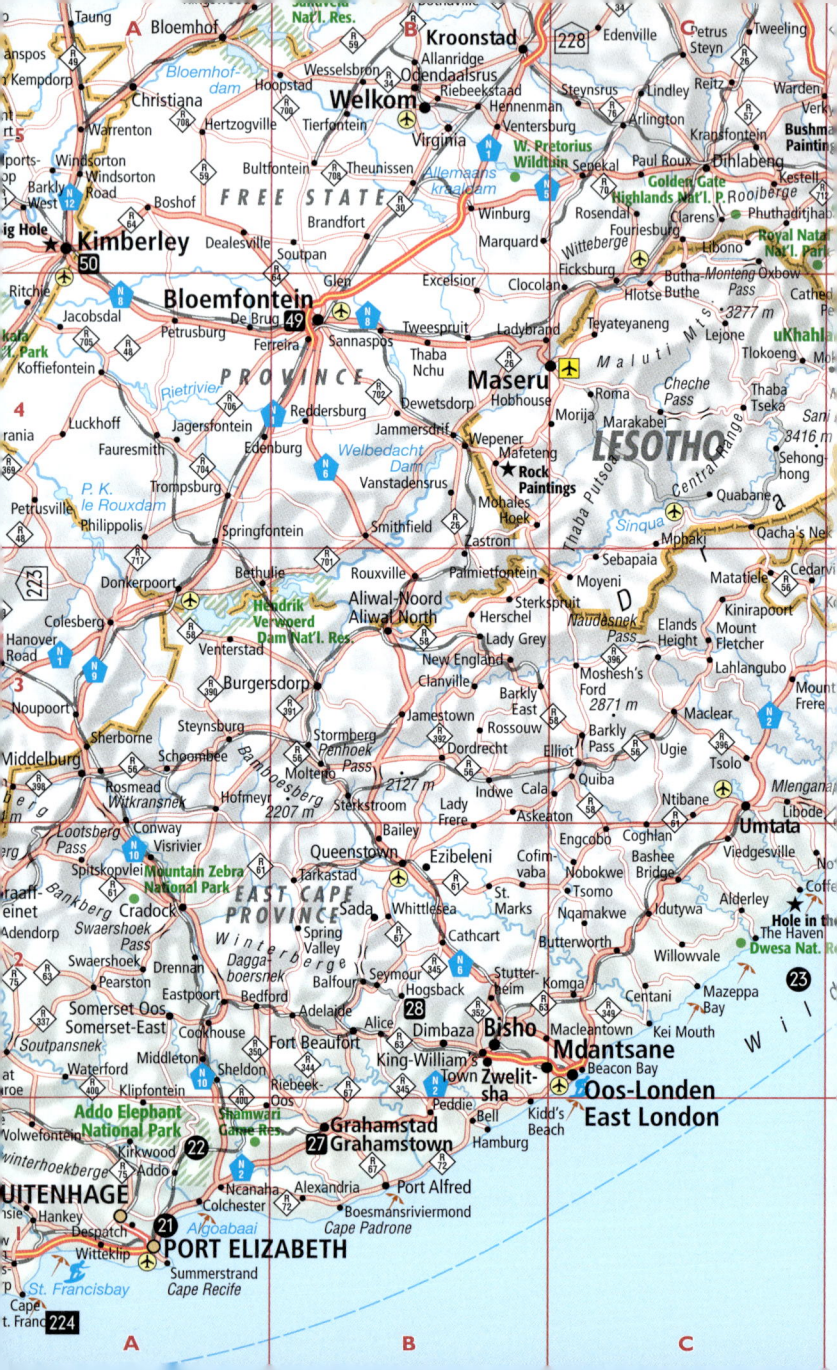

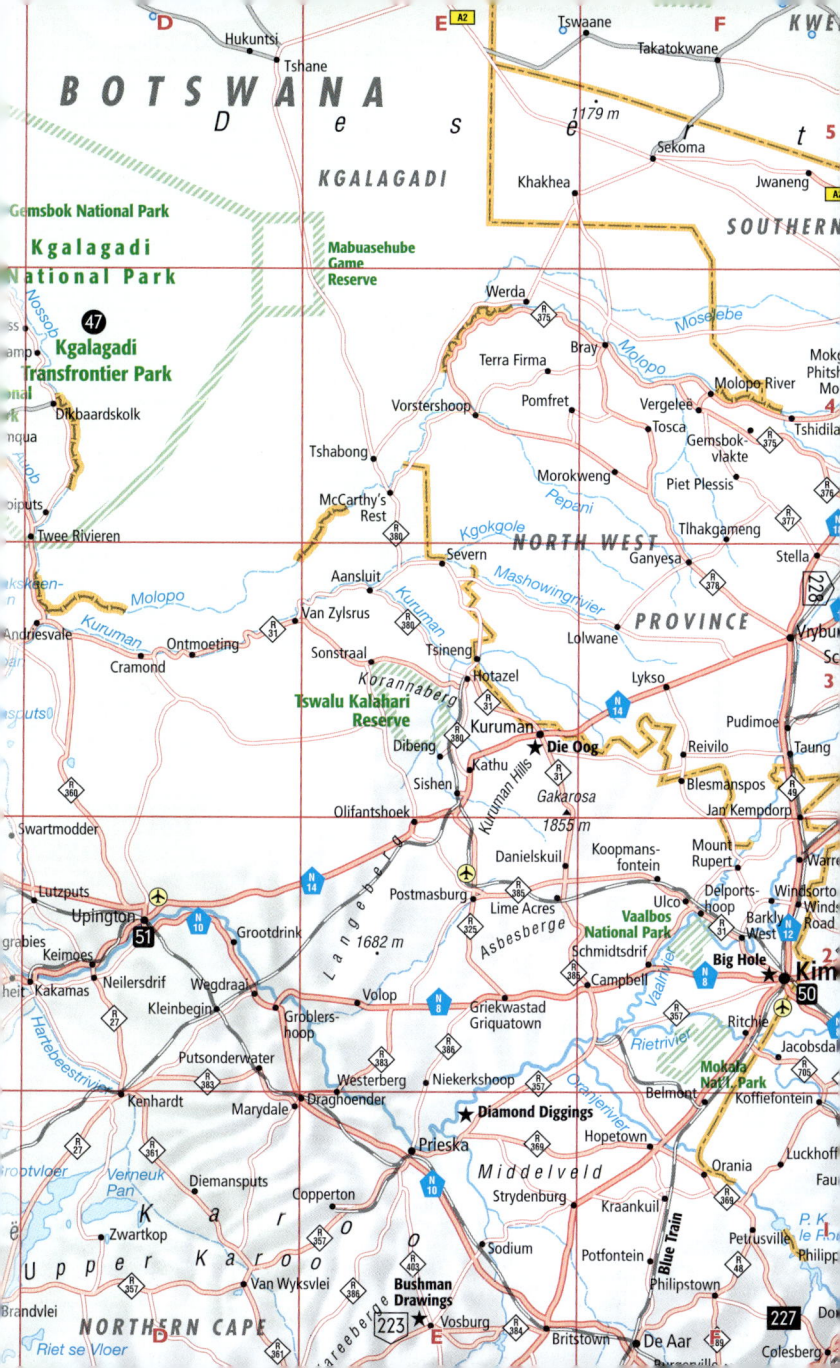

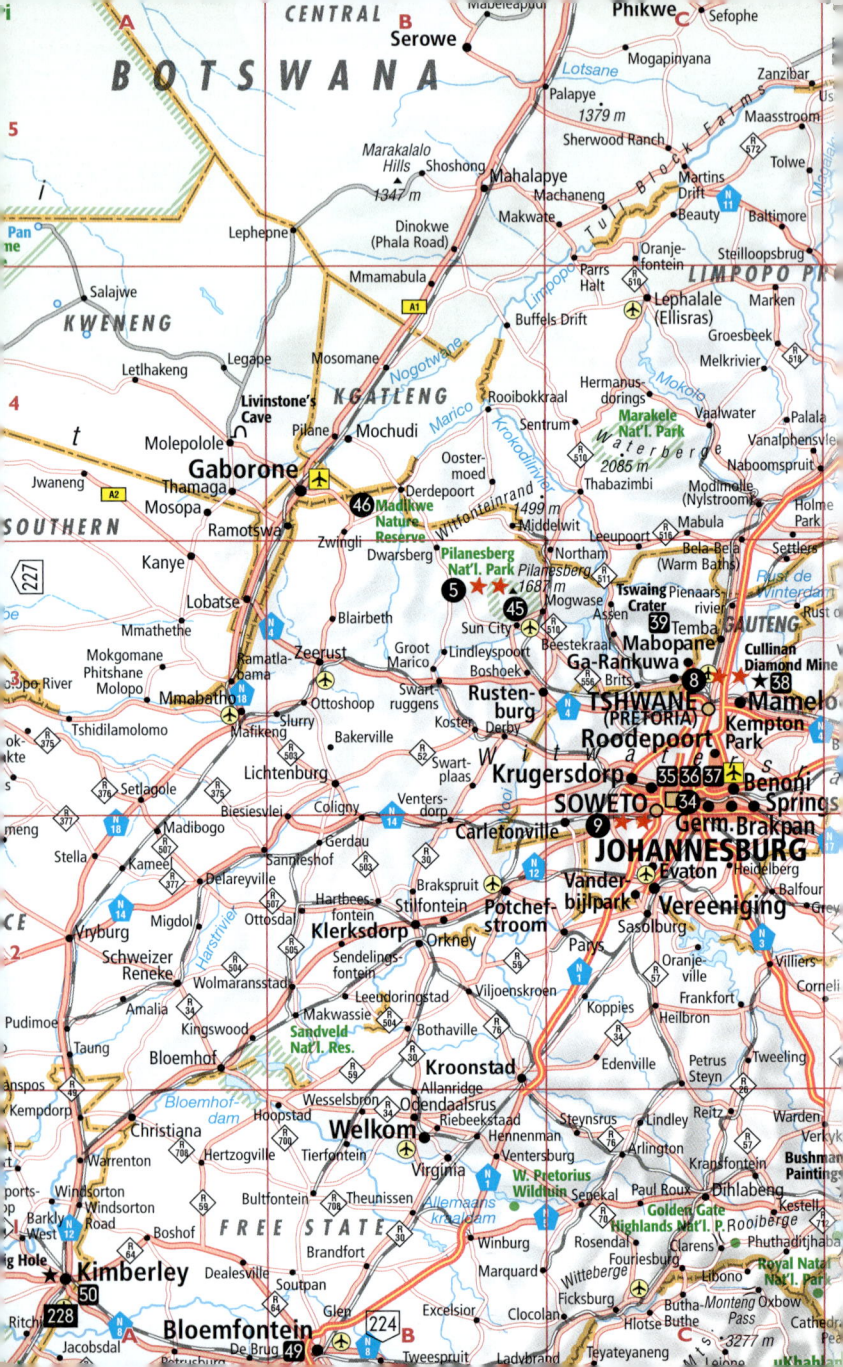

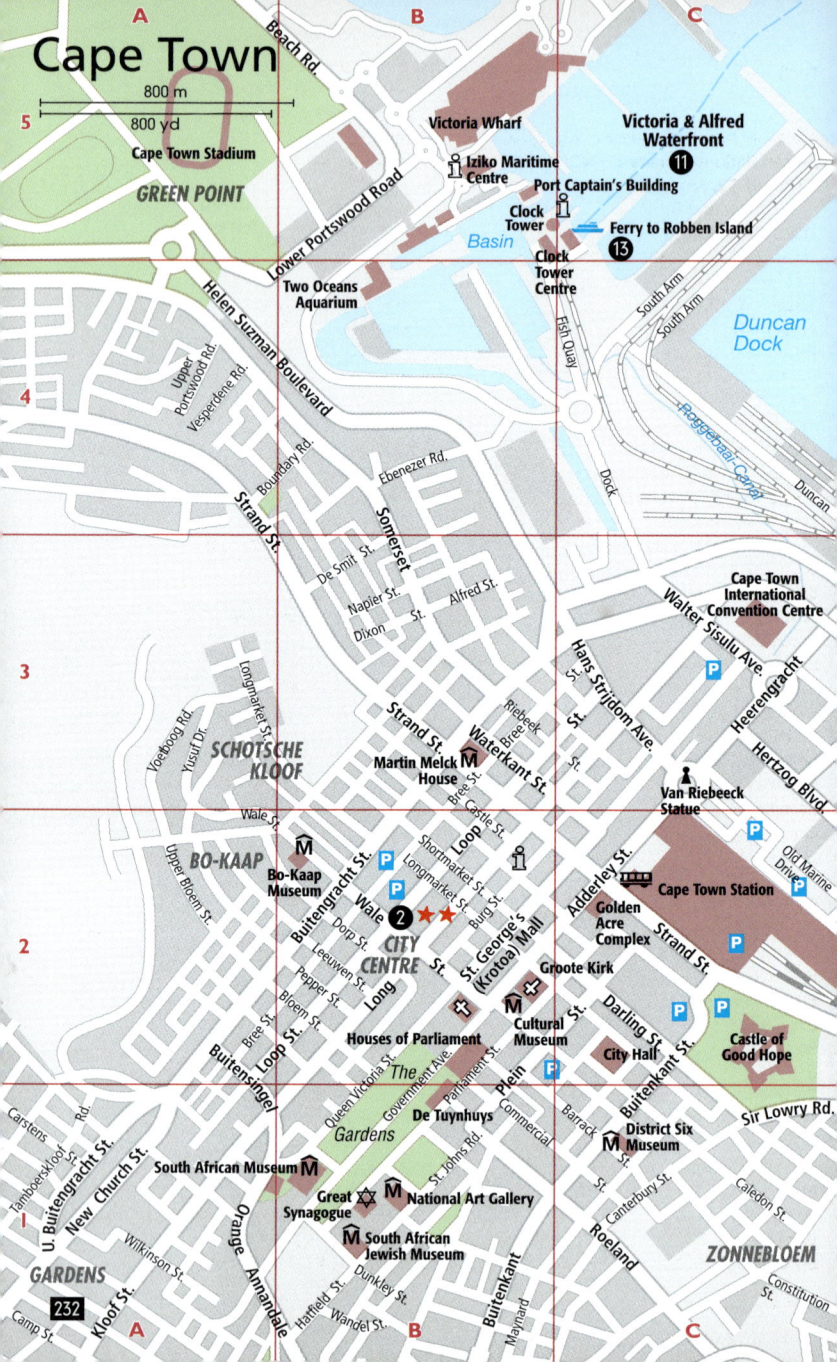

Cape Town

800 m

800 yd

A

B

C

5

4

3

2

1

GREEN POINT

Cape Town Stadium

Beach Rd.

Lower Portswood Road

Helen Suzman Boulevard

Upper Portswood Rd.

Vesperdene Rd.

Boundary Rd.

Strand St.

Somerset

De Smit St.

Napier St.

Alfred St.

Dixon

St.

Ebenezer Rd.

SCHOTSCHE KLOOF

Longmarket St.

Voetboog Rd.

Yusuf Rd.

Strand St.

Waterkant St.

Riebeek

Bree

St.

Martin Melck House

Loop

Wale

St.

BO-KAAP

Bo-Kaap Museum

Upper Bloem St.

Buitengracht St.

Dorp St.

Leeuwen St.

Pepper St.

Bloem St.

Bree St.

Loop St.

Buitensingel

New Church St.

U. Buitengracht Rd.

Carstens

Tamboerskloof Rd.

Longmarket St.

Shortmarket St.

Castle St.

Burg St.

St. George's (Krotoa) Mall

CITY CENTRE

Long

St.

Houses of Parliament

Queen Victoria St.

Government Ave.

The Gardens

Parliament St.

De Tuynhuys

St. Johns St.

Plein

Commercial

Plein St.

Cultural Museum

Groote Kirk

Adderley St.

Strand St.

Darling St.

Buitenkant St.

Barrack

St.

Maynard

Buitenkant St.

Dunkley St.

Hatfield St.

Wandel St.

Orange

Annandale

Wilkinson St.

Kloof St.

Camp St.

GARDENS

South African Museum

Great Synagogue

National Art Gallery

South African Jewish Museum

232

Victoria Wharf

Iziko Maritime Centre

Port Captain's Building

Clock Tower

Clock Tower Centre

Victoria & Alfred Waterfront

11

Ferry to Robben Island

13

Basin

Fish Quay

Dock

South Arm

South Arm

Duncan Dock

Duncan

Roggebaai Canal

Two Oceans Aquarium

Cape Town International Convention Centre

Walter Sisulu Ave.

Hans Strijdom Ave.

St.

Heerengracht

Hertzog Blvd.

Van Riebeeck Statue

Old Marine Drive

Cape Town Station

Golden Acre Complex

City Hall

Castle of Good Hope

Sir Lowry Rd.

District Six Museum

Caledon St.

Canterbury St.

Roeland

St.

ZONNEBLOEM

Constitution St.

Register

A

Addo Elephant National Park 22, 23, 62, 76
African National Congress (ANC) 16
Afrikaans 32, 33
Agulhas National Park 74
Aliwal Shoal 104
Amakhala Game Reserve 76
Amatola Mountain 81
Amatola Mountains 81
Amphitheatre 95
ANC 17, 18
Angeln 96
Ankunft 208
Apartheid 15, 16, 116, 118, 127, 128
Apartheid Museum 130
Augrabies Falls National Park 182
Ausgehen 58, 214
Auskunft 204

B

Bain's Kloof Pass 193
Baker, Sir Herbert 123
Barberton 154
Barrydale 195
Bartholomeu Dias Museum 69
Basotho Cultural Village 180
Battlefields 105
Berea 103
Berlin Falls 197
Betty's Bay 73
Big Five 15, 20, 170
Big Hole Complex 181
Big Seven 20, 76
Biko, Steve 18
Birds of Eden 80
Bloemfontein 15, 16, 181
Blood River 125
Blood River Monument 105
Bloukrans River Bridge 69
Blumenmarkt 188
Blyde River Canyon 142, 196
Blyde River Canyon Nature Reserve 94
Bo-Kaap 40, 44
Bo-Kaap Museum 44
Bonnievale 194
Bontebok National Park 80
Bootstouren 98
Boulders Beach 192

Bourke's Luck Potholes 152, 197
Braamfontein 129
Bridal Veil Falls 151
Buren 89
Buschleute 34
Busse 210
Buthelezi 88

C

Calitzdorp 195
Camps Bay 190
Cango Caves 69, 195
Cape Coloureds 14
Cape of Good Hope Sector 191
Cape Peninsula 52, 190
Cape Point 23
Cape Point Lighthouse 192
Carlton Centre 130
Casino 85, 103, 113, 172
Castle of Good Hope 44
Central Drakensberg Information Centre 96
Ceres 194
Chapman's Peak Drive 191
Clarens 180
Coffee Bay 79
Company's Garden 189
Constantia 51
Constitutional Hill 129
Cradle of Humankind 132
Cullinan Diamond Mine 133

D

Da Gama Clock 102
Danau Buyan 46, 47, 50, 71, 73, 75, 76, 78
Darling 53
Debengeni Falls 154
de Klerk, Frederik 18
De Tuynhuys 189
Deutsch 33
Diamanten 166, 181
Diskotheken 172
District Six Museum 52, 122
Drakensberg Boy's Choir 96
Drakensberge, Kleine 142
Dundee 105
Durban 7, 88, 101
Durban Art Gallery 102
D'Urban, Sir Benjamin 101
Dyer Island 74

E

Eastern Highlands 164, 180
Ebenezer-Stausee 154
eGoli 30, 128
Einkaufen 214
Elefanten 23
Elektrizität 204
Ermäßigungen 204
Eshowe 98
Essen & Trinken 213
Ezulwini Valley 199

F

False Bay 49
Fanagalo 33
Feiertage 205
Felsmalereien 15
Ferreira's Town 30
Festivals 85, 185
Flusspferde 23
Franschhoek 72
Freistaat 15
Freistaat, Provinz 164
Fußball 26
Fußballweltmeisterschaft 26

G

Gandhi, Mahatma 130
Gansbaai 74
Garden Route 14, 62, 68
Garden Route National Park 69, 70
Gauteng 15, 115, 116
Geld 205
Geparden 23
Gesundheit 206
Geyser Island 74
Ghonarezhou 148
God's Window 197
Gold 30, 151
Goldgräber 196
Gold Reef City 130
Golf 27, 172, 185
Gordon's Bay 73
Gottesdienste 11
Grahamstown/Makana 81
Graskop 196
Greater Addo Elephant Park 20
Greater Kruger National Park 22
Greater St. Lucia Wetland Park 88
Great Limpopo Transfrontier Park 148

Greenmarket Square 189
Grillen 8

H

Haenertsburg 154
Haga-Haga 78
Harrison, George 31
Hector Pieterson Memorial and Museum 127
Himeville 97
Hluhluwe-iMfolozi National Park 98
Hoedspruit 152
Hoedspruit Endangered Species Centre 154
Hogsback Mountain 81
Horseshoe Falls 151
Houses of Parliament 189
Hout Bay 190
Howick 107

I

Inkwenkwezi Game Reserve 78, 79
iSimangaliso Wetland Park 22, 23, 88, 98
isiNdebele 32
isiXhosa 32
isiZulu 32

J

Johannesburg 15, 30, 31, 115, 127, 128
Jukani Wildlife Sanctuary 80
Juma Masjid Mosque 101

K

Kalahari 164, 176
Kalk Bay 192
Kamberg Nature Reserve 95, 96
Kap Agulhas 74
Kaphalbinsel 23
Kapstadt 7, 14, 37, 188, 193
Kapstadt-Zentrum 44
Karoo National Botanical Garden 194
Kei Mouth 78
Keurbooms River 69
Kgalagadi Transfrontier National Park 23, 34, 164, 181
Kgalagadi Transfrontier Park 176
Kimberley 15, 181
Kinder 112
Kinos 58, 113, 172
Kirstenbosch National Botanical Garden 51, 58

Knysna 69
Knysna Elephant Park 80
Konzerte 58
Koopmans-De Wet House 189
Kricket 11, 27
Krieg 124
Krieg zwischen Briten und Buren 123
Krokodile 22, 149
Kromdraai 132
Kruger Museum 124
Kruger National Park 15, 22, 148, 196
Kruger Private Game Reserves 153
KwaMuhle Museum 102
Kwandwe 23
Kwandwe Game Reserve 76
KwaZulu-Natal 15, 22, 87, 88
KwaZulu-Natal Sharks Board 103
KZN Wildlife 95

L
Ladysmith 105
Lalibela Game Reserve 77
Landesinneres 163
Lang Elsieskraal 80
Leopard 146
Lesedi Cultural Village 133
Lesotho 164
Limpopo 15, 22, 141, 142
Limpopo National Park 148
Lion Park 132
Lisbon Falls 197
Lobamba 200
Lone Creek Falls 151
Loteni Nature Reserve 95
Löwen 20
Lowveld 196
Lubombo Transfrontier Conservation Area 100

M
Madikwe 164
Madikwe Game Reserve 174
Magoebaskloof Hiking Trail 155
Magoebaskloof Pass 154
Mandela House 127
Mandela, Nelson 16, 18, 50, 79, 88, 107, 123, 130, 155
Mankwe Dam 171
Mantenga Craft Centre 199
Mantenga Nature Reserve 200
Mapungubwe 155

Mapungubwe National Park 155
Maputaland 7, 98
Margate 104
Market Theatre Complex 129
Märkte 57, 138
Maropeng 132
Mary Fitzgerald Square 128
Mazeppa Bay 78
Mbabane 199
Mbeki, Thabo 155
Mbombela 142
McGregor 194
Mdedelelo Wilderness Area 96
Melrose House 124
Meyer, Johannes 30
Mkhaya Game Reserve 201
Mkhomazi Wilderness Area 96
Mkhuze Game Reserve 98
Mlambonja Wilderness Area 95
Mlilwane Wildlife Sanctuary 201
Moholoholo Wildlife Rehab Centre 154
Monkeyland 80
Monk's Cowl 96
Montagu 195
Morgan's Bay 78
Mossel Bay 68
Mountain Zebra National Park 22
Mpumalanga 15, 22, 141, 142
Muizenberg 191, 192
Museum Africa 129
Museum of Man and Science 129
Musik 85
Mzimkulwana Nature Reserve 95

N
Nachtleben 59, 85, 113, 139
Nama 164
Natal-Drakensberge 94
National Library of South Africa 189
National Museum (Bloemfontein) 181
National Museum (Lobamba) 200
National Museum of Natural History 124
National Zoological Garden 123
Natural Science Museum 102
Nature's Valley 69
Ncome Museum 105
Ndebele 142
Nelson Mandela Bridge 129
Newtown 128
Newtown Park 129
Noordhoek 191

Nordkap 15
Nordkap, Provinz 164
Nordküste 88
Nordwesten 15, 163
Nordwest-Provinzen 22
Notrufe 207
Nxaxo Mouth 78

O
Operation Genesis 170
Operation Phoenix 175
Oribi Gorge Nature Reserve 106
Ostkap 76
Ostkap-Provinzen 14, 62
Otter Trail 64
Oudtshoorn 69, 195

P
Paarl 72
Pan Africanist Congress (PAC) 17, 18
Panorama Route 151, 196
Pflanzen 51, 80, 103, 155
PheZulu Safari Park 106
Pietermaritzburg 107
Pilanesberg 164
Pilanesberg National Park 7, 170
Pilgrim's Rest 196
Pinnacle 196
Plettenberg Bay 69
Polokwane 142
Port Edward 104
Port Elizabeth 62, 75
Port St. Johns 79
Pretoria 7, 15, 122
Pretoria Art Museum 123
Pura Luhur Ulu Watu 44, 68, 94, 98, 101, 122, 126

Q
Qolora Mouth 78
Qora Mouth 78
Qunu 79

R
Reisedokumente 207
Reisezeit 207
Religion 11
Rhino and Lion Nature Reserve 23
Rhodes, Cecil 51
Rissik, Johann 30
Robben Island 50

Robberg Peninsula Nature Reserve 69
Robertson 194
Route 62 62, 193
Royal Natal National Park 94, 95
Rugby 11, 26

S
Sabie 196
Sabie Falls 151
Sabie River 151
Safari 21
San 34, 164
San Rock Art Interpretive Centre 96
Scottburgh 104
Sepedi 32
Sepete 142
Sesotho 32
Setswana 32
Shaka, König 88
Shakaland 98
Shamwari 23
Shamwari Game Reserve 76
Shangana Cultural Village 161
Sharpeville 17
Sicherheit 207
Siege Museum 105
Signal Hill 23
Simon's Town 192
Siswati 32
Slave Lodge 188
Soweto 7, 126
Soweto, Township 116
Sport 11, 26, 106, 172, 185
Sprache 217
Sprachenvielfalt 32
Springböcke 21
Stanford 74
Sterkfontein 132
Sterkfontein Caves 124
St. George's Cathedral 188
St. Lucia 98
Storms River 68
Storms River Bridge 70
Straußenfarmen 69, 195
Südküste 61, 62
Sun City 15, 164, 172
Sunday River Valley 76
Swartkrans 132
Swazi Cultural Village 200
Swaziland 198

T

Table Mountain 47
Table Mountain National Park 23, 191
Tafelberg 14, 48, 51
Talana Hill Museum 105
Taxis 210
Telefonieren 206
Theater 58, 85, 113, 139
Three Rondavels 197
Tierbeobachtungen 21
Tiere 154, 164, 170
Top of Africa 130
Townships 8, 15, 52
Transvaal 123
Transvaal-Drakensberge 94
Tshivenda 32
Tsitsikamma 22
Tsitsikamma Section 70
Tsotsi Taal 33
Tswaing Crater 133
Tugela Falls 95
Tulbagh 193
Tutu, Desmond 188
Twelve Apostles 10

U

Übernachten 212
uKhahlamba-Drakensberg Park 22, 88, 94, 95
Umgeni River 106, 107
Umgeni River Bird Park 103
Umhlanga Rocks 103
Umtata (Mthatha) 79
Underberg 97
Union Building 123
Upington 181
Urwald 64
uShaka Marine World 103

V

Valley of a Thousand Hills 106
van der Stel, Simon 24, 52
van Riebeeck, Jan 24, 51
Vasco da Gama 101
V&A Waterfront 46
Venda 32
Veranstaltungskalender 215
Victoria Bay 69
Victoria Street Market 101
Vögel 80, 170, 179

Voortrekker Monument 125
Voortrekker/Msunduzi Museum 107

W

Währung 205
Wandern 96
Wanderungen 98
Wassersport 72
Websites 204
Wein 24
Weinbau 24, 71
Weinkellereien 194
Wellington 193
West Coast 53
Westkap-Provinzen 14, 62
Whale Coast 62, 73
Wiege der Menschheit 132
Wild Coast 14, 78
Wilderness Section 69
Wildreservate 21, 148
Wildwasserrafting 161, 185
Winelands 71
Witwatersrand 30
Wonder View 197
Worcester 194
Worker's Museum 129

X

Xhosa 15, 88

Z

Zeit 207
Züge 209
Zulu 88, 142
Zululand 98

Bildnachweis

AA/Carrie Hampton 150 o., 197
AA/P. Kenward 22/23, 96, 107
AA/S. McBride 23 u., 95, 102 u., 124 o., 185, 198, 200
AA/C. Sawyer 30, 32, 33, 78/79, 80, 81, 106, 127 und 6 (9), 150 u., 173, 176, 178 l. u., 178 o. r., 180, 189
DuMont Bildarchiv/Tom Schulze 5 o., 5 u., 10 u., 12/13, 14, 15, 17, 19, 20, 21, 24, 25, 35 l. o., 35 l. u., 35 r., 36/37, 46/47, 50, 53, 57, 59, 60/61, 69, 71, 72, 73, 74, 75, 76 , 86/87, 91 r. m., 94, 97 und 6 (4), 98, 100, 101, 102/103 und 6 (10), 104, 111, 114/115, 119 o. r., 121 r. u., 121 r. o., 122, 123 und 6 (8), 126, 129, 145 o. r., 145 u. r., 146 l., 148 und 6 (1), 152 und 6 (6), 153, 155, 162/163, 168/169 m. u., 169, 172, 178 o. l., 182, 191, 193, 202/203, 213, 214, 215, 216
DuMont Bildarchiv/Arthur F. Selbach 26, 27, 29, 167 r. u., 168
laif/Dominik Asbach 138
laif/Zurita/dePablo 135
laif/Le Figaro/Frances 82, 186/187
laif/Monica Grimm 65 r.o., 66/67 m. o., 67 r., 85
laif/Eva Haeberle 51 o.r., 41 u. r., 42/43 m. u.
laif/robertharding/James Hager 140/141, 149
laif/Christian Heeb 170/171 und 6 (5), 209
laif/Andreas Hub 146/147 m. u., 147 r., 157
laif/Ralf Kreuels 93 o. r.
laif/Hollandse Hoogte/Lammers 113
laif/Thomas Linkel 176
laif/hemis.fr/Rene Mattes 45 und 6 (2), 92
laif/Jörg Modrow 55, 65 r. u., 68 und 6 (3), 70
laif/hemis.fr/Bertrand Rieger 119 u. l.
laif/robertharding/Ian Trower 137
laif/robertharding/Ann & Steve Toon 99 und 6 (7)
laif/robertharding/James Strachan 119 o. l.
laif/Le Figaro Magazine/Jean Michel Voge 156
Lookphotos/Dietmar Denger 10 o.
Lookphotos/Rolf Frei 58
Lookphotos/Jan Greune 42
Lookphotos/Hendrik Holler 42/43 m. o.
Lookphotos/Andreas Strauß 9
mauritius images/Alamy 23 o., 31, 124 m. l., 132
mauritius images/Dee Adams/Alamy 145 o. l.
mauritius images/Afripics.com/Alamy 131, 159
mauritius images/Greg Balfour Evans/Alamy 139, 167 r. o., 168/169 m. o.
mauritius images/Gary Blake/Alamy 91 r. u.
mauritius images/LatitudeStock/Alamy 66/67 m. o.
mauritius images/Doug McCutcheon/Alamy 145 u. l.
mauritius images/Sean Heatley/Alamy 120
mauritius images/Realy Easy Star/Giuseppe Masci/Alamy 112
mauritius images/Axiom Photographic/Chris Caldicott 54
mauritius images/image BROKER/Fabian Berg 92/93 m. u.
mauritius images/imageBROKER/Dirk Bleyer 91 u. l.
mauritius images/image BROKER//Norbert Eisele-Hein 43
mauritius images/imageBROKER/Oliver Gerhard 124 m. r.
mauritius images/Blaine Harrington III/Alamy 167 l. u.
mauritius images/imageBROKER/Fabian von Poser 177
mauritius images/imageBROKER/FLPA/Bernd Rohrschneider 174
mauritius images/imageBROKER/Jürgen & Christine Sohns 92/93 m. o.
mauritius images/imageBROKER/Christian Vorhofer 66 o. l.
mauritius images/TPP/Natalia Klenova 41 u. l.
mauritius images/travel Collection 108
mauritius images/Ann & Steve Toon/Alamy 146/147 m. o.
mauritius images/robertharding/Ian Trower 65 l. o.
mauritius images/Anna Yu/Alamy 161

Titelbilder: U1 oben: Achim Thomae/gettyimages
U1 unten: Pierre-Yves Babelon/gettyimages
U 8: Hendrik Holler/Lookphotos

Impressum

© MAIRDUMONT GmbH & Co. KG
VERLAG KARL BAEDEKER

3. Aufl. 2019
Völlig überarbeitet und neu gestaltet

Text: Daniela Schetar, Lizzie Williams
Übersetzung: Simone Reiter, Doreen Reeck M.A.
Redaktion & Gestaltung: CLP · Carlo Lauer & Partner, Valley
Projektleitung: Dieter Luippold
Programmleitung: Birgit Borowski
Chefredaktion: Rainer Eisenschmid

Kartografie: © MAIRDUMONT GmbH & Co. KG, Ostfildern
3D-Illustration: jangled nerves, Stuttgart

Anzeigenvermarktung: MAIRDUMONT MEDIA
Tel. 0711 45 02-0, media@mairdumont.com
media.mairdumont.com

Printed in Poland

Trotz aller Sorgfalt von Autoren und Redaktion sind Fehler und Änderungen nach Drucklegung leider nicht auszuschließen. Dafür kann der Verlag keine Haftung übernehmen. Berichtigungen, Kritik und Verbesserungsvorschläge sind uns jederzeit willkommen, bitte informieren Sie uns unter:

Verlag Karl Baedeker / Redaktion
Postfach 3162
D-73751 Ostfildern
Tel. 0711 45 02-262
smart@baedeker.com
www.baedeker.com

FSC
www.fsc.org
MIX
Papier aus ver-
antwortungsvollen
Quellen
FSC® C018236

10 Gründe wiederzukommen

1. Will man Südafrikas Wildreichtum gerecht werden, genügt eine Reise nicht.

2. Kleine und große Museen schlagen den Bogen von der Frühzeit bis heute.

3. Zahllose besuchenswerte Festivals sind über das ganze Jahr verteilt.

4. Die Weine sind einfach zu gut und schmecken unter südafrikanischem Himmel am besten.

5. Der Flug ist zwar ziemlich lang, aber ohne Zeitverschiebung – Sie kommen ausgeruht an.

6. In kaum einem anderen Land können Sie in so viele unterschiedliche Kulturen eintauchen.

7. Um die ganze Landschaftsvielfalt zu erleben, braucht man mehr als nur einen Besuch.

8. Südafrika entwickelt sich rasant – es gibt immer wieder Neues zu entdecken.

9. Wo sonst können Sie auf Safari 5-Sterne-Luxus genießen?

10. Eine Nacht unter dem Sternenhimmel Südafrikas möchte man nicht nur einmal erleben.